当代大学生
法治教育问题研究

DANGDAI DAXUESHENG FAZHI JIAOYU WENTI YANJIU

陈　诚／著

中国政法大学出版社

2022·北京

图书在版编目（ＣＩＰ）数据

当代大学生法治教育问题研究/陈诚著. —北京：中国政法大学出版社，
2022. 7

ISBN 978-7-5764-0558-3

Ⅰ.①当… Ⅱ.①陈… Ⅲ.①大学生－社会主义法治－法制教育－研究－
中国 Ⅳ.①D920.4②G641.5

中国版本图书馆 CIP 数据核字(2022)第 121665 号

出　版　者	中国政法大学出版社
地　　　址	北京市海淀区西土城路 25 号
邮寄地址	北京 100088 信箱 8034 分箱　邮编 100088
网　　　址	http://www.cuplpress.com (网络实名：中国政法大学出版社)
电　　　话	010-58908586(编辑部) 58908334(邮购部)
编辑邮箱	zhengfadch@126.com
承　　　印	固安华明印业有限公司
开　　　本	880mm × 1230mm　1/32
印　　　张	10.25
字　　　数	250 千字
版　　　次	2022 年 7 月第 1 版
印　　　次	2022 年 7 月第 1 次印刷
定　　　价	59.00 元

总序 | GENERAL ORDER

百年大计，教育为本。教育的发展进步离不开法治的规范与保障。新中国成立以来，我国教育法治建设历经起步、发展、完善三个阶段，取得了教育立法初成体系、教育行政显著改善、教育司法不断突破、法治教育有效开展等重大成就。但与此同时，其仍然存在教育法治理念有待提升、法律规范体系尚不完备、法治实施体系不够高效、法治保障体系相对乏力等局限。新时代的教育法治建设还需在立法、执法、司法、守法、普法上统筹推进，在理念、制度、技术上革故鼎新，从而实现教育领域的良法善治。

西南大学教育立法研究基地（简称"基地"）是教育部政策法规司与西南大学合作共建的教育法治研究机构。基地以西南大学法学院为主要依托，联系整合校内外优秀资源，致力于建设成为"教育政策立法高端智库""教育立法理论研究高地"和"法治教育高级人才培养培训基地"。自成立以来，基地在教育立法咨政服务、教育法治理论研究及法治教育培训活动等方面取得了良好成绩，赢得了主管部门与社会各界的广泛好评。

为进一步加强教育法治研究，基地筹划推出《西南教育法治文库》系列丛书。本套丛书以"着眼教育法治理论，助推教育法治建设"为宗旨，主要收录教育法治和法治教育两大主题的学术专著。丛书选录坚持以"兼容并包、创新实用"为原则，在选题方向、研究范式等方面不严格限制，但求"切实推动理论进步、有效回应现实需求"的学术精品。我们希望《西南教育法治文库》能够成为教育法治领域思想传播的媒介、学术交流的窗口和对话互动的平台。

新时代，新使命。教育法治研究博大精深，教育法治建设任重道远。希望本套丛书能为我国教育法治理论与实践的推进尽一份绵薄之力！

西南大学教育立法研究基地主任　　张新民
西南大学法学院教授、博士生导师
2021 年 12 月

前言 ▎PREFACE

　　我国的大学生法治教育始于 1949 年中华人民共和国成立，经历了一段时间的挫折停滞，改革开放后得以恢复重建。法治教育从单纯依托普法工作的大众化宣传方式逐步转变为与大学生培养环节适度衔接的系统化教育方式，大学生法律意识与法治素养随之提升，法治教育发展至今也取得了一定的成绩。随着党的十九大顺利召开，全面依法治国进入了"以人民为中心"的全新时代，社会主要矛盾发生了深刻变革，体现在法治教育领域主要是法治中国现代化进程对"人"的法律意识和法治素养提出了更高的要求，尤其对"人"在法治社会中的主体身份意识赋予了全新的时代内涵，而这种需求转变与当前大学生法治教育发展不平衡不充分之间产生了新矛盾，导致大学生法治教育的实施成效与国家社会法治建设的现实需求存在一定的脱节现象：大学生法治教育与法治国家和法治社会建设的价值取向和目标定位脱节；大学生法治教育与促进个人成长成才的相关教育环节和教育阶段脱节；大学生法治教育的方法与当代教育理念脱节；大学生法治教育的内容与实践应用脱节等。同时，通过对在读大学生群体、参与大学生法治教育的相关主体进行抽样调查发现，大学生法律意识水平以及高校法治教育两个方面都存在诸多问题。

从大学生法律意识培养成效来看，当前大学生法治教育主要存在三个方面的问题：其一，法律知识储备不足，大学生法治观念相对淡薄，在一定程度上缺乏权利意识；低年级与高年级、城市生源与乡村生源大学生之间的法律认知差异较大；其二，大学生群体的法律意志缺乏长期培育；其三，大学生群体的法律信仰尚未形成，缺乏法律权威意识，对法律缺乏信任与依赖，没有达到西塞罗在《论法律》所述之"一个人要求助于正义，就去诉诸法律"的程度。从大学生法治教育整体层面来看，作为大学生的主要培养机构——高校主要存在三个方面的问题：一是高校大学生法治教育的目标定位不统一，法治教育目标随大学生年级增长而逐渐降低，理工农医类大学生法治教育目标水平整体偏低；二是法治教育课程建设水平整体不高，现有法治教育课程的实效性不强，理工农医类大学生法治教育课程建设相对不足，法治教育课程总体安排过于集中；三是法治教育方式差异较大，质量参差不齐，大学生年级越高，所接受的法治教育方式越单一，考核方式缺乏灵活性。

高校法治教育问题产生的原因，主要包括：法治教育目标、法治教育课程与法治教育体制机制三个方面。首先，大学生法治教育目标定位有偏差——总体目标站位不高，缺乏将其作为主要育人目标之一的高度提升法治教育在整个高校培养体系中的重要性；缺乏从构建独立完整体系的角度去赋予大学生法治教育在整个高校育人体系中更多的生存空间。其深层原因是高校对大学生法治教育和思想政治教育、德育等教育的关系缺乏统一认识，对大学生法治教育自身的重要性缺乏危机意识，高校对大学生法治教育缺乏纵向与横向的衔接意识。其次，大学生法治教育课程建设水平不高——教学内容没有实现本土化与特色化，从教材内容安排上看，法治教育内容偏少；对法律知识更是停留在简单普及层面，对具体的法条、实体法、程序法贯彻不深，对社会主义法治观念和社会主义法律精神讲授不透彻；通过课程学习的内容现实针对性不强，难以满足学生对法治知识的需求。教学方式缺乏现代性与实效性，教学模式以"填鸭式"为主，教育活动形式单一。其深层原因包括高校对非法学专业大学生的法治教育很大程度上定位于表层的理解与认识，围绕非法学专业大学生法治教育的制度、机构、师资和保障等体系建设力度不足，师资队伍缺乏专业性与多元性。最后，大学生法治教育体制机制固化——现有体制灵活性不足，法治教育机制缺乏创新。深层原因在于高校中的各级主体对法治教育的责任归属不清，对法治教育和思想政治教育等界限划定不明，校园法治文化氛围不浓。

为了提高大学生法治教育的水平与质量，使非法学专业大学生适应当代法治国家建设的要求，提升非法学专业大学生法治素养，必须改革大学生法治教育的目标、课程、体制机制等核心要素。

从理论角度而言，当代大学生法治教育的价值追求是在全社会形成"立德树人、德法兼修、全民守法"的法治氛围，以实现法治教育现代化与法治教育特色化为理想愿景，以传承创新中华优秀传统法治文化为发展动力。在改革的推进过程中，坚持以马克思主义法治观为理论指导，以重视人的完整发展的全人教育理论为实践指导。两个理论从逻辑本源、分析框架到方法路径三个方面具有共同属性，合力于同一个问题场域，同时在共同促进大学生法治教育问题上又具有相互依存的关系。同时，两个理论随着时代的发展演绎与时代变迁，共同应对着当代大学生法治教育问题研究中理论与实践的范式转变。因此，本书以培养德智体美劳全面发展的社会主义建设者和接班人为重要原则，以全面提高大学生的法律意识与法治素养为根本目标，从大学生法治教育的供给侧角度，针对法治教育成效实施的涉及"法治教育目标""法治教育课程""法治教育体制机制"等在内的综合性改革展开论述。

在大学生法治教育目标层面，针对当前大学生法治教育不同年级、不同学科的目标定位不统一等问题，根据全人教育理论"以人的完整发展"的核心观点，当代大学生法治教育理应建立总目标、横向目标、纵向目标相结合的"立交桥型"目标体系，以提升大学生法律意识和法治素养为总目标；横向以提升大学生法律认知来推动大学生学习法律知识的积极性，以强化法律情感来推动大学生积极参与法治建设，以塑造大学生法律意志来促使大学生捍卫法律尊严，以培育法律评价能力来引导大学生理性审视法治建设中的不足，以提升综合实践能力来提高大学生的法治素养并使其学以致用为"五维度目标"；纵向以大学前阶段奠定学习法律的基础，大学阶段强化大学生法律意识与法治实践能力，毕业后阶段促进大学生培育法律素养与法治习惯的终身养成为"三阶段目标"。

在大学生法治教育课程层面——围绕法治教育的目标，针对当前大学生法治教育课程建设水平不高、实效性不强等问题，结合中国特色社会主义法治理论对我国法治建设的法律知识、守法意识等要素，灵活运用通识必修课、通识选修课、第二专业课和专业选修课，据此设计与大学生法治教育目标匹配的理论课程设计体系；综合运用模拟法庭、诊所式教学和法治教育实践基地等实践课程设计体系，开发大学生法治教育隐性课程与网络课程资源，并充分运用信息技术，创新大学生法治教育教学方式。其中，核心内容是：其一，强化高校"法治教育"

独立体系设计，设立专门的法治教育机构，制定并落实专门的法治教育规划，建立与法治教育相关的评价体系；其二，按照年级、专业等标准，设计安排包括《宪法》[1]、专门法、公民权利与义务、法律仪式等在内的综合性课程体系；其三，建立法治教育课程教师与非法治教育课程教师协同育人机制；其四，建立高校校际优质法治教育课程资源共享机制。

在大学生法治教育体制机制层面，针对当前大学生法治教育存在的高校师资队伍、课程建设、机构协同等方面的不足，理顺政府、高校、教师、社会、家庭等多元主体之间的关系，明确高校在大学生法治教育中的核心主体地位，强调政府、社会、家庭等单位的重要作用。建立校内、校际、校外多元主体之间的协作机制。主要内容包括：其一，在高校内部建立法治教育中心，整合校内的法治教育师资力量，集中力量开展法治教育教研；其二，探索设立"法治教育"专业学位研究生教育体系；其三，建立区域性高校联合培养机制；其四，建立大学生法治教育校外协作体系。

---

[1]《宪法》，即《中华人民共和国宪法》。为表述方便，本书中涉及我国法律文件直接使用简称，省去"中华人民共和国"字样，全书统一，后不赘述。

目录 CONTENTS

第一章
CHAPTER 01

绪 论

第一节 研究背景与意义

本书的背景主要包括新时代的时代背景、中国特色社会主义法治理论体系的理论背景，对大学生法治教育实践进行反思的实践背景等。在研究过程中，力图实现三个层面的意义：其一，国家层面——深化依法治国与法治教育理论研究，推动国民法治教育体系的构建；其二，高校层面——构建"立德树人、德法兼修、全民守法"的大学生法治教育新体系；其三，教师与大学生层面——提升师生的法律意识与法治素养。

一、研究背景

本书主要基于新时代法治中国建设对大学生法治教育提出更高要求的时代背景，中国特色社会主义理论建设发展的理论背景，以及学界对大学生法治教育发展过程中的实践反思。

（一）时代背景——新时代法治中国建设对大学生法治教育提出更高要求

新时代是习近平总书记在十九大报告中对我国社会发展阶

段的重要论断，特指中国特色社会主义发展的新的历史定位，具有特有的鲜明特征和中国标志。[1] 新时代我国的法治建设主要内容包括：保持法治定力、发展法治理论、提升法治方略、拓展法治道路、深化法治实践、统筹法治改革、建设法治强国、加强法治领导等。[2] 在新时代，我国的法治建设进入了新时期，对大学生这一法治建设主力军的法治教育也提出了更高的要求。2017 年 6 月，教育部召开"深入推进高等学校学生法治教育座谈会"，深入推进大学生法治教育。十八大以来，国家民主法治建设伴随着国家改革开放和现代化建设的进程稳步推进，迈出重大步伐，成为现代化建设最重要的历史成就之一。

1. 十八大以来我国民主法治建设取得重大成就

党的十九大报告从十个方面对十八大以来的建设成就进行了总结，充分肯定了新时代的历史性变革以及"历史质性"。[3] 这些变革与成就为新时代民主法治建设奠定了基础，也描绘了民主法治建设进程的时代背景与框架。经济方面取得巨大成就，形成了从量到质、从财富增长到社会平衡发展方式的根本转换的新发展理念；全面深化改革取得重大突破，为巩固和完善社会主义制度而"破除各方面体制机制弊端"的历史性变革；思想文化建设取得重大进展，奠定了意识形态工作在社会精神文化层面的核心位置，弘扬中华优秀传统文化，重新确立民族文化身份认同以及坚定文化自信；人民生活不断改善，基于马克思主义群众历史观的理论定位，实现从"以人为本"到"以人

〔1〕 王伟光："当代中国马克思主义的最新理论成果——习近平新时代中国特色社会主义思想学习体会"，载《中国社会科学》2017 年第 12 期。

〔2〕 张文显："新时代全面依法治国的思想、方略和实践"，载《中国法学》2017 年第 6 期。

〔3〕 张异宾："从认识论和方法论高度深入学习领会党的十九大精神"，载《中国社会科学》2018 年第 1 期。

民为中心"的根本性转变，强调共产党之所以作为人民事业坚强领导力量最核心的政治质性，也成为新时代一系列重大改革的核心关键与政治宗旨。

在此基础之上，我国民主法治建设自党的十八大以来取得了重大成就，集中反映在法律法规体系建设、社会治安环境建设、司法公开、制定或修改法律 48 部，制定或修改地方性法规 2926 部、规章 3162 部，制定或修改行政法规 42 部，制定修订中央党内法规近 80 部，修订法律 57 部、行政法规 130 部。除此之外，还启动了《民法典》的编纂工作，颁布了《民法总则》，弥补了家庭暴力、特种设备安全、征信业管理等领域的立法空白，党和国家的法律法规体系不断完善。在法律法规不断完善的情况下，我国的社会治安环境建设也取得了一定成就。据统计，十八大以来，我国每 10 万人命案发案数为 0.7 起，与瑞士——被誉为世界上最安全的国家相当。与此同时，我国的法治宣传教育与民主法治建设并轨推进，全国第六个五年法制宣传教育规划（2011—2015 年）顺利实施完成，法治宣传教育工作取得显著成效。以宪法为核心的中国特色社会主义法律体系得到深入宣传，法治宣传教育主题活动广泛开展，多层次多领域依法治理不断深化，法治创建活动全面推进，全社会法治观念明显增强，社会治理法治化水平明显提高，法治宣传教育在建设社会主义法治国家中发挥了重要作用。由此可见，我国民主法治建设不仅完善了法律法规体系，更为社会成员的生产生活营造了一个安全有序的环境，提升了社会成员的法律意识、法治素养，为法治教育的实施开展奠定了较好的社会基础。同时，党的十九大报告从马克思主义哲学视角的战略思维高度、审视历史规律的思辨高度、剖析矛盾论的现实前提以及基于人民群众历史观理解根本宗旨等方面对新时代大学生法治教育从认识论与方法论两个方面提供了理论指引。

2. 新时代中国特色社会主义法治建设面临转型升级

党的十九大的最大政治理论成果是形成了习近平新时代中国特色社会主义思想，它是新时代全面依法治国的根本遵循。十九大报告一共涉及55次"法治"，提出了一系列关于全面依法治国和法治建设的新概念新命题新阐述新要求，通篇贯穿和体现了习近平新时代中国特色社会主义法治思想的时代内涵和创新发展。[1]习近平总书记指出，"全面推进依法治国总目标是建设中国特色社会主义法治体系、建设社会主义法治国家"。[2]新时代中国特色社会主义法治始终坚持走中国特色社会主义道路，建设社会主义法治国家，努力实现坚持党的领导、人民当家作主和依法治国的有机统一，注重发挥法治在国家和社会管理中的重要作用。[3]新时代法治蕴涵新内涵，新内涵需要新目标和新路径，即努力实现法治现代化促进国家治理体系和治理能力的全面现代化。新时代法治现代化的实践路径需要实现"三个转型升级"，即从法治国家转型升级为法治中国，从法律之治转型升级为良法善治，从法律大国转型升级为法治强国。[4]可见，新时代中国的法治建设从价值认知、本体内涵和实践路径等方面都被赋予了全新的时代要求。

习近平总书记在十九大报告中使用的"八个明确"与法治

〔1〕 李林："努力把我国建设成为社会主义法治强国——从十九大报告看习近平新时代中国特色社会主义法治思想的精髓"，载《人民政协报》2018年1月12日。

〔2〕 习近平："决胜全面建成小康社会 夺取新时代中国特色社会主义伟大胜利——在中国共产党第十九次全国代表大会上的报告（2017年10月18日）"，载《人民日报》2017年10月28日。

〔3〕 马振清："中国特色社会主义进入新时代的理论解析"，载《贵州省党校学报》2017年第6期。

〔4〕 张文显："法治与国家治理现代化"，载《中国法学》2014年第4期。

有着紧密的逻辑关联，对依法治国和法治建设有着重大而深远的指导意义，[1]对法治中国转型升级提供了战略性和前瞻性的方向指引。"八个明确"对全面依法治国、推进法治中国现代化进程以及建立社会主义现代化法治强国的长远目标和重大任务作出了战略指引，同时将法治建设和法治现代化的实施步骤贯穿在"一个时段、两大阶段"总体布局中。"八个明确"指引新时代法治建设必须更加强调"以人民为中心""以人民为主体"，坚持法治的人民中心地位和人民主体价值，以满足人民对美好生活的向往为己任。同时，新时代法治应全面服务于"五位一体"的总体布局与"四个全面"的战略布局，在法治现代化进程中坚持"道路自信、理论自信、制度自信、文化自信"。深化改革的总体目标为依法治国和法治建设提供了目标导向和基本遵循，法治体系是国家治理体系的组成部分，法治是国家治理体系和治理能力的重要依托。国家治理现代化的实质是在治理体系、治理能力等方面充分体现良法善治，而现代法治则为国家治理注入了良法善治的核心价值和公共治理的创新机制，国家治理向着现代化的制度文明和政治文明迈进。同时，"八个明确"对全面推进依法治国总目标的确定，重申了十八届四中全会决定的精神，进一步明确了法治实践中"人"的价值凸显以及构建全民法治教育体系的重要意义，并最终形成办事依法、遇事找法、解决问题用法、化解矛盾靠法的社会氛围，使尊法、信法、守法成为全体人民的共同追求和生命自觉。

3. "七五"普法为大学生法治教育综合改革提供条件

法治中国现代化进程中离不开"人"这一关键因素，而教育正是解决培养造就什么样的"人"的问题。通过法治教育有

---

[1] 张文显："新思想引领法治新征程——习近平新时代中国特色社会主义思想对依法治国和法治建设的指导意义"，载《法学研究》2017 年第 6 期。

效提高公民的法律意识和法治素养，成为推动法治中国现代化进程的重要保障之一，构建全民法治教育体系已纳入教育事业发展的战略规划。党的十八大以来，以习近平同志为核心的党中央对全面依法治国作出了重要部署，对法治宣传教育提出了新的更高要求，明确了法治宣传教育的基本定位、重大任务和重要措施。中共中央《关于全面推进依法治国若干重大问题的决定》强调构建中国特色社会主义法治体系，即坚持法治国家、法治政府和法治社会的一体建设。同时要求构建全民法治教育体系，充分肯定了法治教育对于全面推进依法治国的重要性。教育是实现"法治"最终取代"人治"的重要手段，《国家中长期教育改革和发展规划纲要（2010—2020年）》（以下简称《纲要》）要求高校大力推进依法治校和依法治教；《国家教育事业发展"十三五"规划》要求把全面落实立德树人作为根本任务，把法治教育纳入国民教育体系，在中小学设立法治知识课程。加强法治教育实践基地建设，开展法治实践教育；教育部发布《青少年法治教育大纲》，开展"学宪法 讲宪法"活动，许多高校也积极响应号召将《宪法》纳入通识教育必修课程体系，全面提高青少年法治观念和法律意识，构建全民法治教育体系已成为教育事业发展规划的必要内容。十八届三中全会要求"健全社会普法教育机制"；十八届四中全会要求"坚持把全民普法和守法作为依法治国的长期基础性工作，深入开展法治宣传教育"；十八届五中全会要求"弘扬社会主义法治精神，增强全社会特别是公职人员尊法、学法、守法用法观念，在全社会形成良好法治氛围和法治习惯"。中央宣传部、司法部《关于在公民中开展法治宣传教育的第七个五年规划（2016—2020年）》（以下简称"七五"普法规划）明确了"七五"期间法治宣传教育的指导思想、主要目标和工作原则。历次普法工作所积累的法治宣传教育经验，已经成熟的法治宣传教育模式，以及正在推进的法治改革为新时代大学生法治教育综合改革提供了条件。

（二）理论背景——中国特色社会主义法治建设理论体系

党的十九大最大的理论成果是构建了中国特色社会主义理论体系，其中有关法治建设的内容，成为建设中国特色社会主义法治的重要理论基础。其内容主要包括：全面推进依法治国总目标是建设中国特色社会主义法治体系、建设社会主义法治国家。新时代中国法治教育的发展面临着新的时代特征和基本矛盾的转化，这要求我们必须坚持发展中国特色社会主义的基本方略，贯彻习近平新时代中国特色社会主义法治思想。

1. 中国传统法治文化的挖掘和阐发

中国特色社会主义法治建设理论弘扬了中华优秀传统法治文化，融合了人类法治理念的思想精髓，创新了马克思主义经典法学理论，开启了马克思主义法学理论中国化的新时代。中国特色社会主义法治建设理论以"新时代"伟大的历史节点为时代坐标，以"中国特色"法治的思想体系为理论坐标，以"社会主义"建设的根本需求为实践坐标彰显其核心要义和价值追求。坚持公平、正义、民主、自由、理性和现代化，追求传承与创新的中国特色社会主义法治建设理论代表着当今世界法治文明的最高水平，是科学性与实践性的成果积淀，是本土化与国际化的相得益彰，是一元性和多元化的共生发展。法治思想和文化具有历史继承性，中华优秀传统文化中的法治思想之精华深刻地影响着当代中国法治理论与实践。党的十八大以来，习近平总书记多次强调要，加强对中华优秀传统文化的挖掘和阐发。于法治文化而言，我国古代历来有"隆礼重法"之追求，形成了源远流长的法治文化。"以法治国"曾一度成为中国古人治国理政之主张。例如,《管子·法法》提出:"宪律制度必法道,号令必著明,赏罚必信密,此正民之经也。"《商君书》主张,治法须"明",制度须"察"。中华优秀传统法治文化是现代法治思想的文化资源,其中内蕴的家国情怀、法本追求、德法相辅等法治理念与精神在中国特色社会主义法治建设理论中得到了极大的彰显。

2. 马克思经典法治思想的传承与创新

中国特色社会主义法治建设理论是在马克思主义指导之下,基于新时代中国特色社会主义法治实践基础,对马克思主义法学理论的深化发展,是马克思主义法学理论中国化的最新思想结晶。马克思主义法学理论以唯物史观为理论基础,系统论证了法的起源、本质、功能、作用,有力地指导了社会主义国家的法律实践,成为社会主义国家法治建设的理论之源,指导着社会主义国家法治建设的实践探索。中国特色社会主义法治建设理论坚持党的领导、执法为民、公平正义和服务大局,是新时代中国特色社会主义理论的重要组成部分,是对马克思列宁主义经典作家法学思想的中国化继承和创新性发展,是对毛泽东等老一辈无产阶级革命家法治思想的时代化丰富和实践化传承,更是对中国特色社会主义法治思想的系统化创新和整体性发展,成为新时代全面依法治国的重要思想引领。

3. 以习近平新时代法治思想为根本遵循

"法者,治之端也。"盛世必备良法之治,大兴必伴善治之举。习近平新时代法治思想是习近平新时代中国特色社会主义思想的重要组成部分,是新时代全面推进依法治国、建设社会主义法治体系、建设社会主义法治国家的系列新理念、新思想、新观点的系统集成,是新时代全面依法治国的根本遵循。习近平新时代中国特色社会主义法治思想,是基于坚实的法治中国建设实践而形成的极具开创性的智慧结晶，它深刻分析了新时代中国特色社会主义法治建设的指导思想、目标追求、本质特征、价值导向、体系建构等系列重大问题，有力地回应了新时代建设什么样的法治中国、如何建设这样的法治中国以及为什么要全面依法治国、如何推进全面依法治国等一系列根本性、时代性课题，对于新时代国家治理体系和治理能力现代化建设、实现"两个一百年"奋斗目标具有重大的战略意义。习近平新时代中国特色社会主义法治思想指引着新时代中国特色社会主义法治实践，即坚持党的领导、人民民主与依法治国的有机统一、依法治国与依法执政的有机统一、依法治国与以德治国的有机统一、法治国家与法治社会的有机统一、中国传统法治文化与现代法治精神的有机统一。

坚持以习近平新时代中国特色社会主义法治思想为根本遵循，首先就是要坚持"一条鲜明主线"，即坚持党的领导不动摇。党的领导是中国特色社会主义最本质的特征，是人民当家作主和依法治国的根本保证。要坚定不移地将党的领导贯彻到全面依法治国的全过程、全领域、全方位，在党的坚强领导下有序解决依法治国领域的复杂难题。坚持以习近平新时代中国特色社会主义法治思想为根本遵循，要做好法治建设的"两个核心坚守"，即"社会主义"和"中国特色"。"社会主义"是中国法治的本质规定，全面依法治国必须反映社会主义本质需求，以解放和发展生产力为根本宗旨。"中国特色"是中国法治的基本规格，全面依法治国必须立足于中国国情，从建设中国特色社会主义需求出发，秉承中国传统法治文化的民族精神，探索符合当前中国时代特征，体现当代中国时代精神的特色实践之路。坚持以习近平新时代中国特色社会主义法治思想为根本遵循，要覆盖法治建设的"三个关键领域"，扎实有效地推进法治国家、法治政府、法治社会建设，坚持依法治国、依法执政、依法行政共同推进，坚持法治国家、法治政府、法治社会一体建设，不断开创依法治国新局面。坚持以习近平新时代中国特色社会主义法治思想为根本遵循，要抓好法治建设的"四大主体环节"，坚持厉行法治，整体推进科学立法、严格执法、公正司法、全民守法，巩固好法治国家建设的基本前提、把握好法治政府建设的基本要求、创设好法治社会建设的必要条件并打牢全面依法治国的基础工程。坚持以习近平新时代中国特色社会主义法治思想为根本遵循，要在党的领导下建设好"五大内容体系"，形成完备的法律规范体系、高效的法治实施体系、严密的法治监督体系、有力的法治保障体系、完善的党内法规体系。"法律是治国之重器，良法是善治之前提。"健全完善的中国特色社会主义法治体系，是推进全面依法治国不可缺少的重要支撑。[1]

（三）实践背景——新时代大学生法治教育的实践反思

教育的主体是"人"，教育的目的归根结底是解决培育什么样的"人"的问题，以教育视角研究大学生法治教育问题应遵循教育学研究的基本范式，符合高等教育改革的客观规律和发展趋势。当前高等教育各领域全面深化综合改革，提高人才培养质量，走内涵式发展道路，努力实现人才强国目标。强调教育以人为本的理念，坚持人的全面发展和综合素质提升是教育现代化的指导思想。然而，通过对大学生法治教育实践现状的审视与反思发现，青年大学生的法律意识与法治素养仍无法完全满足新时代经济社会发展的更高要求，存在着社会需求与教育成效的不完全匹配现象，一定程度上反映出当前大学生法治

---

〔1〕 陈诚："新时代全面依法治国的根本遵循"，载《光明日报》2018年5月22日。

教育与新时代社会矛盾转型后的需求转变，与人才培养目标随着全面依法治国"以人民为中心"的价值转变以及与教育现代化背景下的方式转变等不能完全适应，导致大学生法治教育的实施成效滞后于新时代国家社会的现实需求。

1. 大学生法治教育与社会矛盾转型后的新需求不完全适应

新时代社会矛盾的一个方面包括人民日益增长的美好生活需要。美好生活虽然是抽象的概念，但看得见、摸得着、感受得到。比如，"更好的教育、更稳定的工作、更满意的收入、更可靠的社会保障、更高水平的医疗卫生服务、更舒适的居住条件、更优美的环境"。[1]其中，接受优质的教育是人民对美好生活向往的重要需求。新时代的优质教育形式必须满足人民多层次、多形式、多类型的全面需要，这种需要不是静止的、固定的，而是"日益增长"并且发展着的。因此，围绕如何满足人民对优质教育资源的需求，亟待重新审视新时代大学生法治教育的科学内涵、概念范畴、学理支撑、逻辑体系、框架结构等相关内容。与此同时，发展不平衡不充分"已经成为满足人民日益增长的美好生活需要的主要制约因素"。全面依法治国进入了"以人民为中心"的全新时代，社会主要矛盾发生了深刻变革，体现在法治教育领域主要是法治中国现代化进程对"人"的法律意识和法治素养提出了更高要求，尤其对"人"在法治社会中的主体身份意识赋予了全新时代内涵，而这种需求转变与当前大学生法治教育发展不平衡不充分之间产生了新矛盾，导致大学生法治教育的实施成效与国家社会法治建设的现实需求存在一定脱节现象：大学生法治教育与法治国家和法治社会建设的价值取向和目标定位脱节；大学生法治教育与促进个人

---

〔1〕　韩喜平、金光旭："准确把握新时代社会主要矛盾的科学内涵"，载《马克思主义理论学科研究》2018年第2期。

成长成才的相关教育环节与教育阶段脱节；大学生法治教育的方法与新时代教育理念脱节；大学生法治教育的内容与实践应用脱节等。同时，通过对在读大学生群体、参与大学生法治教育的相关主体进行抽样调查发现，大学生法律意识水平以及高校法治教育两个方面都存在诸多问题。于大学生法治教育而言，处理好发展不平衡与不充分的矛盾关系，即要处理好教育实践过程中的方法转变与路径创新等。具体而言，在法治教育的教学方式方法中注重知和行的统一、个体性与社会性的统一、自律性与他律性的统一；在法治教育的实践路径中注重隐性资源与显性资源的结合、个人与整体的结合、阶段性与持续性的结合等。

2. 大学生法治教育与新时代法治的目标价值不够契合

新时代大学生法治教育以马克思经典理论"促进人的全面发展与自由解放"为纲领性指导，随着新时代法治现代化推进而发生着目标转变。

第一，人本价值的进一步彰显。马克思思想理念精髓以促进人的全面发展、实现人的自由解放为根本，以满足与适应人的本质需求为逻辑起点与目标归属。马克思和恩格斯认为，人才是认识和改造社会的所有思维与实践活动的根本所在。这一根本所在包含着两层含义：人是思维与实践活动的主体；人是思维与实践活动的目的。人的本质绝不仅仅是人作为血肉躯体这一自然存在物的自然本性，人最根本的本质在于人是集家庭、社会、国家等各种关系于一身的总和。换言之，马克思认为人的本质应该也只能是人作为抽象的"类存在物"在国家存续状态下的社会性。只有全面而准确地理解马克思对人的本质的这一论述，才能真正理解马克思主义法治观的本质特征保护——

人的权利和自由。[1]"法治教育应当关怀人的基本目标——人的全面发展"的观点认为，法治的价值就在于它对人的意义，只有在弘扬人类理性、表达人类理想、实现人类信仰的时候，"法的统治"才不至于成为奴役人的工具。[2]

第二，法治教育目标定位的战略提升。从"一五"普法规划至"六五"普法规划中"法制教育"的提法，到"七五"普法规划中"法治教育"的转变，从根本性上标志着新时代大学生法治教育概念的内涵转型。与此同时，不论是《宪法》第24条对"法治教育"进校园的纲领性要求，还是《青少年法治教育大纲》和"七五"普法规划中对"法治教育"进校园的目标、任务和实施规划作出的明确指示，"法治教育"进校园取代了传统的"法制教育"，将大学生法治教育从目标站位到概念内涵进行了战略升级。

第三，"法治教育"功能时代蕴意的转型升级。"法治教育"顺应新时代需求，接轨人才培养的整体构架，承担全新的角色担当。而大学生接受法治教育应当作为培养环节中必不可少的重要且独立的组成部分，从人才培养的目标体系中增设"法治教育"作为与"德智体美"具有同等功能和地位的人才培养目标之一，从"法治教育"的重要性和功能性上全面彰显新时代法治教育之于高等教育人才培养体系的重要意义。"法治教育"在完善自身的教育功能的同时，又应辅助于人才培养其他目标的综合实现。全面发展的人具备开放的心理取向、积极的主体意识、强烈的法治素养、高尚的道德情操、深刻的科学精神和较强的法治观念。在诸多因素中，法治教育作用于培养

---

〔1〕 梁光晨："马克思主义法治观的逻辑起点与本质特征"，载《中共成都市委党校学报》2016年第3期。

〔2〕 汪太贤、艾明：《法治的理念与方略》，中国检察出版社2001年版。

大学生全面发展的法治素养和法律意识，同时也是道德素养、公民素养、诚信意识等其他个人发展因素的重要支撑，而法治教育本身的教育成效也取决于个人全面发展诸多因素的共同作用。因为，大学生法治教育研究应从以人为本和促进人的全面发展的角度选用全人教育思维模式开展，探索为服务社会经济培养具有主体法律意识、能适应新时代社会矛盾转型以及全面决胜小康社会并最终实现"良法善治"的"德法兼修"的青年大学生。

3. 大学生法治教育与新时代的教育理念与方式存在一定背离

十八大提出，"完善终身教育体系，建设学习型社会"是实现全面建成小康社会重大战略任务的根本保障，又一次突出强调了建设学习型社会、构建终身教育体系的重要性。《纲要》明确要求，到2020年，要构建完成体系完备的终身教育。这为下一步教育改革发展、构建终身教育体系指明了方向。高等教育人才培养模式的改革应努力适应学习型社会构建的需求，而终身教育体系是建设学习型社会的重要基石，开放共享的教育模式是终身教育体系的主要特征。因此，大学生法治教育实施应顺应学习型社会和终身教育体系构建的需要，在路径选择上以终身教育思想为指引，更新教育理念、创新教育方式、拓展教育空间、延长教育时间、共享教育资源、开放教育渠道等。大学生法治教育应通过实施路径和教育方式的彻底转变，解决"知行背离""知易行难"等问题。正所谓"形而上者谓之道，形而下者谓之器"，大学生接受的法治教育应最终让其实现技能与价值的统一、道德信仰与法律信仰的统一、权利与义务的统一，从而解决接受法治知识与践行法律行为相背离的突出矛盾。同时，终身教育理念下的学生应"学会学习"而不仅是"获得学习"，"终身学习"而不仅是"阶段性学习"，"开放学习"而不局限于"课堂学习"，人对于学习的最终需求是人性化、终身化和专业化。所以，大学生法治教育的改革应全面适应学习型社会构建的现实需求。而要实现这种适应，必须改革当前针对非法学（法律）专业大学生法治教育的教育方式与体制机制，转变现有的以思想政治教育、约束力度相对较弱的课程学习、形式大于内容的法治实践基地学习、难以持续开展的讲座等为主的教育方式，转变现有以思想政治教育部门为主、法学院系参与有限的教育体制机制。充分调动高校内部法学院系、思想政治教育、大学生所在学院等多方主体参与大学生法治教育的积极性，整合高校内外法治教育资源，建立新型的大学生法治教育体制机制和教育方式。

二、研究意义

本书主要有三个层面的研究意义：其一，国家层面——深化依法治国与法治教育理论研究，推动国民法治教育体系的构建；其二，高校层面——构建培养"德法兼修"的大学生法治教育体系；其三，高校教师与大学生层面——提升师生的法律意识与法治素养。

（一）深化依法治国与法治教育理论研究，推动国民法治教育体系的构建

依法治国是国家战略，大学生法治教育在全民法治教育体系中有着重要的责任担当，其首要任务人才培养即培育具有法治观念和法治素养的大学生。因此，开展大学生法治教育专题研究，契合国家全面建设社会主义法治国家的战略需求，能够充分发挥高校人才培养、科学研究、社会服务、文化传承和国际化的五大职能。通过法治教育的相关专题研究，提升全民法治教育理论水平、营造社会主义法治文化、提升大学生法律素

养，在深化依法治国与法治教育理论研究的基础上，推动国民法治教育体系的构建。

（二）深化并推进高校法治教育理论与实践研究

本书结合"七五"普法规划提出的"法治教育"理论，整合高校学科优势开展针对非法学专业大学生的法治教育理论研究，探索基于教育学、法学、心理学等相关社会科学的交叉学科研究，拓展教育学科的研究视野，规范"法治教育"研究的科学属性。以"法治教育"研究为引领，挖掘新时代法治教育的中国特色，取代传统"法制教育"停滞于基础层面的法律知识传授模式，强化法治的意识形态教育、理想信仰教育和价值观念塑造等，凸显中国特色社会主义法治独特的"教育属性"。结合"法治教育"理论开展大学生法治教育问题研究，指导高校法治教育改革实践，遵循国家宏观层面的纲领性要求，科学制定"法治教育"的规划和计划。围绕"价值理念之育""能力程序之育""知法守法用法之育"，拓展"法治教育"的功能属性与价值内涵。将"法治教育"理念贯通高校育人体系，从目标站位的根本提升法治教育对于人才培养的重要意义。本书旨在深化并推进高校法治教育理论与实践研究，从理论层面拓展高校法治教育理论内涵，着力深化新时代中国特色社会主义大学生法治教育理论研究；从实践层面构建高校法治教育理论与实践模型。

（三）构建"立德树人、德法兼修、全民守法"的大学生法治教育新体系

社会主义法治教育与道德教育，是当代大学生思想政治教育的关键组成部分。思想政治教育的最终目的是培养大学生成为建设中国特色社会主义的合格建设者和可靠接班人。法律知识和道德知识均有教育和规范人们言语行为的重要功能，"有理

想、有道德、有文化、有纪律"的"四有"新人目标中，"有道德""有纪律"正是社会主义道德教育和法治教育的教育目标和根本任务，也是改进和加强大学生思想政治教育的重要内容。因此，应当从中国特色社会主义事业的战略高度着眼，从当代大学生跳跃多变的思想实际出发，切实发挥高校思想政治教育工作对青年大学生健康成长成才的导向作用和保证功能，帮助青年大学生树立远大理想，培养优良道德品质，增强民主法治意识和权利义务观念，营造扶正祛邪、扬善惩恶、充满正能量的良好校园文化。

（四）提升高校教师与大学生的法治素养

本书以反思大学生法治教育的现实困境为基础，以马克思主义法治思想与新时代教育思想为核心理论，以中国特色社会主义法治理论与全人教育理论为实践指导，围绕桎梏大学生法治教育实施效果的关键问题，从目标、课程、体制机制等方面改革大学生法治教育。围绕目标体系构建，探索转变教育理念、强化队伍建设、创新教育载体、优化方式途径和开放教育环境等实践路径的创新。新体系更契合人才发展的客观规律、满足社会经济的现实需求、整体性破解大学生法治教育存在的现实问题、引领示范全民法治教育实施，并最终全面提升大学生法律素养和综合素质，并提升实施法治教育的高校教师的法治素养，助力法治校园建设，推动依法治校和依法治教。

第二节　研究现状述评

一、国外研究综述

用"法治教育"一词的相关翻译搜索英文文献，发现其实直接相关的文献很少，但是国外在研究或实施"公民教育"、从事教育中的普法事务时等均有法治教育理念和实践的贯穿，学者们也从多角度对"法律""法治"中的教育进行了一定的研究。这一部分的相关研究对我国高校法治教育的研究及实践提供了可以借鉴的地方，有利于更全面、客观地研究我国高校法治教育问题。

（一）关于法治教育的研究

美国现代意义上的法治教育，源自 20 世纪 60 年代教育家伊西多·斯坦发起的"法律学习运动"（Law Study Movement），[1] 他发现在课堂上向学生讲授法律的相关知识时，如果引用法律案例来辅助教学的话要比单一地讲解法律条文更能让学生兴奋和投入。他认为学习法律的目的在于通过教授青年人法律的相关知识来逐渐改善国家整体的教育质量，推动公民教育，给青年人提供一些可以使他们参与制定和塑造法律的工具，让他们理解这个社会，理解国家，帮助国家去更好地发展。埃米尔和伊莎贝拉在《转型中的法律教育：博洛尼亚进程是否响应欧洲在世界上的地位》[2] 一书中指出：美国法律教育的整个体系在世界范围内都是很突出的，其中强调其临床法律教育不仅能有效地促进世界其他国家或者地区的法律教学机制，还促进了其法治和人权等重要思想的传播。《大学结构如何决定美国法律教育的命运——向拉里·里宾斯坦致敬》[3] 一文深刻探讨了美国法律教育和大学之间的关系。马修·威尔逊的《日本的法律临床教

〔1〕 I Starr, "The Law Study Movement: A Memoir", *Peabody Journal of Education*, 1977 (1): 6~11.

〔2〕 Emil W. Pływaczewski, Izabela Kraśnicka, *Legal Education in Transition: Is the Bologna Process Responding to Europe's Place in the World?* Springer, Cham, 2016.

〔3〕 Henry G. Manne, "How the structure of universities determined the fate of American legal education-A tribute to Larry Ribstein", *International Review of Law & Economics*, Elsevier Inc, 2014 (6).

育：一项正在进行的工作》[1]一书介绍了日本整体的法律教育状况。日本在其中小学的道德课中所教授的内容包括学生自己如何制订计划与目标、在社会各项生活中遵守诺言、养成契约精神等，由此可以看出日本的道德教育与法治教育联系很紧密。英国的法治教育也体现在公民教育之中，它根据不同阶段学生的不同特点设置教育内容，主要包含法律的制定和执行、权利与义务、民主选举程序、英国议会民主的发展及运行等方面的内容。新加坡的法治教育体现在社会生活的各个层面，很多日常生活中的细节问题都会被法律所规定。加里·贝尔的《全球城市的全球律师：新加坡的法律教育》[2]介绍了新加坡法律教育的整体状况。科曼和海伦娜·惠伦桥的《新加坡临床法律教育》[3]指出临床法律教育（CLE）计划已成为新加坡法学院课程的一个固有的特征。新加坡各级各类学校都很注重公民教育和道德教育，并将法治教育的内容渗透其中。因为 1991 年新加坡颁布的《我们的共同价值观》就提出"为社会培养出'好公民'是所有新加坡人的立国指南"的目标，"好公民"对人的法律素养和道德素养都提出了更高、更具体的要求；澳大利亚学者[4]在犯罪教育方面认为法治教育应该要根据实际的问题去进行教学。

（二）关于实施法治教育的具体途径的研究

美国采取的一些实施法治教育的具体措施得到了良好的效

---

[1] Matthew J. Wilson, *Legal Clinical Education in Japan: A Work in Progress*, Palgrave Macmillan, New York, 2015.

[2] Gary F. Bell, *Global Lawyers for a Global City: Legal Education in Singapore*, Springer International Publishing Switzerland, 2016.

[3] Rathna N. Koman, *Helena Whalen-Bridge Clinical Legal Education in Singapore*, Palgrave Macmillan, New York, 2015.

[4] Farrugia A, Seear K, Fraser S, "Authentic advice for authentic problems? Legal information in Australian classroom drug education", *Addiction Research & Theory*, 2017: 1~12.

果。例如，其一，充分利用社区资源，学校主动寻求法官、律师等社会专业人士支持。社区资源一般包括当地法律协会的志愿者、法官以及从事法律相关工作的学生家长。美国有大约21个州的律师协会或相关的法治教育机构组织律师或法律执行官，深入学校法治教育课堂协助教师指导学生学习法律，在民主社会中做一个负责任公民。[1]约瑟夫·诺瓦克曾任犹他州律师协会的会长，他称"律师和教师之间的合作关系是这些年犹他州律师协会所发生的最好事情，并非常乐意和教师群体有如此亲密的合作"。[2]其二，教师创设案例情境，恰当地组织案例教学是进行高效法治教育的途径。案例教学法能够使学生主动地收集信息，澄清问题，分析数据信息，得出明智的结论。其三，家庭的环境塑造。美国学者戴维斯和亨特认为，许多人之所以遵守法律规范，避免陷入违法犯罪是因为他们和家庭成员、教师、小伙伴、同学、教会人士、律师朋友存在密切联系，如果这些联系失败了，一个人就会感到自己被疏远并脱离了家庭、学校、社会，进而容易和消极、反社会的力量联系在一起。[3]法治教育其中很重要的一部分就是树立人对法律的信仰，形成正确的、积极的法治价值观，这需要在平时生活和学习中不断累积形成，不可能一蹴而就，因此家长就应该努力去以身作则，创造家庭中的法治氛围，为孩子树立榜样，引导孩子一步步形成正确的价值观，与学校共同为孩子创造法治的良好生活和学习环境。

---

〔1〕 Hanson R L，" The Case for Law-Related Education ", *Educational Leadership*, 2002（4）：61～64.

〔2〕 Thomas D，"Lawyers and Teachers：A New Partnership", *Educational Leadership*, 1976（6）：459.

〔3〕 Hanson R L，" The Case for Law-Related Education ", *Educational Leadership*, 2002（4）：61～64.

二、国内研究综述

(一) 关于"新时代"的论述

关于"新时代"的概念，主要是中国共产党基于我国的国情所提出的时代概念，因此这一部分的相关资料主要都是来源于国内的文献资料，笔者结合本书的主题与目的，将从以下两个方面进行分析。

一方面是关于"新时代"的宏观概念。2017 年 10 月 18 日，习近平总书记在中国共产党第十九次全国代表大会报告中明确指出：中国特色社会主义进入新时代，中华民族在中国共产党的领导下，以崭新的姿态踏上新征程。[1]中国特色社会主义进入新时代在政治领域的表现是：始终坚持走中国特色社会主义道路，建设社会主义法治国家，努力实现坚持党的领导、人民当家作主和依法治国的有机统一，注重发挥法治在国家和社会管理中的重要作用。[2]

胡鞍钢认为"新时代"的内涵主要表现为三个方面：这是一个全面创新的时代；这是一个世界强国的时代；这是一个全体人民共同富裕的时代。新时代也意味着中国开启中华儿女勠力同心、奋力实现中华民族伟大复兴中国梦的时代，但是新时代仍属于社会主义初级阶段。[3]陈红娟认为，中国特色社会主义进入新时代经历了由"新时期"到"新阶段"再到"新时

---

〔1〕 齐芳、王斯敏、王国平："中国特色社会主义进入新时代——十九大代表热议中国发展新的历史方位"，载《光明日报》2017 年 10 月 19 日。

〔2〕 马振清："中国特色社会主义进入新时代的理论解析"，载《贵州省党校学报》2017 年第 6 期。

〔3〕 蔡若愚："把握新时代、新矛盾的内涵与外延，实现'两阶段'目标——清华大学国情研究院院长胡鞍钢解读党的十九大报告"，载《中国经济导报》2017 年 11 月 10 日。

代"的历史演变。中国特色社会主义进入新时代无论是对中华民族复兴史还是社会主义运动发展史，抑或人类社会文明进步史，都有重要的意义。从中华民族的复兴史来看，中国特色社会主义进入新时代再次证明中国特色社会主义道路是实现中华民族复兴的唯一道路。[1]

另一方面是新时代主题下关于法治教育的方针政策。习近平总书记明确提出"科学立法、严格执法、公正司法、全民守法"新的十六字方针，标志着我国社会主义法治建设进入了新阶段。党的十九大报告强调"提高全民族法治素养和道德素质""加大全民普法力度，建设社会主义法治文化，树立宪法法律至上、法律面前人人平等的法治理念"，这为全民普法工作指明了方向，提供了基本遵循。推进新时代全民普法，必须坚持推动普法责任制落实，推进法治宣传教育工作目标精准化、工作举措项目化、工作考核体系化、工作指导专业化，以尊法、学法、守法用法主题法治宣传实践活动为载体，实现全民普法新发展。

法治人才的培养与实践离不开法治理论的引领。在中国的土壤上建设法治教育体系，建设法治国家，就必须坚持中国特色的社会主义法治道路。[2]十九大报告指出，中国共产党为中国特色社会主义新时代法治建设所设定的战略布局是，在2020年"全面建成小康社会"中"法治政府"得到"基本"建成的基础上，从2020年到2035年"基本实现社会主义现代化"的第一阶段，"法治国家、法治政府、法治社会"要"基本建成"，"国家治理体系和治理能力现代化"也要"基本实现"；在此基

---

〔1〕 陈红娟："中国特色社会主义进入新时代的历史逻辑与价值意蕴"，载《思想理论教育》2018年第1期。

〔2〕 黄进："培养德法兼修的高素质法治人才 引领中国法学教育进入新时代"，载《中国高等教育》2018年第9期。

础上，从 2035 年到 2050 年的第二阶段的目标就是要"建成富强民主文明和谐美丽的社会主义现代化强国"，在法治建设方面显然也就是"法治国家、法治政府、法治社会"一定要"建成"，"国家治理体系和治理能力现代化"也一定要"实现"。〔1〕党的十九大之后，法治扮演着更加重要的角色，在全社会贯彻"全面依法治国"理念之下，务必要加强对国民的法治教育。高等教育在国民教育体系中承接着社会和学校的部分，因此高等教育中大学生法治教育的普及、加强、转变就显得格外重要。〔2〕

（二）关于"法治教育"的研究

1. 关于"法治"的研究

法治教育是国家推行法治战略的基础路径，通过梳理我国关于法治的研究和相关资料等，可以更好地掌握宏观上的法治思路建设，也能为法治教育的研究提供更多借鉴与思考。自1997 年党的十五大明确确立了"依法治国，建设社会主义法治国家"的治国方略后，我国学者就开始关注法治，因此系统性的著作及重要文献也多在这一时期之后涌现。

第一，关于中国特色社会主义法治理论的研究。马克思主义法治理论在形成中国特色社会主义理论中起到了关键的作用，其中中国特色社会主义法治理论是中国共产党运用马克思主义指导中国法治实践而形成的具有中国特色的法治理论。张文显认为："中国特色社会主义法治理论是中国特色社会主义法治道路的核心要义，是中国特色社会主义理论体系的重要组成部分，

〔1〕　姚建宗："中国特色社会主义新时代法治建设的实践行动纲领——中国共产党十九大报告的法学解读"，载《法制与社会发展》2017 年第 6 期。

〔2〕　张阿兰："新时代大学生法治教育的路径探索"，载《特区经济》2018 年第 7 期。

是对中国社会主义法治实践的经验总结和理论表达，是对中华传统法律文化精华的传承和对发达国家法治经验与理论成果的兼容并蓄，也是与时俱进、不断创新的理论。"[1]龚廷泰认为中国特色社会主义法治理论体系为法治中国的建设奠定了理论基础，指引了中国特色法治建设的实践，并结合了中国本土国情和法治文明的基本规律，是科学的、符合时代潮流的理论体系。[2]

第二，关于法治国家建设的研究。卓泽渊在《法治国家论》一书中对法治国家的基本概念、主要特征、理论基础、法治变革、现实状况及未来的发展趋势等问题进行了具体的分析。[3]江必新认为法治中国是法治国家建设的中国版，是中国法治建设由"依法治国"到"法治国家"的升级版，是基于中国的特色国情，在建设现代化具有中国特色的社会中形成和发展的。[4]孙国华在《社会主义法治论》一书中比较系统地从经济、政治、文化等方面论证了社会主义与法治的关系，从多维的视角论述了实行依法治国建设社会主义法治国家的途径和措施。[5]在这一部分的研究中，学者们对法治国家建设的理论和实践都进行了多维度的具体分析和论述，也对法治中国的概念、整体建构等进行了一定的整合和总结。但唯一不足的是，在关于法治国家建设相关的研究中，很少有学者把教育作为推动法治国家、法治社会的重要途径，站在教育这一角度去研究法治教育对于

〔1〕 张文显："中国特色社会主义法治理论的科学定位"，载《法学》2015 年第 11 期。

〔2〕 龚廷泰："论中国特色社会主义法治理论发展的法治实践动力系统"，载《法制与社会发展》2015 年第 5 期。

〔3〕 卓泽渊：《法治国家论》，中国方正出版社 2001 年版。

〔4〕 江必新：《法治国家的制度逻辑与理性构建》，中国法制出版社 2014 年版。

〔5〕 孙国华主编：《社会主义法治论》，法律出版社 2002 年版。

法治国家建设的促进作用，所以自然也就很少会专门去关注和研究法治教育中的大学生法治教育的部分。

第三，关于人的素质与法治关系的研究。法治建设离不开对人这一重点对象的研究，人的综合素养，特别是法治素养的培养也会对法治建设起反作用。不少学者在研究法治问题的过程中都有提出关于人的素质对影响法治建设进程及效果的重要性问题。柯卫在《当代中国法治的主体基础——公民法治意识研究》一书中分析了公民法治意识与中国当前社会经济、政治、文化等基础方面的内在关系，认为法治意识能够指引法治实践，并服务于法治实践，而法治实践同时也会反馈给人信息，从而使之不断形成和发展自身的法治意识，人的法治观念、法治意识是法治得以真正顺利实现的重要条件。〔1〕有学者提出人的法律信仰也是法治建设的重要精神支柱，法律信仰是法律素质中的重要部分，失去法律信仰，建设法治社会就是空喊口号，没有实质性的内容，无法真正贯通。〔2〕在这一部分的研究中，可以看出学者们普遍认同人是法治国家建设的主体要素，公民应当具有基本的法律知识、法律意识、法治理念和法律信仰。但是目前我国法治建设过程中存在的重要问题之一就是人的法律素质还有待提高，因此提高公民的法律素质，加强法律意识和法治观念建设，可以加快法治国家的建设，呼应时代发展的主题。教育作为培养人的重要手段，必然应在塑造人的法治素质中起到关键的、基础性的作用。

---

〔1〕 柯卫：《当代中国法治的主体基础——公民法治意识研究》，法律出版社2007年版。

〔2〕 丛涛："法治进程中的法律信仰及其建构"，载《湖北社会科学》2004年第4期。

2. 关于"法治教育"的研究

在法治国家的建设中，学者们逐渐意识到教育所起到的重要作用，开始关注并研究公民的普法教育问题，编辑和出版了大量的相关教材及课程学习读本，然而缺少针对法治教育的专门著作，很多书籍都是在研究法治问题上兼顾法治教育的部分，而没有专门针对法治教育展开具体的论述。不过通过文献梳理可以发现，最近几年有关法治教育的成果明显增多，主题不断丰富，有一定参考价值。整理结果如下：

第一，相关的专著较少，姚建龙主编的《大学生法治教育论》[1]是国内首部研究大学生法治教育的专著，并且构建了大学生法治教育学的基本理论框架，提出了具有可操作性的《大学生法治信仰教育纲要（建议稿）》，为教育部编制《青少年法治教育大纲》提供了直接的参考和借鉴。此外，从教育角度出发研究法治的论著仅有邢国忠的《社会主义法治理念教育研究》。[2]该书对社会主义法治理念的理论、源流、内涵及社会主义法治理念路径进行了系统研究。

第二，关于法治教育的研究文献，其主要内容涉及：①学校法治教育建设。如张俊友的《法治理念下的公立义务教育学校教师惩戒研究》，[3]苏芮、苏功国的《我国中小学法治教育现状分析及实施策略探讨》，[4]何玉芳、张艳红的《"基础"课

---

〔1〕 姚建龙主编：《大学生法治教育论》，中国政法大学出版社 2016 年版。

〔2〕 邢国忠：《社会主义法治理念教育研究》，中国社会科学出版社 2011 年版。

〔3〕 张俊友："法治理念下的公立义务教育学校教师惩戒研究"，载《教育科学研究》2018 年第 6 期。

〔4〕 苏芮、苏功国："我国中小学法治教育现状分析及实施策略探讨"，载《基础教育研究》2018 年第 9 期。

思想道德与法制教育内容的"融合"探析》〔1〕等。②社会法治
教育建设。如任和辰、张志善的《浅谈"六五"法制宣传教育
方式的创新——对绛县开展法制教育情况的思考》,〔2〕卢东梅、
吉东的《健全农村法制教育的思考——以河北为研究对象》〔3〕
等。③法治教育与德育的关系。如王双群、余仰涛的《法治教
育与德治教育的内涵及意义》,〔4〕陈锡敏的《试论道德的法律
意蕴——兼论道德教育与法制教育的内在统一性》〔5〕等。④国
外法治教育比较研究。如沈英的《美国中小学法治教育中的社
区参与:内涵、实施及特色》〔6〕等。但这些文献的内容大多偏
向关注教育实践的问题,对法治教育的理论建构及框架等多有
缺失。

　　第三,"法育"的理念。法育是对德育、智育、体育、美育
等在学生培养方面欠缺的有效补充,同时也是上行层面的意志
导向和下行层面的实际需求。法育应成为培养人的重要组成部
分,为实现"全人"理念作出重要贡献,它和德育、智育、美
育、体育等一样,应成为素质教育的重要内容,成为教育政策
和教育实践的一个基本出发点和基本遵循原则。其中最基本的、

　　〔1〕　何玉芳、张艳红:"'基础'课思想道德与法制教育内容的'融合'探
析",载《思想理论教育导刊》2011年第3期。
　　〔2〕　任和辰、张志善:"浅谈'六五'法制宣传教育方式的创新——对绛县开
展法制教育情况的思考",载《中国司法》2010年第7期。
　　〔3〕　卢东梅、吉东:"健全农村法制教育的思考——以河北为研究对象",载
《人民论坛》2011年第5期。
　　〔4〕　王双群、余仰涛:"法治教育与德治教育的内涵及意义",载《理论月刊》
2006年第7期。
　　〔5〕　陈锡敏:"试论道德的法律意蕴——兼论道德教育与法制教育的内在统一
性",载《思想理论教育导刊》2008年第3期。
　　〔6〕　沈英:"美国中小学法治教育中的社区参与:内涵、实施及特色",载
《外国教育研究》2005年第1期。

最重要的就是青少年法育的部分，具体来说就是对广大青少年进行系统的、有效的法治教育，使其掌握法治知识、树立法治观念、形成法治信仰，成为社会主义法治国家的合格公民，从而为成为社会主义事业建设者和接班人奠定基础。[1]

法育是与大学生密切相关的。首先，我国现行《宪法》第24条第1款规定："国家通过普及理想教育、道德教育、文化教育、纪律和法制教育，通过在城乡不同范围的群众中制定和执行各种守则、公约，加强社会主义精神文明的建设。"因此，"法育"的发展并非凭空想象的，而是在研究基础上制定有明确的法律依据。从上述条款中分析可知，加强社会主义精神文明建设是"目标"，普及理想教育、道德教育、文化教育、纪律和法制教育是"手段"，要实现"目标"，那么就要通过"手段"，尽管没有严格的条文来予以强制，但国家对法治教育的建设和推动负有不可推卸的"道德义务"。"法制教育"实质上是"法育"概念制度化的起源和开端，是鉴于1982年《宪法》制定时采用了具有时代特征的"法制教育"一词。"法制教育"在本质上属于"法育"的范畴，是我国法治宣传教育和普法工作的一个阶段性提法。[2]

其次，"法育"进大学校园是贯彻《青少年法治教育大纲》的重要途径，是教育行政部分必须要执行和认真负责的法律职责，高校务必要将"法育"纳入非法律专业学生的必修课程中来，要求所有学生必须认真掌握这门课程，并且要制定科学规范的考核机制。高校要整合现有资源，吸收更多优秀的专业教

---

〔1〕 孙霄兵："法育应当是中国教育的基本维度"，载《辽宁教育》2016年第6X期。

〔2〕 莫纪宏："从法治战略高度重视'法育'"，载《检察日报》2016年第10期。

师，同时对现有教师进行法律教学的专业培训。高校的"法育"重点主要关注两个方面的重要价值：一是培养大学生的法治素养，提高其法律判断能力，使其在进入社会后能够遵法守法，维护社会秩序，从而成为一名具有法律自觉性的合格公民；二是帮助学生掌握在工作和生活中维护自身合法权益的能力。工作后难免会遇到很多法律问题需要解决，如果能够对相关法律知识熟练掌握，不仅可以避免自身误入行为违法，同时还能确保自身利益不受伤害。

最后，政府应发挥宏观调控和服务社会的功能，由相关教育行政部门牵头，整合地方财力、物力、人力等资源，制定相关"法育"实施的政策及保障计划，为学校等教育机构开展法治教育提出指导性意见，并且提供基础资源配备，加强法治教育的宣传工作，将"法育"意识、"法育"理念深入人心，更好地争取"法育"的普及和应用。

（三）关于新时代大学生法治教育的研究

根据文献的搜集与整理发现，将大学生法治教育改革置于新时代的背景下进行整体研究较为欠缺。因此，本书以"大学生法治教育""高校法治教育"为主题进行文献检索，并查找相关著作，进行系统梳理，有助于为本书更深入地研究我国大学生法治教育问题与改革措施奠定基础。整理结果如下：

关于大学生法治教育的研究在法学、教育学、思想政治教育等学科领域中都占有一定的地位。1986 年，国家要求在高校开设"法律基础课"，其后 30 多年间，高校法治教育的相关研究成果逐步显现；2014 年，党的十八届四中全会首次明确提出"将法治教育纳入国民教育体系"，之后涌现了更多新的研究成果。但是关于"大学生法治教育"的专题性研究成果依旧较少。另外，刘同君、夏民、靳诺、陈星波、字如祥等人的著作也只涉及了高校法治教育的部分内容。通过对已有的文献进行的梳理可以看出，国内关于大学生法治教育的研究主要着眼于以下几个方面：

第一，关于大学生法治教育的定位。一是从属于德育，如张宝成认为"法治教育是学校德育的一个组成部分"。[1]二是从属于思想政治教育，即认为法治教育是思想政治教育的重要组成部分。另外，有学者认为思想政治教育和法治教育在教化社会主体中起到了相辅相成的作用，[2]法治教育应该被融入道德教育中，和大学生思想政治教育形成更为强大的合力。[3]三是属于实践教育，即"法治教育属于实践教育领域，是一个综合实施的过程"。

第二，关于大学生法治教育内容的研究。有学者认为应该完善高校法治教育教学内容，如增加、扩充或重构"法治""法治精神""法治理念""法治思维方式"等内容。学者们普遍认为法律知识的教育是高校法治教育的基础，因此法治意识、法律能力等的培养不可或缺。

第三，关于大学生法治教育目标的研究。大学生法治教育的目标随着时间的演进不断地深化和丰富，在不同的时代有不同的特色。众多学者进行相关研究，成果颇丰。有学者认为大学生法治教育的目标是向高校学生普及法律知识、[4]使法律成为全

---

[1] 张宝成："影响大学生法律意识培养的因素"，载《内蒙古师范大学学报（哲学社会科学版）》2006年第2期。

[2] 石雁："法治教育中的思想政治教育渗透"，载《思想教育研究》2013年第2期。

[3] 李淑慧："法治教育：大学生思想政治教育的新维度"，载《学术交流》2007年第12期。

[4] 陈大文："谈谈大学生法律意识教育"，载《思想教育研究》1997年第5期。

社会的信仰，增强大学生的社会主义法治观念、法律意识[1]和提高大学生的法律素质。[2]另外，陈洁提出法治教育的目标是培养法治知识、法治意识、法治情感、法治能力等公民的法治品质。[3]在新时代中，高校法治教育应着重思考如何通过大学生思想政治教育融入法治教育。学者们认为思想政治教育与法治教育在教育目标上具有一致性，在教育方法上能够相互促进，但现在缺少文献研究二者的教育内容如何进一步融合。

第四，关于国内外法治教育比较的研究。众多学者通过对国外法治教育相关情况开展研究，总结出了一些对我国法治教育的启示。沈英在其发表的文章《美国中小学法治教育中的社区参与：内涵、实施及特色》中从社区参与的主体、客体和方式三个层面说明了美国中小学法治教育中社区参与的内涵，以社区参与中课堂和社区的双向关系和社区参与中学生的参与程度为切入点简要介绍了美国法治教育社区参与的实施，并对实施过程中的一些特色进行了说明。[4]常素芳在《比较视域下中国与新加坡的青少年法制教育》一文中，通过分析中国青少年法制教育的问题和新加坡青少年法制教育的优势，从而提出了在借鉴新加坡青少年法制教育的基础上建构符合中国实际的青少年法制教育模式。[5]国内外法治教育比较的研究成果为我国法治教育提供了借鉴，但是多是对中小学、青少年这一群体的

---

[1] 朱好杰、张海艳："当前大学生法治意识淡薄的原因及对策"，载《黑龙江史志》2008 年第 3X 期。

[2] 王斌主编：《法律基础》，江西高校出版社 2003 年版。

[3] 陈洁："我国大学生法治教育研究"，复旦大学 2012 年博士学位论文。

[4] 沈英："美国中小学法治教育中的社区参与：内涵、实施及特色"，载《外国教育研究》2005 年第 1 期。

[5] 常素芳："比较视域下中国与新加坡的青少年法制教育"，载《教学与管理》2015 年第 12 期。

法治教育进行的宏观层面的比较，而很少比较国内外高校法治教育或者大学生的法治教育情况。

第五，关于高校法治教育路径的研究。陈洁在其博士论文《我国大学生法治教育研究》中从转变教育理念、强化队伍建设、改善大学生法治教育课程等角度阐述了完善大学生法治教育的方法。[1]沙艳蕾认为应从培育大学生法治意识、全面推进依法治教、将传统文化融入高校法治教育等方面加强大学生法治教育。[2]杨健燕认为改进大学生法治教育应从对法治教育进行准确的定位、及时调整法治教育的教学内容、改革法治教育的教学形式、提高教师的素质等方面入手。[3]李晓娟等认为加强高校大学生法治教育应从加强大学生法治教育课程建设，培养大学生法治意识；加强大学法治校园文化环境建设，培养大学生法治精神；加强大学生法治习惯养成，培养大学生法治信仰等方面入手。[4]张晓敏等认为应以宪法精神为基础，开展法德并重教育；以契约精神为中心，开展法律信仰教育；以保障权益为切入点，开展法律应用教育。[5]朱子桐等认为应通过加强法治教育课程主渠道、丰富完善法治教育教学内容、创新法治教育的载体和途径、强化提升教师队伍法律素养、形成大学

---

〔1〕 陈洁："我国大学生法治教育研究"，复旦大学 2012 年博士学位论文。

〔2〕 沙艳蕾："依法治国背景下加强大学生法治教育的思考"，载《兰州交通大学学报》2015 年第 2 期。

〔3〕 杨健燕："大学生法治教育中存在的问题及其解决对策"，载《学校党建与思想教育》2006 年第 8 期。

〔4〕 李晓娟、吴亚书："高校大学生法治教育路径研究"，载《长春市委党校学报》2016 年第 3 期。

〔5〕 张晓敏、杨秀莲："深化高校法治教育的路径研究"，载《黑龙江高教研究》2016 年第 2 期。

生法治教育的合力，来进一步加强大学生法治教育。[1]可见，关于高校法治教育路径的研究大都建立在问题分析的基础上，从教育理念、法治意识、课程建设、师资队伍建设等角度阐述高校法治教育路径，具有一定的可行性，但路径涵盖的内容还不够系统和全面。

第三节　研究目标

一、大学生法治教育研究的范式转变

非法学专业学生的法律通识教育归属于思想政治教育，所开设课程属于大学生通识教育必修课程即"两课"，大学生法律素养也属于大学生全面发展的综合素质之一。因此，现有大学生法治教育研究成果均选取以思想政治教育学科作为基本研究视角，围绕反思大学生法律素养现状和法治教育课程问题的居多。然后，大学生法治教育落脚在"教育"二字，归根结底可以说是教育问题，作为教育学科的研究对象同样具有科学研究价值。同时，选取教育学科作为基本的研究视角，以教育学科相关经典理论为依据，以教育学科经典研究范式开展实施，结合法学、心理学、社会学以及马克思主义理论等学科交叉融合，能够弥补现有研究成果的相对薄弱。因此，本书以教育学科为研究视角，选取中国特色社会主义法治理论和全人教育理论作为研究的实践指导，从目标体系、课程设置与体制机制创新三个层面重构大学生法治教育的体系。围绕培养"德法兼修"的青年大学生的总体目标，凸显大学生法治教育在整个大学生育

---

[1]　朱子桐、张宝轩、司文超："全面依法治国视域下大学生法治教育的思考"，载《学校党建与思想教育》2016 年第 22 期。

人环节的"独立地位",同时在法治教育中融入大学生思想政治教育和道德教育等的思想精髓。

二、大学生法治教育的体系重构

重构的理念缘于对现有问题的深刻反思,大学生法治教育的理念偏差是问题的最终归因,笔者认为破解根本是基于教育理念创新的大学生法治教育体系的全新构建。针对当前我国大学生法治教育和思想政治教育、德育、法律专业学习等教育内容存在一定程度的失衡,教育目标尚未全面厘清,非法律专业大学生法治教育课程设置尚未系统完善,法治教育尚未建立系统化的执行机构等问题,新体系的构建以培养"德法兼修"的青年大学生为总体目标,契合国家全民法治教育体系建设的思路,符合将法治教育纳入教育整体规划的要求,顺应人才培养全面发展和构建学习型社会的理念。新体系以"目标体系、课程体系和方法体系"作为核心,以"体制改革、机制创新"为重要突破,以"师资队伍、组织机构"为实施保障,各体系间采用衔接机制有机整合和协调统一,共同构成大学生法治教育体系的主要内容。其中,目标体系以"三段五维"为核心框架,衔接基础教育阶段、大学阶段与职后专业发展阶段,重塑大学生发展教育核心的五个维度,即法律认识、法律意志、法律评价、法律信仰和法律综合实践能力。以目标新体系为引领,构建"五位一体"课程新体系,包括内容与载体,内容整合法治知识、道德教育、诚信教育、爱国教育和公民教育等,载体包括"第一课堂"和"第二课堂",含通识必修课程、通识选修课程、专业选修课程和社会实践课程等;方法体系包括参与式学习、自主学习、移动学习、服务学习等。

第四节　研究方法、对象与内容

一、研究方法

（一）文献法

本书使用文献法，收集、分析、整理有关"大学生法治教育""新时代法治教育""法治教育"等方面的中外文献，为当代大学生法治教育综合改革提供理论基础，为编制大学生法律意识问卷提供理论依据。

（二）调查法

为了采集大学生对当前法治教育各环节、内容、目标、成效等问题的主观态度与评价等数据，本书使用两份自编问卷对在校大学生群体进行问卷调查，为当代大学生法治教育综合改革提供利益相关者群体的认识态度、主观倾向等数据信息。以《大学生法律意识调查问卷》采集在读大学生（含研究生）对自身法律意识的评价，以及自身对法治教育的态度、看法与评价数据；以《大学生法治教育调查问卷》采集在读大学生（含研究生）对高校开展法治教育的成效、不足等方面的主观评价数据。

（三）案例分析法

本书以国外典型国家的法治教育、公民法治教育、青年法治教育等为案例，分析其法治教育相关的策略、经验、问题等，进一步为当代大学生法治教育综合改革提供经验借鉴。

二、研究对象

本书主要针对普通高等学校为非法学专业大学生（含研究生）所开展的通识类法治教育及实践活动。区别于传统法学专业教育以培养从事法律行业的专门人才为主要目标，非法学专业大学生（含研究生）法治教育的主要目标是提升大学生的法律意识和法治综合实践能力，并通过法治教育的有效实施最终促进青年大学生个人成长成才与全面发展。十九大以后，全面依法治国进入了"以人民为中心"的新时代，具备较高法治素养的青年大学生是新时代法治中国现代化进程的主体力量之一。因此，大学生法治教育的主要内容包括大学生法律认知、法律意志、法律评价、法律信仰和实践应用能力的培育，教育渠道包括与大学生思想政治教育、德育与学科专业教育进行渗透、开设专门的法治教育课程、开展法治社会实践与主题教育活动、进行法治校园文化建设、整合社会机构、社区、家庭等多元主体协同参与、集成网络资源与信息化平台等。大学生法治教育的实施开展离不开与思想政治教育、德育以及学科专业教育等环节的有效整合。

首先，法治教育与思想政治教育存在着相互依存的关系。大学生思想政治教育的概念内涵非常广泛，包含了思想教育、政治教育、道德教育、法治教育、心理健康教育等。从概念内涵上讲，法治教育从属于思想政治教育；从认识论与方法论的角度而言，思想政治教育与法治教育同属于意识形态教育，属于上层建筑的范畴，是提高大学生思想认识和观念意识的教育，是帮助提高大学生主观反映客观的认识能力和认识水平的教育。因此，大学生思想政治教育与法治教育遵循了相同的认识论与方法论，即用马克思主义的核心立场和观点来分析解决问题，并以马克思主义的方法体系来指导实践。从实施现状来看，大学生法治教育是思想政治教育实施环节的一部分，依托思想政治教育的课程体系、教师队伍、实践环节得以实施开展。

其次，法治教育与思想政治教育所包含的其他教育环节之间存在着一定的互补关系。法治教育与道德教育具有一定的互补关系。从我国传统法治文化所提倡的"德主刑辅"到新时代依法治国与以德治国相结合的治国方略，法治与德治相互依托且互相促进是中国特色社会主义法治所坚持的基本方略。"德法共治"从价值论角度诠释了新时代的法治内涵，是中国特色社会主义法治建设的必由之路。法律之所以被遵守，是由于其具有道德性，在一定程度上，法律源于原始道德。因此，法治在实现人本价值的过程中，不应只通过法律来约束人的行为，同时还应强调道德的作用，即德法共治。培养德法兼修的青年大学生也是《青少年法治教育大纲》所提出的指导思想。可见，法律与道德的内容界限相对模糊，甚至具有一定的交叉与重合。法律条文中蕴含了一些基本的道德规范，具有一定的道德属性，从而被人们所广泛遵从。从内容上看，法律和道德的界限是模糊的，甚至有一部分是重合的。一些基本的道德规范会因为立法而成为法律规则，一些法律规则也因为其浓重的道德属性而被广泛遵守。从功能上看，法律和道德都是对人的行为的一种约束，是一套行为规范体系。从本质上看，法律以道德为其内在的价值准则。因此，大学生法治教育与道德教育之间是相辅相成、相互促进的关系。同时，法治教育与心理健康教育也具有互补关系。良好的心理素质是形成良好的法治品质的基础，而较高的法律意识能使人保持相对稳定健康的心理状况和理性审视问题的心理观点与态度。法治教育目标中提及的提升大学生的法律意识包括法律认知、意志、评价与信仰等因素，这些因素都受大学生相关心理因素的影响。因此，大学生的法治教育与心理健康教育在教学内容与方式方法上相互补充、彼此关联。同时，探寻大学生法律意识与心理因素之间的关联程度，有利于进一步挖掘二者在教育实施环节中的相互作用与促进。

最后，法治教育应与学科专业教育有效渗透。法治教育的目标是提高大学生的法律意识与法治素养，帮助大学生在融入社会以后能够熟练运用法律知识与法治思维去解决处理矛盾冲突，具备较好的法治综合实践能力。不同学科背景的大学生在职后专业发展中所从事的行业有所不同，所面临的法律问题与冲突具有一定的专业差异。因此，大学生法治教育在通识性宣传教育的基础上，还应针对性开展具有学科差异且与专业有效渗透的法治教育。

三、研究内容

本书主要从以下四个方面展开研究：

第一，当前大学生法治教育存在的主要问题。当代大学生法治教育过程中所存在的一系列问题，多是基于当前法治教育改革的特定背景，这些问题包括影响大学生法治素养形成，不利于培养大学生法律意识、提升大学生法治能力、建设法治教育课程、建设师资队伍与体制机制、设计法治教育目标等方面。这些问题主要从法治教育成效角度，通过对在读大学生进行法律意识与法治教育问卷调查，从大学生角度进行剖析。

第二，大学生法治教育目标。传统的大学生法治教育目标，特别是本书特指的非法学（法律）专业大学生法治教育目标，多倾向于片段式的普法宣传，受大学生专业学习和专业实践的客观影响，法治教育处于碎片化的状态，就法治教育目标而言，尚未形成系统化的、持续的目标体系。尽管相关政策对各学段的法治教育目标作出了明确规定，但是对大学生法治教育的价值取向、社会追求、终极归宿等仍需深入研究，从根本上系统剖析大学生作为人的个体，如何实现法治教育成效最大化；大学生作为群体，如何实现法治素养最优化。在当代大学生法治教育目标改革过程中，如何形成大学前、大学阶段和大学毕业后的法治教育目标衔接，形成法治素养、法治能力、法律信仰、公民意识和道德情操五个要素之间的互利共生，是改革的重要思路。

第三，大学生法治教育课程。传统的大学生法治教育课程，以第二专业、公共选修、讲座等为主，学分要求以及学习要求相对不高，且没有像法学（法律）专业大学生的法治课程一样，形成不断深入、不断提升的体系。特别是一些必要的法治实践类课程，多存在流于形式等问题，基于此，在当代大学生法治教育课程改革过程中，如何形成集信息技术应用、《宪法》法律知识教育、法治素养培育等于一体的理论与实践课程体系，是研究的重点。

第四，大学生法治教育体制机制。传统的大学生法治教育体制机制，多以思想政治教育部门为主，将法治教育融入学生工作中。这在一定程度上限制了法治教育专业化的发展，也影响了法治教育的效果，并且未能充分调动校内师资、校内外各种形式的法治教育资源，使其充分服务于大学生法治教育。有鉴于此，在进行法治教育的改革和发展的进程中，如何通过法律课程建设来提升法治教育质量；如何加强校内外协作，提升法治教育社会化水平，是研究的重要内容。

第五节 研究技术路线图及创新点

一、研究路线图

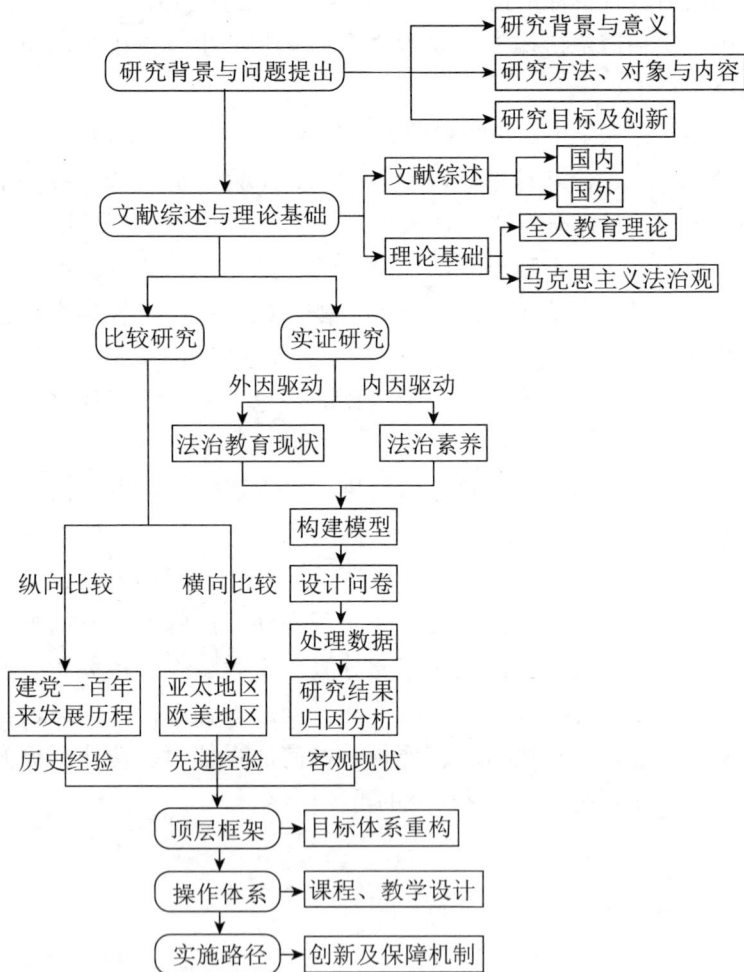

```
研究背景与问题提出 ──┬──→ 研究背景与意义
          │       ├──→ 研究方法、对象与内容
          ↓       └──→ 研究目标及创新
文献综述与理论基础 ──┬── 文献综述 ──┬──→ 国内
          │             └──→ 国外
          │        理论基础 ──┬──→ 全人教育理论
          │             └──→ 马克思主义法治观
```

比较研究　　实证研究

外因驱动　内因驱动

法治教育现状　法治素养

构建模型

纵向比较　　横向比较　　设计问卷

处理数据

建党一百年　亚太地区　研究结果
来发展历程　欧美地区　归因分析

历史经验　　先进经验　　客观现状

顶层框架 ──→ 目标体系重构

操作体系 ──→ 课程、教学设计

实施路径 ──→ 创新及保障机制

　　大学生的法治素养在很大程度上决定我国法治建设的成效，而塑造大学生法治素养，离不开大学生法治教育。然而，尽管我国的大学生法治教育取得了一定的成绩，但是仍然存在着教育目标不统一、教育内容不全面、教育形式相对单一、师资队伍薄弱、法学与非法学之间法治教育发展不平衡等问题。因此，本书立足于我国的经济、政治、文化和社会基础，依托马克思主义法治观、新时代教育理念、中国特色社会主义法治理论、全人教育理论等，在梳理我国大学生法治教育发展脉络的基础上，分析当前大学生群体在法治教育方面所存在的主要问题，进而从理论上探究新的历史时期大学生法治教育的目标、课程教学要素等，在此基础上，建立法治教育改革理论模型，并根据理论模型提出实施策略。

二、创新点

（一）提出新时代大学生法治教育的根本任务

　　本书以教育学科为研究视角，以马克思经典法治思想和新时代教育理念为核心理论，创新提出新时代法治"人本主义、德法共治、良法善治"的价值追求，探索生成新时代法治教育"立德树人、德法兼修、全民守法"的根本任务。在具体实施层面，研究以新时代中国特色社会主义法治理论与全人教育理论为实践指导，在构建新时代大学生法治教育改革体系中，注重以法治文化的传承与创新作为发展动力，以期实现法治教育的专业化与时代性。

（二）构建新时代大学生法治教育的改革体系

　　本书从制度演进、实践探索和实证分析三个方面综合考察大学生法治教育的现状，结合问卷调研，分析得出我国大学生法治教育存在"目标定位偏差、课程建设薄弱、体制机制固化"

三个主要问题，针对性提出"三段五维"的目标体系、"五位一体"的课程体系以及"多元协同"的体制创新及其实施保障，构建了新时代大学生法治教育改革新体系。尤其在目标体系的构建中，本书针对现有目标体系"总体站位不高、功能定位不准、体系构建不全"的现状，提高大学生法治教育的全新站位，在功能定位中赋予新时代大学生法治教育在宏观、中观和微观层面的多个维度功能定位，以实验研究的方式提出新时代大学生法治教育中"五个维度"的核心素养，注重法治教育与大学生终身专业发展的衔接性，最终形成新时代大学生法治教育的目标新体系。

（三）探索新时代大学生法治教育的创新举措

本书在问题剖析与理论推断的基础上，提出在高校人才培养体系中设置相对独立的"法治教育"模块的决策建议。其中"独立性"体现在结合"法治教育"实践需求，整合学科资源、师资力量和社会资源为"法治教育"环节设置独立的课程模块、规定学分要求，配备独立的师资团队，并加强学科建设。"相对性"则体现在"法治教育"模块中的课程及教学形式可以以融合型、渗透型等方式与思想政治教育、学科专业教育、社会实践教育等课程模块相整合。因此，运用全人教育理论指导新时代法治教育改革实践，落脚在基于全人教育理论的大学生法治教育改革的课程设计、教学方法、育人环境以及体制机制等各个实施环节的创新举措。并提出大学生法治教育多元主体的协同模型与运行机制，在高校内部建立法治教育中心及相关制度体系设计，探索设立"法治教育"专业学位研究生教育体系，建立区域性高校联合培养机制以及建立大学生法治教育校外协作体等创新举措。

第二章

当代大学生法治教育的理论探讨

第一节 当代大学生法治教育的概念界定

一、新时代

习近平总书记在十九大报告中明确指出，我们国家经过长时间的奋斗和努力，已经迈入中国特色社会主义新时代，我国社会主要矛盾已经转化为人民日益增长的美好生活需要和不平衡不充分的发展之间的矛盾。具体到法治建设，报告明确提出新时代全面推进依法治国总目标是建设中国特色社会主义法治体系和社会主义法治国家，不断完善发展中国特色社会主义法律体系和法治理论，坚持法治国家、法治政府、法治社会一体建设，坚持依法治国和以德治国相结合，全面提高人民的法治素养和道德素质。

国内学者对"新时代"进行了系统的解读——是以中国特色社会主义为本质属性和根本特征；是以不断创造美好生活、逐步实现全体人民共同富裕为价值追求；是以实现中华民族伟大复兴中国梦为历史使命的时代；是建立在中国特色社会主义建设成就的基础上的；是对宪法内容的提炼和升华，是伟大复兴中国梦在法治领域的扩展。

综上所述，具体到本书，新时代有两层含义。其一，自1986年"一五"普法以来，在我国普法工作取得的成就之基础上，以2017年党的十九大召开为时间起点的法治建设新时代；其二，自1978年我国开展大学生法治教育以来，在大学生法治教育所形成的模式、经验、问题的基础上，根据十九大提出的全面依法治国方略等新政策，在现有基础上，基于法治教育发展不平衡不充分的矛盾而开展的适应新时代全面依法治国要求的大学生法治教育新理念、新模式的探索过程。

二、法治教育

"法治教育"概念是在2014年中国共产党十八届四中全会中通过的中共中央《关于全面推进依法治国若干重大问题的决定》里明确被提出的，推动全社会树立法律意识，深入开展法治宣传教育，把法治教育纳入国民教育体系和精神文明创建内容。国内学者认为，大学生法治教育是指："我国对大学生群体进行的以法律知识传授、法律常识宣传为内容的学校教育活动。但是，没有根据教育规律和学生自身发展的规律，形成一个系统的、科学的、为大学生接受并产生共鸣的法治教育体系。""大学生法治教育主要是关于普及法律知识、树立社会主义法治观念和提高法律运用能力的教育，教育目标主要是培养在校大学生学法遵法守法用法的素养和能力，主要包括普及法律知识、树立社会主义法治观念、提高法律运用能力等。"

本书中的法治教育特指：针对在读的非法学（法律）专业大学生（含研究生）所开展的法律知识传授、法律常识宣传、普及法律知识、培养社会主义法治观念、塑造法律运用能力的一系列教育活动的总和。

三、法治素养

本书所指的法治素养主要是针对青少年的法治素质，沿用《青少年法治教育大纲》的定义——青年学生的法治素养由法律知识、法治认同和法律能力三个方面的内容所组成。相比于道德素养和职业素养等大学生必备的素养，法治素养对大学生的成长发展更为重要——道德素养内涵较为广阔，一般来说包括三个大的方面：价值观、政治立场和态度、道德品行；这是大学生在社会上工作、学习与生活的基本条件。道德素养有助于大学生推动德治的发展，但由于道德与法律存在区别，道德素养与法治素养本身从层级来看，后者对大学生的要求更为严格，因此，从全面推进依法治国来看，法治素养对大学生具有更为重要的意义。职业素养是大学生推动国家经济社会建设的重要素养，而培养职业素养最直接的意义在于能大大提高学生的就业竞争力。但是，相比于法治素养，职业素养针对性很强，作用范围较为具体，而法治素养作用范围广，能够在大学生的方方面面起到影响作用。

四、法律意识

1984 年中国大百科全书总编辑委员会《法学》编辑委员会、中国大百科全书出版社编辑部编的《中国大百科全书（法学）》对法律意识的解释是："法律意识是人们对于法（特别是现行法）和有关法律现象的观点和态度的总称。"法理学家沈宗灵在其 1994 年主编的《法理学》中指出："法律意识，泛指人们关于法的思想、观点、知识和心理的总称，其含义相当于我国日常生活中所称的'法治观念'，但主要是指反映对现行法的态度的思想、观点、知识和心理。"学者们对法律意识的定义主要分为三类：人们对于法和法律现象的一种思想、观念和心理；介于对法律的感性认识和理性认识的中间部分；是和个体或者群体的思想特征相关的，人们对于法现象的一种认知。内容上包括人们对法律现象的了解；对法律规范和法律行为的评价；对法律本身的要求。形式上体现为人们对于法律现象的一种态度。

本书所指的法律意识，特指大学生法律意识。大学生法律意识指的是高校中的学生群体对于法律知识和法律问题的看法与态度。这些认识是大学生对法律意识理解、认知、理念和思想的统一。其体现了大学生对法律知识的理解水平、对法律法规的思想活动、对当前法规的认识以及对法律的信仰。

本书将大学生法律意识的基本结构分解为四个方面，即法律认知、法律意志、法律评价和法律信仰。具体地说，法律认知包括"法律知识""法律思维"和"法律观念"，这里强调法律认知不仅仅是对静态法律文本的了解，还包括能够灵活运用法律知识的动态思维能力；法律意志包括"遵纪守法""维护法律权威"和"捍卫法律尊严"，这3个二级维度主要用来测量大学生是否对法律具有坚定的意志，形成维护法律的生命自觉，将主动践行法律作为解决问题和处理矛盾的主要手段；法律评价包括三个方面，即"对法律形式的评价""对法律事实的评价"和"对法律价值的评价"，用于测量大学生法律意识中的理性成分和判断能力；最后一个结构是"法律信仰"，包括"对法律的认同""对法律的理性认识"和"对法律的理想追求"。法律意识结构中4个一级维度和12个二级维度从横向上基本构成了测评大学生法律意识的完善体系，从纵向上体现了大学生法律意识强弱的递进程度。

第二节　当代大学生法治教育的环境及理论基础

当代大学生法治教育改革面临的环境主要包括由于新经济形态影响所形成的经济环境，建立在经济基础之上的政治环境，适应经济、政治发展要求的社会环境等。在经济、政治和社会环境中，大学生法治教育改革在理论层面主要以马克思主义法治观为重要原则，以中国特色社会主义法治理论为重要依据，以全人教育理论和协同发展理论为实践指导。而改革的根本任务主要是形成"立德树人、德法兼修、全民守法"的法治氛围，理想愿景是实现法治教育现代化与法治教育特色化，发展动力则为中华优秀传统法治文化的传承创新。

当前，我国的经济生活发生了变化，新兴经济形态与经济生活方式在一定程度上为大学生法治教育提供了新的热点与素材，同时也为大学生法治教育改革提供了重要的现实基础——遇到问题，不改革，很难适应现实的经济发展需要；同时，我国的普法工作逐渐深入，也为当代大学生法治教育发展与改革奠定了坚实的政治基础和政策依据；我国当代社会的发展对大学生法治素养有了迫切的需求，大学生走向社会，必须符合社会的基本要求；而我国传统优秀的法治文化，也为当代大学生法治教育发展与改革奠定了文化基础，中华优秀传统文化为大学生法治教育提供了价值引领和文化内涵。

一、当代大学生法治教育的经济基础

当前，我国在经济领域发展的重要目标是建立现代经济体系，这一体系的物质基础是实体经济、科技创新、现代金融与人力资源。[1]其中，人力资源与大学生培养密切相关，新时代的经济发展战略对大学生培养提出更高、更新的要求，特别是培养熟悉市场的高级管理人才和科技人才。[2]由于新时代现代经济体系具有显著的法治化特征，因此，投身经济发展的人才必须具备较好的法治素养，在大学生阶段，这种法治素养的培育离不开大学生法治教育。新时代的经济发展战略和经济形态，为大学生法治教育提供了案例支持与教育需求：一方面，社会经济发展能够为大学生法治教育提供更好的学习平台和交流平台，给予其最强有力的支撑；另一方面，经济的发展迫使大学生面临复杂的法律问题，高科技犯罪、校园网贷、高等教育国际化中所涉及的法律事务，以及大学生不适应快速发展的经济新形态所带来的心理问题、家庭问题、感情纠纷和价值观冲突等，许多矛盾纠纷最终以法律事件甚至刑事案件的方式呈现，如高等教育国际化进程中的学历学位认证、学费纠纷、跨国学习个人权益保障等问题；校园网贷恶劣影响下如何避免大学生成为受害者的问题，电脑信息网络使用不当也可成为侮辱、诽谤罪乃至敲诈勒索罪、赌博罪或诈骗罪的犯罪工具；[3]利用高科技手段进行的新类型违法犯罪等。因此，大学生法治教育问题面临更新、更紧迫的任务。

大学生法律意识包含法律认知、法律意志、法律评价与法律信仰等，每一个维度在新经济形态下都被赋予了新的价值内涵。如法律认知，当代大学生不仅要学习掌握通识教育类法律基础课程，还要熟悉以《宪法》为核心且与自己学习生活密切

---

〔1〕 刘志彪："建设现代化经济体系：新时代经济建设的总纲领"，载《山东大学学报（哲学社会科学版）》2018年第1期。

〔2〕 厉以宁："人才培育和制度创新"，载《经济研究》2017年第11期。

〔3〕 吴殿朝："'社会腱'视野下的大学生犯罪——一个招生诈骗案例剖析"，载《理论月刊》2010年第2期。

相关的法律条文，能够在面临上述法律风险时正确运用法律作为手段保护自己的合法权益，具备运用法律的主体意识、决策能力和实践行为。因此，当代大学生法治教育的改革诉求应紧密契合新经济形态的现实需求，将新经济形态中大学生所面临的潜在法律风险纳入前置教育体系，从教学内容、方式、机制到实践环节各方面融入时代性和现实性。

二、当代大学生法治教育的政治基础

当前，我国大学生法治教育面临的政治基础主要凸显党的十八大以来，我国在法治建设方面的重要发展走向——以全面依法治国为主要内容的国家治理现代化为新时代大学生法治教育提出了新的内涵：在探索法治现代化的新时代，正确处理法治与人治的关系、法治与民主的关系，实行以民主为基础的现代法治，是建设现代国家的关键。[1] 随着时代的变迁，特别是"普法"工作的不断深入，相关政策相继出台，特别是十九届二中全会以来，《宪法》修改后，以宪法和法律教育为主要内容的法治教育不断深入，这为大学生法治教育的发展奠定了坚实的基础。十八大以来，我国逐渐形成以司法公开倒逼司法公正的法治建设局面，为此，人民法院建立了世界最大的司法裁判文书数据库——中国裁判文书网。截至 2017 年 7 月，这一网络数据平台公开裁判文书逾 3200 万件，访问量近 100 亿人次。这组数据充分体现了全民参与的法治建设趋势。[2] 司法公开的不断深入，在一定程度上反映出我国法治政府建设水平的不断提升。

---

〔1〕　包心鉴："新时代中国政治发展新境界"，载《社会科学研究》2018 年第3 期。

〔2〕　人民论坛编辑部："十八大以来全面依法治国重大成就"，载《人民论坛》2017 年第 26 期。

2015 年，我国颁布《法治政府建设实施纲要（2015—2020 年）》，明确提出要在 2020 年基本建成权责法定、执法严明、公开公正、高效廉洁的法治政府。以目前社会各界关注的"简政放权"为例，截至 2017 年 6 月，"国务院各部门取消或下放行政审批事项 618 项"，逐步厘清政府与市场的边界；取消职业资格许可和认证 434 项；彻底终结了非行政许可审批事项这一历史概念，极大地激发了市场和社会活力。[1]这些成就不仅显示出我国推进法治建设的决心，更为法治建设的进一步深化奠定了良好的基础。大学生法治教育是全民法治教育体系的重要组成部分，它不仅关注大学生作为公民的基本法律知识的储备，更关注大学生走出校门，迈入社会的职业法律素养的深入，涉及工作与生活的各个层面，国家的一系列政策和方针创造的法治氛围，以及具体的相关措施，都会对大学生现在及未来的发展产生深远的影响。大学生法治教育应依托我国当前具有中国特色的政治环境、政策实施来进行具体的建设与改革。

三、当代大学生法治教育的社会基础

当前，我国社会发展的战略目标被确立为"和谐社会"——人民安居乐业、社会安定有序、国家长治久安；[2]基本要求为促进社会公平正义，加快法律法规体系等保障社会公平正义的制度建设；[3]"全民守法"对公民法律素养提出更高要求。当前大学生法治教育尚不能完全符合现代化法治体系建设的迫切需求，呈现出"三个不适应"：一是大学生法治教育的目标与全

---

〔1〕 张璁："法治政府建设全面提速"，载《人民日报》2017 年 8 月 26 日。

〔2〕 中共中央文献研究室编：《习近平关于社会主义社会建设论述摘编》，中央文献出版社 2017 年版，第 141 页。

〔3〕 郭海军："新时代中国社会发展目标与战略抉择"，载《前线》2018 年第 5 期。

面依法治国背景下对公民法治观念培养的整体要求不适应；二是大学生法治教育的内容与社会主义市场经济发展环境下大学生将面临的现实问题不适应；三是大学生法治教育的方式与当代大学生终身专业发展的个性化需求不适应。"三个不适应"折射出现行大学生法治教育存在的"四个脱节现象"，即：一是培养阶段脱节。大学生法治教育是公民法治教育的重要组成部分，大学生是法治社会"全民守法"的重要责任担当。因此，大学生法治教育既要有效衔接基础教育领域的法治教育，又要为大学生职后的终身法治自我实践做好铺垫。同时，针对高校各学历阶段学生的不同需求开展针对性的法治教育也需要整体设计。二是培养内容脱节。全面依法治国背景下法治教育重点是培养大学生的法治观念和法律意识，即包括制度、技术和观念、价值两个层面。现有的大学生法治教育内容重制度和技术讲解，轻观念和价值引领，存在内容与需求脱节。同时，依法治国还应与以德治国相结合，法治教育内容还应融合爱国主义教育、诚信教育、道德教育和公民教育等，实现各内容相关因素的有机整合。三是培养队伍脱节。参与大学生法治教育的培养队伍，如思想政治理论课教师、法学专业教师、学生工作队伍、教学管理团队等应形成各方合力共同开展观念、信仰、精神、文化和意识等培养，而不是各自为政。四是观念意识脱节。高校的法治教育是为国家培养具有法治品质的守法公民，而大学生的法律实践是伴随着个人职业成长的终身过程。法治教育的观念意识与现代学习理念脱节，导致大学生法治教育在方法、途径、载体和渠道上仍然存在局限和不足。

四、当代大学生法治教育的文化基础

当前，深化依法治国实践是我国法治建设发展的新使命，也是建设社会主义法治文化的重要基础。法治文化是一个国家或民族，对于法律生活所持有的、以价值观为核心的思维方式和行为方式。习近平总书记指出："我国古代法制蕴含着十分丰富的智慧和资源，中华法系在世界几大法系中独树一帜。要注意研究我国古代法制传统和成败得失，挖掘和传承中华法律文化精华，汲取营养、择善而用。"[1]这不仅从国家发展的战略高度肯定了中华法治文化的重要性，也为法治教育提出了具体的要求，将研究、挖掘和传承中华法治文化应用于大学生法治教育。习近平新时代中国特色社会主义法治思想弘扬了中华优秀传统法治文化，融合了人类法治理念的思想精髓，创新了马克思主义经典法学理论，开启了马克思主义法学理论中国化的新时代。习近平新时代中国特色社会主义法治思想以"新时代"伟大的历史节点为时代坐标，以"中国特色"法治的思想体系为理论坐标，以"社会主义"建设的根本需求为实践坐标彰显其核心要义和价值追求。我国自古有"德主刑辅、为政以德"的法治文化传统，这就为德法共治提供了厚重的历史文化基础——儒家治国理政思想既强调"以德治国"，又不排斥"法治"，主张"礼法合治""德主刑辅"。作为中华传统法治文化的代表，经过实践检验而得以传承至今的法家法治思想精髓，是中华优秀法治文化传统的重要组成部分，并且为我国坚定文化自信、推进新时代中国特色法治建设注入中国特色法治文化的灵魂。

第三节　当代大学生法治教育发展的相关因素

当代大学生法治教育发展需要诸多因素的共同合力，具体

---

[1]　习近平："加快建设社会主义法治国家"，载《求是》2015年第1期。

包括核心要素、价值追求、理想愿景和发展动力。其中，核心要素是大学生法治教育的基本组成部分；价值追求规定了大学生法治教育的发展原则；理想愿景描绘了大学生法治教育的发展方向；发展动力描述了大学生法治教育的内部结构与动力因素。

一、核心要素：目标、课程、体制机制

当代大学生法治教育问题研究的核心要素包括目标、课程、体制机制三个方面。在大学生法治教育目标层面——针对当前大学生法治教育不同年级、不同学科的目标定位不统一等问题，根据全人教育理论"以人的完整发展"的核心观点，新时代大学生法治教育应建立总目标、横向目标、纵向目标相结合的"立交桥型"目标体系——以提升大学生法律意识和法治素养为总目标；横向以提升大学生法律认知来推动大学生学习法律知识的积极性，以强化法律情感来推动大学生积极参与法治建设，以塑造大学生法律意志来促使大学生捍卫法律尊严，以培育法律评价能力来引导大学生理性审视法治建设中的不足，以提升综合实践能力来提高大学生的法治素养并使其学以致用等；纵向以大学前阶段奠定学习法律的基础，大学阶段强化大学生法律意识与法治实践能力，毕业后阶段促进大学生培育法律素养与法治习惯的终身养成，为促进全民法治教育体系的构建衔接与贯通目标体系。在大学生法治教育课程层面——围绕法治教育的目标，针对当前大学生法治教育课程建设水平不高、实效性不强等问题，结合中国特色社会主义法治理论对我国法治建设的法律知识、守法意识等要素，灵活运用通识必修课、通识选修课、第二专业课和专业选修课，据此设计与大学生法治教育目标匹配的理论课程设计体系；综合运用模拟法庭、诊所式

教学和法治教育实践基地等实践课程设计体系，开发大学生法治教育隐性课程与网络课程资源，并充分运用信息技术，创新大学生法治教育教学方式。在大学生法治教育体制机制层面——针对当前大学生法治教育存在的高校师资队伍、课程建设、机构协同等方面的不足，理顺政府、高校、教师、社会、家庭等多元主体之间的关系，明确高校在大学生法治教育中的核心主体地位，强调政府、社会、家庭等单位的重要作用。建立校内、校际、校外多元主体之间的协作机制。

二、价值追求："立德树人、德法兼修、全民守法"

法治作为一种客体存在，其价值追求取决于如何最大限度满足主体的利益与需要。不同社会形态、不同历史时期、不同服务主体决定了法治不同的价值追求，包括法治的工具性价值和目的性价值。党的十九大宣告我国进入社会主义建设的新时代，明确提出"全面推进依法治国总目标是建设中国特色社会主义法治体系""建设社会主义法治国家"[1]是新时代中国特色社会主义思想中的重要组成部分，为新时代我国的法治建设提出了新的要求。这意味着我国依法治国基本方略的伟大实践已经跨入到一个新的阶段。如果说此前 1978 年以来，我国的法治建设方针是围绕"有法可依，有法必依，执法必严，违法必究"的原则，以法律自身建设为主，那么在新时代，法治建设秉承"科学立法、严格执法、公正司法、全民守法"的原则，更加突出以人为主，这里既包括法治建设的参与者，也包括受法治建设影响的社会成员。这在一定程度上反映出当前我国法治建设的价值追求是"人本价值、德法共治、良法善治"，即以

---

〔1〕 陈冀平："奋力推进新时代全面依法治国基本方略"，载 http://theory.gmw. cn/2018-01/27/content_ 27474398. htm，最后访问时间：2018 年 1 月 27 日。

实现人本价值为核心，实施德法共治为必由之路，达成良法善治为重要目标。因此，新时代大学生法治教育的根本任务应契合新时代社会主义法治内涵的价值追求，符合新时代社会主义教育理念的核心要旨，满足新时代大学生人才发展的基本规律。将法治教育作为提升广大青年大学生法律意识的重要手段，促进国家法治现代化建设，实现"法治中国"的既定目标，并最终促进国家治理体系和治理能力的现代化，同时还应积极促进青年大学生个人成长成才、全面发展和自我实现。因此，新时代大学生法治教育的根本任务是培养具有较高法律素养的当代大学生，形成"立德树人、德法兼修、全民守法"的法治氛围，呼应新时代法治"人本价值、德法共治、良法善治"的价值追求。

（一）立德树人与新时代"人本价值"的法治追求

人本价值是中国特色社会主义法治建设价值追求的核心。法治的目的是推动社会有序地发展，最终保障并服务于人的发展。古今中外法治经典思想和传统文化都离不开对"人"的探寻和关怀，而任何社会规范都离不开人性假设，体现着对人的基本要求，其中，法律要求人做"俗人"，价值追求更接近"世俗社会"，回归人性本原，因而法律是作为一种最起码的秩序规范的"底线"而存在，更加针对世俗社会中现实关系的调整和行为规范的约束，保障社会成员的根本权益。因此，法律作为一种重要的社会规范形式，核心关怀必然是"人"，法治社会的价值追求必然与实现"人"的终极价值达成统一。马克思历史唯物主义的逻辑起点是"人"，马克思主义法治观离不开"人本价值"。马克思受 18 世纪启蒙学派费尔巴哈等人影响，对资本主义展开批评，提出了人的本质和异化的相关理论，同时提出了对理想社会的描绘，"人就是人的世界，就是国家、社会"，强调人在与国家和社会关系中的枢纽核心地位，以及"人就是人的最高本质"的价值追求。同时，马克思主义法治观的人本价值从"从事实际活动的人"出发，构成了唯物史观观察法的必要前提。其认为人是构成全部人类活动和各种社会关系的本质和基础。所有的改革和发展追逐的价值离不开人性的解放，而"任何一种解放都是把人的世界和人的关系还给人自己"。马克思主义法治观"人本精神"的灵魂由马克思浓厚的唯物主义"人学"起点构成，马克思主义法治观强调，法律是人的行为本身必备的规律，法律是为人而存在，真正的法律在于保障人的权利和自由。法律与国家应存在相对的独立性，而以国家意志作为法律的最终体现形式。立法者应以充分促进公民自我价值的最终实现作为愿景，而不是脱离实际、摒弃人本价值而锻造法律。法律作为理性规则，最终反映的是社会成员之间利益和需求的终极平衡，"人的行为本身必备的规律，是人的生活的自觉反应。""不是国家制度创造人民，而是人民创造国家制度。"我国法治的"人本价值"始于1949年至1978年间，经过大半个世纪的发展迎来了历史性的关键时间节点，基于"人本价值"的法治理念贯穿着中国法治现代化的整个过程，在充分尊重和保障人权的基础上逐步实现贯穿于法治建设的各个领域，中国特色社会主义法治的"人本价值"随着时代发展不断丰富着内涵和外延。在十九大报告中，"人民"二字一共出现203次，人民主线贯穿始终——以人为本，也是我国当前推动社会各项事业发展的重要理念。法治所追求的"人本价值"，旨在实现符合人民根本利益，保障人民享有发展成果，保证人民依法享有广泛的权利和自由、承担应尽的义务，维护社会公平正义，促进共同富裕。

"立德树人"是新时代大学生法治教育的根本任务。"立德树人"直接呼应新时代法治"人本价值"。在中国传统法治文化以及道德标准里，"以德为先"是基本准则，与新时代法治"人本价值"追求人的自我实现和谐统一。法治现代化的过程离不开公民高尚道德情操的锻造与修炼。当前高校所普遍实施的思想政治教育课程在本质上就是通过专门化课程的开设来将立德树人的目标与大学生培养有机融合，充分发挥其意识形态和价值引领。[1]《国家教育事业发展"十三五"规划》提出：把立德树人作为教育的根本任务，培养德智体美全面发展的社会主义建设者和接班人。[2]习近平总书记在全国高校思想政治工作会议上强调："要坚持把立德树人作为中心环节、把思想政治工作贯穿教育教学全过程""要坚持不懈培育和弘扬社会主义核心价值观，引导广大师生做社会主义核心价值观的坚定信仰者、积极传播者、模范践行者"。[3]教育是社会进步与变革的基石，具有社会文化价值传递的作用。高等教育发展水平是一个国家发展水平和发展潜力的重要标志。中国高等教育的根本任务就是立德树人。[4]立德树人既是教育的本质，又是教育的使命，符合教育规律和人才培养规律。立德树人，乃教育第一要义，提高学生素质，德教为其根本。因此，高校应将大学生社会核心价值观教育作为学校发展的使命，充分发挥责任意识和担当意识。[5]立德树人——立德，建立德业；提高道德修养，以德修身。立

---

〔1〕 "十九大报告"，载 http://cpc. peopel. com. cn/nl/2017/1028/c6409429613 660. html，最后访问时间：2017 年 10 月 28 日。

〔2〕 "国家教育事业发展'十三五'规划：坚持立德树人"，载《光明日报》2017 年 3 月 6 日。

〔3〕 张烁："习近平在全国高校思想政治工作会议上强调　把思想政治工作贯穿教育教学全过程　开创我国高等教育事业发展新局面"，载《人民日报》2016 年 12 月 9 日。

〔4〕 卢丽君："立德树人是高等教育坚持人民主体地位的最高体现"，载《中国高等教育》2017 年第 Z1 期。

〔5〕 万美容、孙禄："立德树人视域下的大学生社会主义核心价值观教育"，载《社会主义核心价值观研究》2017 年第 5 期。

德树人就是明德修身，德育人才，立德是树人的前提基础；树人是立德的目标宗旨。我国根本大法《宪法》明确规定"国家培养青年、少年、儿童在品德、智力、体质等方面全面发展"，这是立德树人的根本目标。全面落实立德树人根本任务主要应注重以下七个方面：其一，提升学生思想道德水平。包括：把思想政治工作贯穿教育教学全过程；着力加强爱国主义教育；努力增强学生社会责任感；积极开展法治教育。其二，培养学生创新创业精神与能力。其三，强化学生实践动手能力。其四，塑造学生强健体魄。其五，提高学生文化修养。其六，增强学生生态文明素养。其七，提高学生综合国防素质。[1]实现立德树人这一教育根本任务的目标，必须坚持社会主义办学方向，全面贯彻教育方针，树立正确的价值观、教育观、人才观和质量观，面向全体学生，全面实施素质教育。立德树人具有重要的意义。种种社会问题源自品德缺失。而通过"立德树人"教育能够防止和减少个人不良行为和社会丑恶现象的发生。此外，立德树人还可以加强学生的政治认同感。而政治认同是维系民族团结、社会和谐的政治心理基础，决定学生未来发展的方向，影响民族的未来和国家前进的方向。因此，坚持立德树人可以增强大学生对中国特色社会主义的道路自信、制度自信和理论自信。[2]坚持立德树人，是高等教育保障人民权益的具体体现，是坚持人民主体地位的最高体现，是最广泛地动员和组织人民发挥主人翁精神，投身社会主义现代化建设的最佳路径。坚持立德树人，重视教育的道德本性，能够凝聚人心，维护民主和谐的

---

〔1〕 "国家教育事业发展'十三五'规划：坚持立德树人"，载《光明日报》2017年3月6日。

〔2〕 金飞鹰："落实立德树人目标 加强政治认同教育"，载《教育与教学研究》2017年第12期。

社会伦理氛围，助力中华民族的伟大复兴。[1]

（二）德法兼修与新时代"德法共治"的法治追求

培养"德法兼修"的当代大学生是法治教育根本任务之一，直接呼应新时代法治"德法共治"的价值追求。法治追求的人本价值，旨在通过法律来规范和约束人的行为，实现社会有序的发展与人的健康成长。法律之所以被遵守，是由于其具有道德性，在一定程度上，法律源于原始道德。因此，法治在实现人本价值的过程中，不应只通过法律来约束人的行为，同时，还应强调道德的作用，即德法共治。德治，古希腊先哲柏拉图不仅推崇法治，也强调了德法的统一——立法是为统治阶级服务的，但立法的意志应秉承正义，同时必须兼顾美德。在现代社会，德治不仅仅是以道德作为社会治理的重要手段，更是代表一种社会成员自觉遵守道德，进而实现善治的效果。由于法律具备一定的道德属性，反映出社会基本的道德规范，从限制公共权力、保障社会成员的基本权利等角度来说，法治本身应建立在道德的基础之上，符合社会成员总体的基本的价值观和道德观。由此可见，德治的作用在于治本，从根本上引导社会成员遵守法律，实现善治。

习近平总书记在中共中央政治局第三十七次集体学习时指出法律是成文的道德，道德是内心的法律。法律和道德都具有规范社会行为、调节社会关系、维护社会秩序的作用。[2]习近平总书记的一系列讲话，从全面推进依法治国的高度指出了法

---

〔1〕　卢丽君："立德树人是高等教育坚持人民主体地位的最高体现"，载《中国高等教育》2017 年第 Z1 期。

〔2〕　"习近平在中共中央政治局第三十七次集体学习时强调　坚持依法治国和以德治国相结合　推进国家治理体系和治理能力现代化"，载 http://tv. cctv. com/2016/12/10/VIDEXKkOQCqog5VfjwqQbxhg161210. shtml，最后访问时间：2016 年 12 月 10 日。

治人才培养的重要性，肯定了法治教育在当前社会形势下对社会发展和国家进步的重要作用，以及法治人才的培养在推进法治社会、和谐社会建设进程中的特殊意义，高校落实法治教育，应该"德治""法治"两手抓，德法兼修。"完善的思想道德素质及法律素质则是把控人才发展方向的罗盘。"德法兼修作为人才培养的重要目标，不仅是习近平总书记对中国政法大学师生的嘱托，也是对全国大学生成才目标的具体要求。[1]高校加强法治教育，将有助于帮助大学生养成自觉尊重和维护道德规范的信念和行为。我国大学生法治教育，不应该单纯地教授法学理论知识，而是要能够将法律知识作为学生培养的基础，从更深层面来发展学生的法律素养和法治信仰，从而做到立德树人；不仅要让学生理解法律常识和理论知识，还要让学生具备法治意识，培养学生的法治观念和道德情操。高校的法治教育不能从根本上将道德与法律明确地一分为二，更不能只关注其中一方，而忽视另一方，而是要从对立中找到融合点，将德育与法育有机结合，让学生理解德法互济，坚持德法兼修，为法治中国培养合格的建设者。

（三）全民守法与新时代"良法善治"的法治追求

中国特色社会主义法治在德法共治的作用下，实现人本价值主要表现在全社会形成良法善治的局面，可以说，法治建设所达成的重要目标是促进形成良法善治之局面，进而实现人本价值的终极追求。良法最初被简单地理解为良好的法律，后有学者认为法律应该是具有正确价值导向的主观判断和客观规则。马克思则提出"法律应当是事物的法的本质普遍和真正的表达者"。这充分表明良法必须具备过程与结果等两个方面的特点：

---

[1] "习近平在中国政法大学考察时强调　立德树人德法兼修抓好法治人才培养　励志勤学刻苦磨炼促进青年成长进步"，载《人民日报》2017年5月4日。

其一，从形成过程来看，良法的形成，必须是参与制定法律的各个主体在一定的规则之下，基于社会运行和发展的一般规律，多方主体民主参与的过程；其二，从结果来看，良法是符合统治阶级的需要和多数人基本利益，用以保障多数人基本利益，具有一定强制力的效力高于道德的约束规范。善治首次进入中央全会决定是在十八届四中全会，之后习近平总书记又提出了"四个全面"战略布局，"四个全面"是全面建成小康社会的战略布局，也是实现"两个一百年"奋斗目标、实现中华民族伟大复兴中国梦的必由之路。由此我们可以看出：十八大之后的中国是一个正在走向善治的中国，中国走向善治的路径也是中国梦的实现路径。[1]善治应具备合法性、法治、透明性、责任性、回应等十个基本要素。[2]由此可见，良法善治具有天然的联系，特别是善治本身是法治的高层次追求，需要通过良法的途径实现。良法善治不仅体现在制定法的过程与形成的结果，同时表现为良法自身所具备的追求正义、保障利益和推动社会发展等三个方面的优秀特质。其一，良法的目标是追求正义。正义本身是法律追求的最高价值目标，不仅对现实的法治具有一种阐释的批判的功能，并且引导着法律的发展与进步。[3]在我国全面建成小康社会，实现中国梦的历史时期，正义的实质是促使社会本着公平、有序、合理、科学地配置社会成员的权利与义务，社会发展积累的物质与精神等多种形式的财富，使社会成员平等地共享社会发展的成果。其二，良法的作用是保障

---

〔1〕　程冠军："善治是中华民族的美好追求"，载 http://theory. people. com. cn/n/2015/1008/c40531-27671185. html，最后访问时间：2015 年 10 月 8 日。

〔2〕　俞可平："增量政治改革与社会主义政治文明建设"，载《公共管理学报》2004 年第 1 期。

〔3〕　李龙主编：《良法论》，武汉大学出版社 2001 年版，第 86 页。

大多数社会成员的基本利益。[1]霍布斯则进一步强调"良法就是为人民的利益所需要而又清晰明确的法律"。[2]可见，维护人民的根本利益是良法的重要特征，更是良法的职责所在。新时代，我国法治建设所追求的良法，更是保障人民根本利益的体现，特别是在我国社会主要矛盾转变为人民日益增长的美好生活需要和不平衡不充分的发展之间的矛盾的历史阶段，良法的作用无疑是保障人民能够充分享受发展带来的福祉。其三，良法是推动社会发展的重要动力。法律本身是制度建设的重要产物，属于制度范畴。亨廷顿认为，现代化是指社会有能力发展一种能适应不断变化的挑战和需求的制度结构。在一定程度上，制度现代化是社会现代化的本质。由此可见，良法的发展所呈现出的法治现代化过程本身就是社会现代化的体现，同时，良法对人们的约束作用进一步规范了人们在社会发展中的行为与关系，这不仅是新时代我国全面建成小康社会历史时期追求社会和谐繁荣稳定的内在要求，更是推动治理能力和治理体系现代化的必由之路。

党的十九大报告提出全面依法治国的必要性和重要性，并就其内涵和路径作了具体的阐述，[3]其中提出全民守法是法治中国建设的基础，[4]全民守法是法治社会最核心的构成要素。党的十八届四中全会《关于全面推进依法治国若干重大问题的

---

〔1〕 [古希腊]亚里士多德：《政治学》，吴寿彭译，商务印书馆1965年版，第138页。

〔2〕 [英]霍布斯：《利维坦》，黎思复、黎廷弼译，商务印书馆1985年版，第113页。

〔3〕 刘武俊："深化依法治国实践　全面推进依法治国——党的十九大报告吹响深化依法治国实践的新时代号角"，载《学习月刊》2017年第11期。

〔4〕 李成慧："推动全社会树立法治意识，促进全民守法"，载《长春市委党校学报》2015年第3期。

决定》专门就全民守法问题进行了研究，并指出："法律的权威源自人民的内心拥护和真诚信仰。人民权益要靠法律保障，法律权威要靠人民维护。"[1]我国的社会主义制度从根本上将人民群众作为依法治国的主体，这也是弘扬社会主义法治文化、增强全民法治信仰的关键所在。[2]全民守法表明社会中的每一个组织和个人都以宪法法律为自己的行为准则，在法律承认的限度内开展自身的活动。宪法是国家的根本大法，是治国安邦的总章程。因此，全民守法首先就是要坚持宪法和法律的至上性和适用上的平等性。[3]一个国家的法治建设水平与社会公众法治观念和守法意识紧密相关。[4]因此，全民守法最关键的就是要通过各种有效方式提高和加强社会公众的法治观念和守法意识。法律意识指的是人们对法与法治的认知、情感、态度和意志等各种心理因素的有机结合，是公民的法治自觉性，即公民相信法律、认同法治，并按照法治的精神来行为。[5]只有增强全民法治观念，才能真正使法律融入大众的日常生活，使法治内化为行为方式，人们才能够真正成为社会主义法治权威的遵循者、服从者和捍卫者，增强对法律的信任和依赖。守法习惯的养成并非一日之功，全民守法的意识形成需要一个循序渐进的过程，因此，我们要从法治教育中一点一滴渗透，加强普法宣传，健全普法宣教机制，创新法治教育方式，充分发挥各级党政机关、

---

〔1〕　周知民："建设法治中国的战略宣言——学习党的十八届四中全会《决定》的体会"，载《新长征（党建版）》2015 年第 1 期。

〔2〕　李墨："习近平法治中国思想的三个维度"，载《山西师大学报（社会科学版）》2017 年第 5 期。

〔3〕　朱学萍："维护法治权威需要全民守法"，载《学习月刊》2015 年第 7 期。

〔4〕　王哲："依法治国与全民守法"，载《法制与社会》2016 年第 8 期。

〔5〕　李成慧："推动全社会树立法治意识，促进全民守法"，载《长春市委党校学报》2015 年第 3 期。

法律工作者的带头作用，提高全民法律意识和守法意愿，营造良好的法治环境。

三、理想愿景：实现法治教育现代化与法治教育特色化

新时代，我国教育现代化进程加快，法治教育作为大学生教育的重要组成部分，也面临着现代化的发展趋势。按照教育现代化的整体观点，教育现代化是以人的现代化和社会现代化为目标，那么法治教育现代化同样是以大学生自身现代化与促进法治社会建设为重要目标，这也是大学生法治教育改革的重要愿景。而法治教育特色化则体现出中华优秀传统法治文化的传承与创新，这种传承和创新本身就是大学生法治教育改革的一项内容，只有融入中华法治文化，坚守意识形态的大学生法治教育，才是具有中国特色的大学生法治教育，这也是法治教育改革的另一个重要愿景。

（一）法治教育现代化的内涵与基本要素

2013 年 11 月召开的中共十八届三中全会提出了"完善和发展中国特色社会主义制度，推进国家治理体系和治理能力现代化"的全面深化改革总目标，正式拉开了政治现代化的改革帷幕。[1]《国家中长期教育改革和发展规划纲要（2010—2020年）》规定，到 2020 年我国要基本实现教育现代化。[2]实现教育现代化是未来几年我国教育发展的战略目标，对于我们进入教育强国和人力资源强国，建设创新型国家，实现中华民族伟

---

〔1〕 任丽涛："国家治理现代化视域下的思想政治教育发展研究"，东北师范大学 2016 年博士学位论文。

〔2〕 公丕祥："当代中国法治现代化的理论指南"，载《新华日报》2017 年 3 月 30 日。

大复兴的中国梦意义深远。[1]现代化与法治化相互依存、密不可分，法治现代化是国家现代化的题中应有之义。[2]法治教育与国家治理现代化紧密地联系在一起，在政治改革的进程中承载起了重要的职责。[3]当前时期我国的现代化进程面临着新的要求和挑战，既要从制度上加快现代化步伐，还要将法治现代化纳入发展的必要环节和重要任务。[4]法治现代化过程中最困难也是最关键的便是人的现代化。[5]只有培养出大量具有权利意识和法治信仰的人，才能将制度和法律真正落到实处，从而发挥其应有的作用和价值，推动法治现代化目标的加速实现。因此，要着重解决好"法治"和"人治"的关系，就要依赖于法治教育现代化。法治教育现代化就是指以现代信息社会为基础，以先进法治教育观念为指导，运用先进信息技术促进法治教育变革的过程。我国法治教育现代化的过程，就是按照"法治教育要面向现代化，面向世界，面向未来"的要求，通过法治教育改革和体制创新，由传统法治教育向现代法治教育转变的过程。法治教育现代化内涵十分丰富，包括法治观念、法治内容、法治教育方法等多个层面。法治教育现代化主要体现在法治治理能力和治理体系现代化、法治教育技术手段现代化等方面。

---

[1]　陈垠亭："教育现代化进程中学校德育体系问题研究"，郑州大学 2014 年博士学位论文。

[2]　公丕祥："当代中国法治现代化的理论指南"，载《新华日报》2017 年 3 月 30 日。

[3]　任丽涛："国家治理现代化视域下的思想政治教育发展研究"，东北师范大学 2016 年博士学位论文。

[4]　包心鉴："开启社会主义民主和法治新时代——法治中国建设的当代政治价值"，载《党政研究》2015 年第 3 期。

[5]　苟吉芝："中国法制现代化与青少年法治教育刍议"，载《中国科技信息》2005 年第 10B 期。

　　不同时代的法治根据所处时代经济、政治、文化、社会等条件而具有不同的发展状况和时代特色。[1]十八届三中全会提出，国家深化改革的总体目标是推进国家治理体系和治理能力的现代化，即"第五个现代化"。要实现"第五个现代化"，需要从法治教育的现代化开启。法治教育的现代化主要包括：目标现代化、内容现代化、手段方法现代化等方面。法治教育目标现代化有四点：其一，深刻理解和准确把握法治教育在内容上的变化；其二，深刻把握法治教育与德育教育的关系；其三，增强大学生法律意识的现代，教会学生运用法治信仰和法治方式去处理问题；其四，进行法治教育教学改革创新。法治教育内容现代化是对目标现代化的体现和具体化，主要指法治教育内容应紧紧跟随党的十九大的指示，将新发展理念融入中国法治现代化事业的总体布局之中，充分展示法治对于推动和保障当代中国发展的时代价值，使之成为当代中国法治现代化进程的战略引领。[2]法治教育应以现代法治理念为根本和基础，以法律现代化为使命和方向，将法治理念融入法学知识之中。法治手段方法的现代化指推进法治教育信息化，创新法治教育手段及方法。例如，在传统的课堂教学之余，开展丰富的校园法治教育和道德教育实践活动，促进大学生德法兼修；加强现代科学技术手段的应用，净化网络环境，把握舆论方向，积极创设法治教育现代化的育人环境。再如，借助新兴传媒推出各种普法栏目及书籍，在法治教育的形式上进行很多种创新，达到比较好的普法效果。

---

　　〔1〕　张雁："社会主义公民意识培育机制研究"，东北师范大学 2015 年硕士学位论文。

　　〔2〕　公丕祥："当代中国法治现代化的理论指南"，载《新华日报》2017 年 3 月 30 日。

（二）法治教育特色化的内涵与基本要素

在法治社会建设过程中科学把握"中国特色"的根本尺度，提升社会主义法治思想教育的实效性，是有实际的理论意义和现实意义的。坚持中国特色社会主义法律制度、秉承中国特色社会主义法治理论，是法治社会建设性质上的中国特色；构建和谐社会是法治社会建设目标上的中国特色；坚持党的领导、坚持人民主体地位是法治社会建设原则上的中国特色。因此，法治教育特色化即将中国特色社会主义法治建设融入法治教育。

法治教育特色化主要包括：目标特色化、内容特色化、手段方法特色化等方面。法治教育目标的特色化是法治教育特色化的核心要求，法治教育内容特色化是法治教育特色化的基本要求，法治教育手段方法特色化是法治教育特色化的重要基础。法治教育目标的特色化主要指要以坚持夯实法治教育为基础，以创新法治学校建设工作亮点为目标，以课堂教育为主阵地，通过创建"法治学校"、建设"法治学校示范基地"、实施送法进校园等形式，开展一系列独具特色的法治宣传教育活动，建立起点、线、面相结合的高校法治教育工作特色体系。法治教育内容的特色化指在高校进行法治教育时，加入中华优秀传统文化、中华法律文化和红色文化的精髓，将这些与现代法治文化相结合，培养大学生法律意识，即法治教育将传统与现代相结合。法治教育手段方法特色化是指以基地建设为着力点，注重典型引路，形成法治教育的辐射带动作用。按照不同层次、分类指导、不同特点，进行法治教育。以"四位一体"为社会覆盖面，建立联动机制，形成"学校、家庭、社会、司法"的法治教育网络。

教育特色化是新时代大学生法治教育的另一重要实施策略，集中体现在法治教育的内容主体上，包含时代元素、经典传承与文化自信三个方面，即将新时代中国特色社会主义理论体系中关于法治的经典解读、中华民族传统的法治思想和中华文明优秀的文化成果融入新时代大学生法治教育内容主体中。这几部分教育内容的缺失也正是现有大学生法治教育中存在的内容短板。新时代大学生法治教育应帮助青年大学生充分领会新时代中国特色社会主义法治建设的指导思想、目标追求、本质特征、价值导向、体系建构等系列重大问题，理清新时代中国特色社会主义法治建设的理论骨骼和精神实质，使其成为青年大学生自觉践行"全民守法"的内涵指导和行动纲领。深刻感悟与我国法治现代化进程以及法治中国建设核心理念一脉相承的中国传统文化中的法治思想，明晰新时代法治的思想渊源与发展脉络，如"依法治国"与春秋《管子》提出的一切皆法、不阿贵、公正、禁私法、统一、不朝令夕改，"诚信守法"与先秦法治建设实践所倡导的"言必信、行必果"，"法大于权"与管仲所言"君臣上下贵同皆从法，此谓为大治"等。中国传统文化中的法治思想精粹及其理论实践成果，孕育而生具有中国本土文化特色并符合我国社会发展特征的法治文化。习近平总书记在纪念马克思200周年诞辰的讲话中指出，要学习和实践马克思主义关于文化建设的思想。理论自觉、文化自信，是一个民族进步的力量。新时代大学生法治教育要坚持中国特色社会主义法治的文化自信，从中华民族优秀传统文化中吸收思想精髓和文化积淀，能够有机统一社会主义精神文明和社会主义核心价值观，提高认识能力和理解水平，从而进一步推动中华民族优秀成果在法治教育进程中的创造性和创新性转变与发展，并作为新时代大学生法治教育最具特色的内容资源禀赋。

四、发展动力：法治文化的传承创新

中国特色社会主义法治建设，应坚定文化自信，不是另起炉灶，不是全盘借鉴国外经验，而是应立足中国优秀的法治文化传统，让优秀的传统法治文化在新时代得以弘扬创新。这种对中华优秀传统法治文化的创造性转化与创新性发展，将为新时代中国特色社会主义法治建设注入中华文化的灵魂。我国的法治文化历史悠久，长期以来，积淀形成了优秀且深厚的法治文化传统，千百年来形成的"中华法系"在世界范围内具有较大影响。我国传统文化中的法治思想，集中反映为四个方面的内容：

第一，依法治国。早在春秋时期，被称为世界上第一部法学著作的《管子》，就明确提出了"依法治国"，主要内容包括一切皆法、不阿贵、公正、禁私法、统一、不朝令夕改等。战国时期的法家学派同样形成了自身的"法治"思想，强调"以法治国"。其中，代表人物诸如甘龙提出的"据法而治者，吏习而民安"（《商君书》），韩非子提出的"故先王以道为常，以法为本"（《韩非子·饰邪》）、"明主之国，令者，言最贵者也；法者，事最适者也。言无二贵，法不两适，故言行而不轨于法令者必禁"（《韩非子·问辩》）等。

第二，诚信法治。先秦法家的"法治思想"是以历史进化论、"趋利避害"的人性论和功利主义观点为依据，以"赏罚二柄"为手段来实现的。因此，先秦时期，法治建设的实践具有"诚信"的特征，即"言必信、信必行、行必果"。商鞅的"徙木立信"（《史记·卷六十八·商君列传》）正是这种"诚信"的写照。无论是立法，还是执法，抑或司法，都应以信立足，以信立本，这才能实现法治的基本要义——人人尊法，人人尚法，人人信法，人人守法。

第三，法大于权。法家思想概括为"法治"，始于近代。以梁启超为代表的著名学者，认为法家提出的法治，其根本精神是认为法律具有绝对权威，不允许政府的行动超出法律范围之外。这也在一定程度上呼应了"法治"的先驱管仲所言的"君臣上下贵贱皆从法，此谓为大治"。也就是说，无论君主还是大臣，无论权力大小，都受法律制约，都遵纪守法，这才符合天下大治的基本理念。倡导法治的先贤，无不在论述中体现了朴素的法大于权的思想——权力必须要受到法律的制约。

第四，人人平等。先秦法家的先贤都提出了法律面前人人平等的思想。例如，商鞅认为法律是公正无私的，严格依法办事是国家达于治的根本保证。他指出："所谓壹刑者，刑无等级，自卿相、将军以至大夫、庶人，有不从王令、犯国禁、乱上制者，罪死不赦。"（《商君书·赏刑》）所谓"刑无等级"，就是除君主以外，对任何人都依法定刑，这无疑对贵族特权是一个很好的威慑。韩非子主张"法不阿贵"，他指出："法之所加，智者弗能辞，勇者弗敢争。刑过不避大臣，赏善不遗匹夫。"臣民在法律面前一律平等，法律有着至高无上的权威。由此可以看出，法家以"刑无等级""法不阿贵"来冲破等级特权，认为所有人应当平等，没有贵族和平民之分，即使是贵族子弟犯罪，也要接受与普通民众一样的惩罚。这为我国建设法治社会提供了最夯实的文化积淀和最深沉的历史底蕴。

第四节　当代大学生法治教育发展的理论基础

法治教育是教育学、法学、心理学等多个社会学相关学科的交叉融合。当代法治的价值追求决定了大学生法治教育的根本宗旨和内涵要义，而新时代教育的前沿理念又为大学生法治教育的实施提供了改革的新路径与新方法。因此，新时代背景下的大学生法治教育改革需要以法治经典理论与新时代教育前沿思维共同作为理论原则。中国特色社会主义法治理论体系追溯了马克思经典法学的思想根源，并将其进行本土化的探索，从中国化的演绎进程中来回溯中国特色社会主义法治的产生与发展，辨析了法治与经济建设、政治建设、文化建设、生态文明建设以及与执政党的依存关系，清晰界定了法治与人、社会以及国家的融合多元关系，充分论述了中国特色社会主义法治理论的价值与影响，是新时代大学生法治教育改革的社会基础。[1]同时，全人教育理论从实践层面引领，解决了方法论与实践论问题，是新时代大学生法治教育改革的实践指导。

一、核心理论：马克思主义法治观

马克思主义法治观是新时代大学生法治教育问题研究的理论原则之一。马克思主义经典法治观影响着中国特色社会主义法治现代化进程的历史演进和思想革命，引领中国特色社会主义法治大步迈进现代化征程。马克思主义法治观经典立场、观点与方法是中国特色社会主义法学理论的思想渊源与行动纲领。因此，新时代大学生法治教育问题研究将马克思主义法治观作为基础理论原则。新时代教育理念，是党和国家领导人对马克思主义基本原理的继承与创新，尤其是结合我国社会主要矛盾发生转变的新时代所提出的全新的教育发展指导思想。我国大学生法治教育改革主要是教育事业领域中的一项系统改革，因此，其重要的理论原则即为新时代教育理念。

（一）马克思主义法治观的基本内涵

马克思主义法治观中的诸多观点与立场指导着我国破解法治现代化进程中的诸多问题，其具有普遍指导意义的基本原理如下：其一，法律与经济基础的依存关系。首先，法律由经济

---

〔1〕　孙国华主编：《中国特色社会主义民主法治研究》，中国人民大学出版社2015 年版。

基础决定。马克思在 1859 年发表的《政治经济学批判》对历史唯物主义作出精辟概括，指出法的关系不能单纯地从其自身的要素来分析，也不能从人类社会是法的发展脉络来解释。"法的关系正像国家的形式一样，既不能从它们本身来理解，也不能从所谓人类精神的一般发展来理解，相反，它们根源于物质的生活关系。"从中可以分析出经济基础对法律上层建筑的根本决定性。其次，法律对经济基础具有适度反作用。马克思认为法律作为上层建筑一般自成体系、相对独立、稳定固化，因而能够对经济基础产生较大的反作用。因此，一个国家的法治建设离不开将经济基础作为必要的关联因素。大学生法治教育的目标定位理应将人与经济社会的角色关系纳入考量因素。其二，法律与历史的演进关系。马克思认为法律是社会发展的阶段性现象，这是马克思主义法学与其他私有制基础上的法学的根本区别。法的发展，历史类型的更替与人类社会的发展规律相适应。不同时代的法治内涵体现着鲜明的时代特征，大学生法治教育的价值追求理应置于新时代这一历史性的重大时间节点和时代坐标中进行全新解读。其三，法律的阶级性。国家制定的法律首先为统治阶级服务，同时体现社会功能。马克思认为阶级性是法最深刻的内涵，为科学认识法律的阶级归属提供了科学视角。恩格斯曾提出"法律破产"命题，即法律不合社会即无法成立。这一原理深刻影响着中国法学精神，也是人民民主专政和中国特色社会主义民主法治建设的基本原理。新时代中国特色社会主义法治应充分体现广大人民群众的根本利益，而新时代大学生法治教育也应将"立德树人"作为根本任务呼应新时代法治"人本价值"的追求。其四，法律与国家的内在一致性。法律是国家的直接产物，没有政治国家，就没有法律，更没有符合国家需要的法律。法律的实现需要以国家为产生载体，是法律规则生成的基本范围，即规则边界。

（二）马克思主义法治观的科学属性

以马克思主义法治观作为理论原则，其根本前提是其理论逻辑力量，即科学性。马克思主义法学的科学要素包括方向的正确和原理的准确。在方向的正确方面体现为政治取向和研究方法的科学结合。在政治取向上，马克思主义法学富有批判气质，研究目标是及时有效解决社会问题的法律及其实现，体现了针对性和实践性。研究方法上以历史唯物史观为指导，理清法律与经济基础、政治国家、社会结构以及历史演变的交织关系。在此基础上，马克思主义法学理论又是法学本体论、价值论和方法论的多元统一。马克思主义法学理论的本体论意义体现在将法学研究的基础出发点落脚在对法律现象的本体属性的研究，从而对法律现象本体属性的分析从所属结构体系、经济基础、历史生成三个维度科学考察。马克思法学关于法律现象本体论的阐述不是单一片面的局部抽象，是结构化的整体统一，是一个具有多种规定性的分层次的综合命题。将单一研究对象置于系统化全局观进行分析研究，体现的是马克思主义法治观对于"法"的复杂性本质的前提假设与科学论证。在考察法律的价值维度时，马克思主张结合主体的活动去评价，即结合一定历史条件人的活动。"价值是某种客体相对于主体需要而言的有用性。"马克思认为法律的价值属性是一定社会关系的表现，是"人的本质力量"的体现。因此，法律的价值论是本体论的逻辑延伸，本体论则是价值论的来源基础。而主体需要是社会结构的产物，随着时代的变迁发生变化，客体价值也随之而动。其改变动力来自主体需要，最终汇集为国家需要。法律价值论实质随主体需要而改变，价值追求关涉人与国家、社会相互之间的关系。在本体论和价值论的基础之上，马克思主义法学选择实践取向的方法论，排斥把法学认识当作思维抽象的形而上推理。马克思反复强调，"把我们的全部叙述都建立在事实的基础上"，要从"世界本身的原理中为世界阐发新原理"。

（三）马克思主义法治观的人学蕴意

新时代法治追求"人本价值"，与马克思经典法治思想中将"人"的根本需求作为法治逻辑起点与目标归宿的观点一脉相承，马克思主义法治观彰显着浓厚的人学蕴意，体现着对人的自我实现的终极关怀。马克思认为，法治的构建需要以"人"为基础，在社会实践活动实现其本质和价值内涵，法治的发展离不开人的主体性，法治社会的出发点是人的法治性，最终落脚点还是对人的培养和塑造，以追求人的自由和解放。法治所倡导的价值理念、构建的规则体系、塑造的意识形态等如何能被"人"所自然接受与认同，是马克思主义法治观的根本问题。马克思将"人"定义为三种属性，即自然属性、社会属性与精神属性。新时代法治教育实践所选择的指导理论，要能够正确把握马克思主义法治观中"人"三种属性的角色关系，能够在其教育理念中有效处理好人的自然之维、社会之维与精神之维，尤其是三者的交互关系，即法治教育如何通过挖掘人与社会互动的交互关系，促进人的自身发展，同时实现人对精神世界的自我追求，从而培养"完全的人"，即"完人"。法治教育实践理论基于对"人"的价值的充分肯定与首要选择，认为大学生法治教育改革的终极目标是达成人的"自我实现"，通过将"人"培养成"完人"，即充分尊重"人"的人本价值，最大可能挖掘个人潜能，尊重个性差异，从而使"人"从身体、知识、技能、道德、智力、精神、灵魂与创造性等多方面均衡发展，使得与"人"密切相关的社会、国家以及其余相关因素融合、协同与共生发展进步，实现人与社会的和谐统一。法律法规等知识传递属于法治教育的"外在价值"，而通过法治教育有利于大学生塑造健全而平衡的人格，以人的全面发展为目标导向，促进人的和谐发展，人的全面发展不仅需要在知识储备、专业技能等方面不断提高，还需培养健全的人格、正确的价值观、向上的人生态度等。这里的"全人"概念，不仅仅指向受教育者"人"的本身，即人要实现自我各个方面、各个阶段、各种相关因素的全面发展。法治教育实践理论需从价值取向、问题视域、核心内涵、基本原则、理想愿景等多方面契合新时代大学生法治教育改革目标的时代诉求和现实需要。法治教育实践理论要强调整体大于部分，强调系统内组成部分的相互联系性和关联性。人是构成宇宙、地球以及生态环境的基础，是集成国家、社会以及人际组织的中心，是以个人本身自成体系的整体。

二、实践指导：全人教育理论

全人教育发端于北美，先由教育理论激进派受人本主义、整体主义教育理论影响，借生态学、神话学、系统说等概念，进而又发展出"以人的完整发展"为核心的学习理论，这一理论强调教育要关注人作为独立个体的每一个方面，基于一个前提假设，即个体只要与自我、社区、世界联结并发生转变，就能获得自我的觉醒与整合。[1]

（一）全人教育理论的基本内涵与发展演变

20世纪70年代末，隆·米勒（Ron Miller）作为全人教育理论的主要倡导者，正式提出"全人教育"（holistic education）的概念。随后，隆·米勒创办了全球第一份以全人教育研究为宗旨的专业期刊——《全人教育评论》（Holistic Education Reviewer），

---

〔1〕　陈能治："以全人教育理念作为通识教育的核心价值"，载 http://www.zzd. stu. edu. tw/Old_ zzd_ web/nous-k/paper/13%B3%AF%AF%E0%AAv. doc.

后改名为《交锋：寻求生命意义和社会公正的教育》（Encounter：Education for Meaning and Social Justice）。1990 年 6 月，80 位倡导全人教育的学者签署《芝加哥宣言》。随后，以隆·米勒为首的学者们还创办了全人教育出版社（Holistic Education Press）、全人教育基金会（Foundation of Holistic Education）、伟大教育理念出版社（Great Ideas in Education Press）等以全人教育著作出版为主要任务的机构。全人教育研究在全球兴起，蔓延到亚洲。在日本，有以吉春中川为代表的全人教育学者和以小原国芳为代表的全人教育实践者。隆·米勒倡导的全人教育理论基本原则包括十大准则，主要理念包括：强调人与所处社群、自然界、精神价值建立联结，获得对生命的认同，发现生命的意义及目标，这是教育中非常高层次的目标设定；在学习内容上，关注人在各个方面的发展，以及对信念、平等、社会和谐等方面的进一步拓展；在理论思考方面，从地球整体观点（global view）角度看待教学，以全人类福祉为旨归，因此全人教育创造了许多教育新术语来表达，如宇宙教育（universal education）、全球教育（global education）、宇宙之爱（universal love）、宇宙学（cosmology）等。同时，全人教育还重视以全球为主体的生态教育，包括生态教育（eco-education）、生态区（eco-region）等概念。全人教育的理论基础还包括以整体论哲学、永恒主义哲学作为主要哲学基础，以超个人心理学作为心理学基础，以深生态学作为社会学基础，思想渊源可追溯至古希腊、中世纪、文艺复兴以及近代以来的教育理论。文艺复兴时期的教育家们如蒙田、伊拉斯谟等，都曾指出教育的目标就是促进人的个性的全面发展。法国著名教育家、哲学家卢梭在《爱弥儿》一书中阐述了他的自然主义教育思想，教育的目的是促进儿童天性的发展。新人文主义教育家洪堡则提出教育要培养"完人"。而在约翰·

亨利·纽曼的教育思想中，教育应该培养具有智力发达、情趣高雅、举止高贵、注重礼节、公正、客观等优秀品性的绅士。[1]美国实用主义教育家杜威、心理学家马斯洛、人本主义教育家罗杰斯等人的教育理论也都体现了全人教育的思想。

除了上述理论基础，全人教育的产生还与当时美国独特的社会环境息息相关。20世纪60年代，经历两次工业革命的发展，科学技术越来越受到资本主义国家的重视。科学技术逐渐成了发达国家发展的"唯一"秘诀。人类利用科学技术极大地推动社会生产力的发展，科技滥用也导致了许多新的社会问题：生态环境污染严重、人口增加过快等。同时，伴随这些问题的是美国频繁的社会运动。以黑人为主的民权运动、以学生为主的青年抗议运动、反对主流文化运动等。[2]反主流文化运动将枪口直指美国科学至上的文化，反对美国社会主流文化。继反主流文化运动之后，美国乃至其他发达国家出现了长达三四十年的新时代运动。该运动本质上是对反主流文化运动的延续，它反对拜金主义的工业社会，反对无限度地掠夺自然资源。

在反对工业文明的社会运动中，学生的价值观被"科技至上"影响，出现了前所未有的危机，而原有的学校教育却无法解决这个问题。教育学家和心理学家们意识到动荡的社会危机蔓延至学校，纷纷提出要重视人的价值，回归到人的本性。罗杰斯，人本主义与人本主义心理学主要代表人物之一，在其著作《学习的自由》中详细阐述了人本主义教育思想。他创建了来访者中心的心理治疗法，并且将以人为本这一理论由心理学

---

〔1〕 刘宝存："全人教育思潮的兴起与教育目标的转变"，载《比较教育研究》2004年第9期。

〔2〕 瞿张婷："浅论60年代美国反主流文化运动"，载《中共福建省委党校学报》2003年第5期。

领域推广到教育学领域。[1] 罗杰斯认为面对复杂多变的世界，培养能够适应变化的人是学校教育的最终目标，因此在具体的教育教学过程中要坚持以人为本、以学生为本的教育理念。人本主义教育思想强调发展人的潜能、重视人的自我价值。这些思想理论对后来的全人教育产生了巨大影响。

全人教育理论在崇尚科技、物欲横流的社会大背景中，在吸收借鉴教育学、心理学等理论的基础上诞生了。随着社会环境的变化，全人教育理论也出现了两个不同的发展阶段。隆·米勒以整体论的指向不同为标准将全人教育的发展划分为两个阶段："范式论"的全人教育与批判理论视野的全人教育。[2]

"全人教育家们相信，通过个人的沉思、想象、直觉和自尊，唤醒人的自觉意识，可以克服现代社会的政治经济问题。"[3] 他们提出，常见的教育改革无法真正解决教育存在的问题，只有通过改革制度才能彻底治愈美国教育的沉疴痼疾。全人教育家们企图对美国工业社会下原有教育体系进行一次完全的"破"和"立"，即对教育进行"范式"转换。在宏大理想的改革目标下，全人教育家们却缺乏实际的、具体的操作流程和步骤，因此"范式论"的全人教育很快被淹没在其他教育理论中。20 世纪 80 年代开始，全人教育家们逐渐开始反思"范式论"的教育理论，指出早期的全人教育理论太过激进和理想化，对自身的能力与教育改革的难度认识不到位。全人教育理论的第二阶段以批评理论视野为特点，以隆·米勒于 1988 年发表《全人教育

---

〔1〕 化得福："论罗杰斯的人本主义教育思想"，载《兰州大学学报（社会科学版）》2014 年第 4 期。

〔2〕 张东海："全人教育思潮与高等教育实践研究"，华东师范大学 2007 年博士学位论文。

〔3〕 谢安邦、张东海："全人教育的缘起与思想理路"，载《全球教育展望》2007 年第 11 期。

课程》、创建杂志《全人教育评论》、1990 年全球教育改造联盟为主要标志，在隆·米勒的带领下，全人教育家们开始正视全人教育理论。对于工业文化之上的美国社会，全人教育理论只是社会转型的一种表征，高度理想化的教育理论无法指导整个社会教育的改革。

（二）全人教育的基本原则和理念

隆·米勒认为，每一个学生都具有智力、创造力等潜能，教育要做的就是关注每一个学生的身体、精神等多方面的潜能，全人教育的目标是培养能够适应快速变化的社会环境的人。"日本学者小原国芳认为，完全人格，和谐人格，不单纯强调智育、德育或宗教的教育，也不单纯强调体育、劳动或艺术的教育，就是全人教育。"[1] 我国学者文辅相认为全人教育是培养"有知识、有智慧、有教养"的人的教育。[2]

隆·米勒倡导的全人教育理论基本原则包括十大准则，主要理念包括：强调人与所处社群、自然界、精神价值建立联结，获得对生命的认同，发现生命的意义及目标，这是教育中非常高层次的目标设定；在学习内容上，关注人在各个方面的发展，以及对信念、平等、社会和谐等方面的进一步拓展；在理论思考方面，从地球整体观点（global view）角度看待教学，以全人类福祉为旨归，因此全人教育创造了许多教育新术语来表达，如宇宙教育（universal education）、全球教育（global education）、宇宙之爱（universal love）、宇宙学（cosmology）等。

全人教育家所倡导的文化主题强调经验。他们认为，工业

---

〔1〕 赵玉生："十余年来我国全人教育研究述要"，载《太原师范学院学报（社会科学版）》2012 年第 4 期。

〔2〕 文辅相："文化素质教育应确立全人教育理念"，载《高等教育研究》2002 年第 1 期。

社会中的教育阻断了人类经验的训练，原有教育体系没有尊重学生的情绪、创造力、精神等，只注重社会成就、竞争等。知识是在受教育者与社会、世界的参与、互动的过程中构建形成的。经验主义教育者杜威提出，教育就是生活而不是生活的准备阶段。

学者们反对以分析观点为基础的还原论哲学，反对知识被分解成一个个细小的信息。他们认为这种分析会导致事物失去自身的意义，学生无法通过碎片化的、细小的信息来认知整个世界，知识存在于人、社区、自然界的相互联系之中，某一事物的意义只存在于具体真实的情境之中。因此，全人教育理论强调注重社区和民主。通过参与建设和管理民主社区的方式培养人的合作而非竞争的观念。

（三）全人教育的课程观和教学观

"关系"是全人教育课程理论的核心观念。全人教育否定传统的课程观——学科内容与教学内容即课程，这种课程观将知识割裂成碎片化的信息。隆·米勒认为课程观经历了由"传递"到"交流"再到"转变"的发展。在传递的课程观中，教师是知识的输出者，学生被动地接受知识灌输；交流的课程观相较于传统的课程观有所进步，它认为知识是在学生与课程的对话过程中构建而来的；全人教育的课程观是转变的课程观，强调学生主动和课程产生关系由此培养个人的能力，在教学过程中，课程不再是固定的，而是动态的，课程与学生不再处于对立状态，而是一个统一的整体。全人教育课程观的目标一是促进个人成长，二是促进社会变革，通过课程加强学生与社区、社会的关系。[1]

---

〔1〕 张东海："全人教育思潮与高等教育实践研究"，华东师范大学 2007 年博士学位论文。

在转变的课程观的基础上，全人教育提出"整合学习"。传统的教学论将知识分成不同的模块，模块之间缺乏联系。整合学习理论认为，学生是身心等多方面发展的完整的人，面对学生的多样性，整合学习要求有多样化的学习策略。全人教育的整合学习理论实际上是希望通过建立不同模块知识内容之间的联系，培养学生知识与技能的迁移，培养学生的创造力等各方面的能力。整合学习对教师也提出了要求——全人教师。全人教师必须具备"真实"（authenticity）与"关怀"（caring）两大核心素质。[1]跨学科和超学科教学是全人教育教学论非常提倡的教学策略，前者的主要形式有主体学习、价值观教育、借助艺术的整合学习，后者的主要形式有主课和故事模型。

（四）全人教育理论指导大学生法治教育的改革实践

全人教育理论的人才观与"办好人民满意的教育""实现教育大国到教育强国的转变""全面实现教育现代化和人的现代化"等我国新时代教育理念交相呼应，全人教育理论的价值论与"人本价值、德法共治、良法善治"的我国新时代法治的价值追求相得益彰，全人教育理论的目的论是对我国新时代大学生法治教育"立德树人、德法兼修、全民守法"的根本任务以及"实现法治教育的现代化与特色化"的理想愿景的科学阐释。全人教育理论运用整体论哲学，从三个概念来解读"全"的内涵：联结性（connectedness）、整体性（wholeness）和存在（being），强调整体大于部分，强调系统内组成部分的相互联系性和关联性。人是构成宇宙、地球以及生态环境的基础，是集成国家、社会以及人际组织的中心，是以个人本身自成体系的整体。因此，以全人教育思想来指导我国大学生法治教育改革，其使

---

〔1〕　张东海："全人教育思潮与高等教育实践研究"，华东师范大学 2007 年博士学位论文。

命是要从三个不同层面赋予教育新的时代内涵：即通过教育实现"人"的全面发展和自我实现，实现人与人、社会、国家之间的协同共生以及最终实现人与宇宙、地球以及生态环境的可持续发展。因此，全人教育理论呼应新时代教育改革和新时代法治建设的双重需求，不同的教育目的论引出不同的教育措施与教育实践。运用全人教育理论指导我国新时代法治教育改革实践，应落脚在基于全人教育理论的大学生法治教育改革的课程设计、教学方法、育人环境以及体制机制等各个实施环节。首先是全人教育理念指导下的课程观。全人教育课程观的课程定义：约翰·米勒认为全人教育课程观有着较强的实践基础，"几个世纪以来的教育家和哲学家都清楚地表达并使用其原则"。[1]全人教育课程观对课程乃至教育的理解溢出了课堂甚至学校的边界。"教育的题材只有一个，那就是生活的所有表现形式。"教室包括家庭、社区、世界，在这样的"大教室"里每个人既是教育者又是学习者[2]。课程应在界限分明的各学科之间建立广泛交叉联系，互相补充融合，还必须在课堂与外部世界建立联系，学生本人应尽可能参与课程设计，教师应不拘泥于固定规则与守旧内容，应提供任何时候都通用的模型和教学策略。[3]全人教育课程观的目标——"转变"，根据课程与学习者的关系把课程概括为三种：传递、交流和转变。转变的课程观重点强调的是共同创造（co-creation）、共同演化（co-evolution），[4]因此全人教育

---

〔1〕 John P. Miller, *The Holistic Curriculum*, Toronto：OISE Press，2001，p. 73.

〔2〕 Edward T. Clark, Jr. , *Designing & Implementing an Integrated Curriculum：A Student-Centered Approach*, Brandon, VT：Holistic Education Press，2002，pp. 38~39.

〔3〕 谢安邦、张东海编著：《全人教育的理论与实践》，华东师范大学出版社2011年版，第110页。

〔4〕 安桂清："整体课程研究"，华东师范大学2004年博士学位论文。

课程的基点是"关系",[1]如情感与躯体的结合、知识与学习者及各知识之间的联系、人与社会的结合、个人的自我同意等方面。[2]其次是全人教育理念指导下的教学观。如各知识领域结合采用主体学习、价值观教育、通过艺术进行整合、主课、故事模型等方式;[3]在个人与社区的结合中强调合作学习模式,格拉瑟（William Glasser）提出,学生为完成同一目标组成团队,各自有独特任务,团队中人人平等、集体合作又能感受自我价值,得到归属感与满足;[4]在个人与自我的联系中鼓励人通过重新发现爱、唯一和自由,实现与自我更深层次的联结;[5]全人教育的学习观是一种整合的学习观（integrated studied, holistic learning）,因而还提出全人教师（holistic teacher）[6]的概念;全人教育重视教育环境及氛围的营造,鼓励多创设学习社区;重塑人与自然的关系,重视环境教育。[7]

三、马克思主义法治观与全人教育的关系

本书将马克思主义法治观作为破解大学生法治教育现实困境,指导大学生法治教育改革的核心理论,以全人教育理论作为实施层面的实践指导。两个理论围绕提升大学生法治教育的

---

[1]　John P. Miller. , *The Holistic Curriculum*, Toronto: OISE Press, 2001, p. 86.

[2]　谢安邦、张东海编著:《全人教育的理论与实践》,华东师范大学出版社 2011 年版, 第 118 页。

[3]　John P. Miller, *The Holistic Curriculum*, Toronto: OISE Press, 2001, p. 139.

[4]　John P. Miller, *Holistic Teacher*, Toronto: OISE Press, 1993, p. 118.

[5]　John P. Miller, *The Holistic Curriculum*, Toronto: OISE Press, 2001, pp. 139~168.

[6]　John P. Miller, *Bruce Cassie & Susan M. Drake. Holistic Learning: A Teacher's Guide to Integrated Studies*, Toronto: OISE Press, 1990, pp. 1~2.

[7]　徐辉、祝怀新:《国际环境教育的理论与实践》,人民教育出版社 1996 年版, 第 5~8 页。

有效性为核心目标，以理论结合实践的方式，共生发展，相互促进。首先，两个理论从逻辑本源、分析框架到方法路径三个方面都具有共同属性，从本体论、方法论和实践论三个方面合力于同一个问题场域。其次，两个理论在共同促进大学生法治教育问题上又具有相互依存的关系，马克思主义法治观中关于政治的社会化属性以及法治的意识形态论等观点，有利于促进全人教育理论的实施开展，而全人教育理论中关于教育与"人"的关系理论又蕴涵着丰富的马克思主义法治观关于"人"的思想精髓。同时，两个理论随着新时代的发展演绎与时代变迁，共同应对着新时代大学生法治教育问题研究中理论与实践的范式转变。

（一）马克思主义法治观与全人教育理论的共同属性

第一，逻辑本源的统一性。两个理论都遵循以"人"作为理论与实践的逻辑起点与目标归宿。法治源自社会存在，代表了统治阶级的利益，是社会调控自身需要的重要工具与手段，而"人"是法治社会中最为重要的存在。马克思从"人"的自身需求以及"人"与社会关系的矛盾分析入手，定义了"人"的自然存在、社会存在与精神存在的三重属性，而社会化是"人"存在的重要方式与向度。因此，马克思主义法治观在指导法治实践以及社会化的问题实践过程中，从三个层面凸显"人"的作用与价值：以人为本，以人的根本需求为逻辑起点与目标归宿，最终促进人的全面发展与自由解放。马克思主义法治观从本体论上诠释了法治与"人"的矛盾统一关系，同时强化了法治作为社会意识形态的一种，自身所具有的教育属性。因此，对接马克思主义法治观的教育实践理论，应该将"人"的价值凸显作为教育目标。选择全人教育理论指导大学生法治教育改革实践，是基于对"人"的价值的充分肯定与首要选择，认为大学生法治教育改革的终极目标是达成人的"自我实现",通过将"人"培养成"完人",即充分尊重"人"的人本价值,最大可能挖掘个人潜能,尊重个性差异,从而使"人"在生理上、心理上、精神上等各个方面均衡发展。因此,马克思主义法治观与全人教育理论具有逻辑本源的统一性。

第二,分析框架的同构性。无论是马克思主义法治观的法治实践,还是全人教育理论的教育实践,新时代大学生法治教育从理论指引与实践探索两个方面参照了同样的分析框架,即将问题场域置于人与国家、社会的相互关系之中。[1]马克思主义法治观强调个人、社会与国家之间的内在联系和共生互动,这也是马克思意识形态理论与政治社会化思想最基本的分析框架。法治以社会为中介,赋予社会各要素以政治社会化功能,通过意识形态宣传教育、动员、活动和各种宣传符号等方式,对社会成员进行政治社会化。因此,马克思主义法治观指导下的法治教育离不开将"人"置于国家与社会的关系中,将对法治教育的研究超越问题场域本身,而拓展到解决人与国家、社会三者的矛盾关系中,建立相互促进的共生关系。而全人教育理念在指导教育实践中选用了相同的分析框架。全人教育理论运用整体论哲学,从三个概念来解读"全"的内涵:联结性、整体性和存在,强调整体大于部分,强调系统内组成部分的相互联系性和关联性。人是集成国家、社会以及人际组织的中心,是以个人本身自成体系的整体。因此,以全人教育思想来指导大学生法治教育实践,其使命是要从三个不同层面赋予教育新的时代内涵:即通过教育实现"人"的全面发展和自我实现,实现人与人、社会、国家之间的协同共生,从而使得与"人"

---

[1]《马克思恩格斯选集》,人民出版社1995年版,第1页。

密切相关的社会、国家以及其余相关因素融合、协同与共生发展进步，实现人与社会的和谐统一。因此，马克思主义法治观与全人教育理论同构于相同的分析框架。

第三，方法路径的一致性。马克思主义法治观的方法路径基于马克思"实践的唯物主义"或"实践哲学"。[1]有别于传统哲学对理论与实践关系的片面认识和分置隔离，马克思的"实践哲学"更加强调理论与实践的相互关系，并把实践作为最主要的方法路径。[2]马克思实践概念的革命意义为对资产阶级的哲学唯物主义和哲学唯心主义——主体与客体的二分、[3]唯物主义与唯心主义的二分。[4]马克思揭示了实践的科学意义，在革命的实践中证明自己思维的真理性，即"'实践批判的'活动的意义"。[5]马克思主义法治观通过对意识形态的批判与挖掘，在实践中进步与发展，在批判中认识意识形态产生的根源，挖掘并揭示意识形态形成的规律，从而在实践中超越意识形态束缚追求人的自由与解放。因此，将理论运用于实践是马克思主义法治观得以传承与创新的方法路径。全人教育理论从实践为主要方法论基础，从发达国家缘起到本土实践，从基础教育到高等教育，从通识教育到专业教育，以实践为理论演绎与更迭的方法路径，积累了大量的理论积淀和实践反思，能够为大学生法治教育改革提供强有力的实践经验支撑。全人教育的实

〔1〕 刘建江："马克思实践哲学研究的三个前提性问题"，载《湖北社会科学》2018 年第 2 期。

〔2〕《马克思恩格斯文集》（第 1 卷），人民出版社 2009 年版，第 13 页。

〔3〕 鲁克俭："超越传统主客二分——对马克思实践概念的一种解读"，载《中国社会科学》2015 年第 3 期。

〔4〕 何中华："超越'唯物—唯心'之争的纲领——再读马克思《关于费尔巴哈的提纲》第 1 条"，载《山东社会科学》2015 年第 4 期。

〔5〕 黄加清："马克思实践概念及其当代价值研究"，载《内蒙古师范大学学报（哲学社会科学版）》2018 年第 2 期。

践范式论对科学主义学派技术世界观的功利性提出疑问,〔1〕强调教育应以实践为基础,优化理论内容,连接现实生活。

（二）马克思主义法治观与全人教育理论的依存关系

马克思主义法治观促进全人教育理念的实施开展。促进人的全面发展是马克思主义为社会主义国家教育确立的根本使命。〔2〕马克思主义法治观强调,法治建设应以满足人的需要为根本前提,而人的需要是人的全面发展的出发点与落脚点。马克思主义法治观对需要与利益的关系界定,成为全人教育理论实践于法治教育重要的内在驱动。马克思主义法治观界定法律意识属于上层建筑范畴,遵从法的社会属性。"人"之于"法",必须通过对意识形态的认知、批判与构建,习得对"法"之规则的自然遵从,从而获得真正的自由与解放。而"法"之于"人",则需通过交往与参与实现共同促进。马克思主义法治观的交往与参与理论成为全人教育作用于法治教育的重要实践参考。同时,马克思主义法治观蕴含着丰富的教育属性,法治教育蕴含意识形态教育、观念意识教育和理想信念教育等范畴,为全人教育着力于大学生法治教育实践提供了特有的内生机制,即通过认识与适应,提升人的法律认知与法治思想;通过内化与超越,促进主体法律意识的生成;通过外化与实践,全面促进大学生法治素养以及综合实践能力的提升。因此,马克思法治"人本价值"的彰显与追求,有利于促进全人教育理论在大学生法治教育中的实施开展。

全人教育理论蕴涵马克思主义法治观的思想精髓。受整体论

---

〔1〕 谢安邦、张东海编著:《全人教育的理论与实践》,华东师范大学出版社2011年版,第43~47页。

〔2〕 荀渊:"基于马克思人的需要理论对当前教育研究与实践的反思",载《江苏高教》2013年第6期。

哲学的影响，全人教育课程观的哲学基础可以概括为三个概念：联结性、整体性、存在。"联结性"是全人教育课程观对课程与其相关外部关联因素的关系界定，呼应马克思主义法治观之"人"与"环境""社会"的关系诠释；"整体性"是全人教育呼应马克思主义法治观对影响"人"的内部各构成要素间的关系界定，秉承着"整体大于部分之和"的哲学观点，呼应马克思整体论哲学中的社会整体论原则和生成整体论原则，法治教育之于人的价值存在，不仅仅是一种整体性的客观存在，还包括一种社会关系的系统性存在，同时也是一种实践活动基础上的永恒性的过程存在。[1]"存在"，既是全人教育课程观哲学基础的逻辑起点，也是其目标归宿，强调全人教育理念下教育所追求的理想愿景是人的"自我实现"，是对原有教育目标的一种现实超越，直接呼应马克思主义法治观的终极目标，即实现人的自由解放与自我实现。全人教育的三个核心要素蕴含了与马克思主义法治观相同的哲学向度。

（三）马克思主义法治观与全人教育理论的时代演绎

马克思发展观与全人教育理论从理论源流、结构功能、分析框架、价值关系等维度同根同源，相得益彰，共同合力于新时代大学生法治教育问题研究，又伴随着时空环境的转变而发生着内涵的演进和方法的更新。马克思、恩格斯曾指出："一切划时代的体系的真正的内容都是由于产生这些体系的那个时期的需要而形成起来的。"[2]要成为时代精神上精华的理论，绝不能是"主体空场"的理论，而是要准确把握时代的指向，体现

---

〔1〕 刘斌："评波普尔对马克思整体主义方法的责难"，载《哲学研究》1996年第1期。

〔2〕《马克思恩格斯文集》（第1卷），人民出版社2009年版，第25页。

时代的实际需要和根本价值。[1]因此，新时代大学生法治教育问题研究是植根于马克思主义法治观和全人教育的理论沃土，在新时代继承与创新的基础之上进行实践探索。新时代我国社会主要矛盾之于法治教育从理论到实践的需求变迁主要体现在：人民日益增长的对美好生活的需要与新时代法治教育目标需求的转变。新时代意味着中国特色社会主义在理论、制度、文化等不同层面的发展，这也在一定程度上拓宽了发展中国家现代化之路的理论深度和实践路径，从马克思主义法治观对"人"的全面发展与自由解放的追求，到全人教育里对"人"成为"完人"与自我实现的追求，再到新时代"人"成为"德智体美劳"全面发展与适应现代社会具有现代性的人，"人"的全方位塑造对教育的需求提出了更高要求。"人"不仅应全面发展而且还应具有现代性并适应现代社会发展，法治教育不能仅拘泥于认知层面，而应更侧重于个人法律意识主体性的构建，同时强化法治素养与综合实践能力的提升。为此，新时代法治教育需求的转变以及不平衡不充分的发展矛盾，亟待新时代法治教育方式路径的转变。

---

〔1〕　汪信砚："对习近平新时代中国特色社会主义思想哲学基础研究的思考"，载 http://theory. people. com. cn/n1/2018/0404/c40531－29906720. html，最后访问时间：2018 年 6 月 20 日。

第三章 CHAPTER 03
我国大学生法治教育的演化进程

第一节　我国大学生法治教育的制度演进

我国大学生法治教育的发展并非朝夕之功，而是在探索法治建设的进程中逐渐发展起来的。通过回顾我国大学生法治教育的发展历程，总结法治教育的发展成效与得失成败。基于对中国法治改革的发展进程以及国家对大学生法治教育的系列支持政策与法规的了解，本书概括了中国大学生法治教育的六大发展阶段：1949 年至 1965 年的法治教育初步探索时期；1966 年至 1976 年的法治教育挫折停滞阶段；1977 年至 1984 年的法治教育恢复重建阶段；1985 年至 1996 年的法治教育快速发展阶段；1997 年至 2011 年的法治教育深入发展阶段以及 2012 年至今的法治教育全面发展阶段。

一、大学生法治教育的初步探索阶段（1949 年至 1965 年）

（一）中华人民共和国成立开启了法治教育的初步探索

中华人民共和国成立初期，社会主义事业百废待兴，各项法律也在这一阶段经历了从无到有的发展过程。《中国人民政治协商会议共同纲领》是中国第一个具有宪法性质的文件，其颁布于第一届中国人民政治协商会议（1949 年 9 月）；在此基础上，《宪法》在第一届全国人民代表大会（1954 年 9 月）上被正式通过；而 1956 年 9 月召开的中国共产党第八次全国代表大会提出，"我们必须进一步加强人民民主法制，巩固社会主义建设秩序。国家必须根据需要，逐步地系统地制定完备的法律"。[1]虽然这一时期的宪法规定了公民应尽的义务以及享有的权利，但是鉴于国际国内政治形势的严峻挑战，这个时期颁布的各项法律均具有一个核心内容，那就是阶级斗争。可见，这一阶段的法律是无产阶级对资产阶级开展斗争的有力武器。

（二）以政治教育为主的法治教育

在当时阶级斗争盛行的时代背景下，大学生思想政治教育更多的是以政治教育的形式开展，如国家在 1958 年颁布了《关于教育工作的指示》（已失效）、1961 年颁布了《教育部直属高等学校暂行工作条例（草案）》。总结来看，这一阶段关于大学生的法治教育工作零星地散见于党和国家的法治建设工作之中。首先，设立政法类高校以培养法治人才。如创建了中国政法大学、西南政法大学等专业的法律高等院校，与此同时，还专门开设了法学专业课程，并从宪法的角度开展了专门的法律学习。其次，中国法治教育中的政治色彩较为浓厚。开设马克思列宁主义、新民主主义论以及毛泽东思想等课程，一定程度上取代了公民课。然而因为社会主义法律的颁布与经验数量还不足以满足需求量较大的法律课程，所以在一定程度上大学生法治教育又表现为传授国家组织纪律等内容。最后，大学生法治教育进入了初步探索阶段。1956 年召开的中国共产党第八次全国代

---

〔1〕　中共中央文献研究室编：《建国以来重要文献选编》（第 9 册），中央文献出版社 1994 年版，第 351 页。

表大会明确指出，"要正确处理人民内部问题，在政治上要扩大社会主义民主，健全社会主义法治"。[1]

二、大学生法治教育的挫折停滞阶段（1966 年至 1976 年）

在 1966 年 5 月至 1976 年 10 月这段时期，国内阶级斗争被推向了顶峰，由此也重创了国家的各项事业和百姓的生产生活。在这一阶段，大学生接受正规教育的机会都无法满足，系统化的法治教育就更加无从谈起。由于法律无法保障公民个人的基本权利，在大学生的成长过程中，始终伴随着政治烙印的痕迹，不仅造成大学生在法律素质方面的缺失，也导致其整体素质偏低。

三、大学生法治教育的恢复重建阶段（1977 年至 1984 年）

（一）改革开放为法治教育带来了契机

经过一段时期的挫折停滞，学者与国家高层开始逐渐关注国家与民族的未来发展事项与问题，理性地分析了中国当下的国内实际情况，开始积极探索适合社会主义国家建设的法治教育与法律体系。中国法治教育的恢复与重建是在 1977 年至 1984 年，该阶段是中国法治教育从停滞到重新起步的重大转折时期。特别是 1978 年十一届三中全会的召开，从国家层面树立了法律权威，以及法律的执行与遵守，高度依赖于全民族法治教育的加强。随后，一系列政策文件相继出台，如 1979 年通过的《关于坚决保证刑法、刑事诉讼法切实实施的指示》、1982 年颁布的《宪法》等，在一定程度上适应了国家和社会在改革开放初期对法治教育的要求。从某种意义上来讲，1978 年的改革开放给中

---

〔1〕 马朱炎："新时期社会主义法制建设的指针——学习《邓小平文选》的体会"，载《西北政法学院学报》1983 年第 1 期。

国大学生法治教育带来了契机，是中国教育的重要转折点，改革开放更为中国法治史开启了全新篇章。从这一年开始，法治教育不再局限于中华人民共和国成立初期以来的小众化法治教育，而是开始探索真正意义上的大众化法治教育。

（二）由小众法治教育转向大众法治教育

在这一时期，党和国家将大量的人才、时间与精力都注入到了对法治教育的恢复与重建活动中，期望尽早弥补对法治教育的损坏，以求重新探索中国法治教育内容改革，并使其渗透到高等教育领域。为了实现这一目的，教育部于 1978 年、1982年、1984 年先后颁布了《关于讨论和试行〈全国重点高等学校暂行工作条例〉（试行草案）的通知》《关于在高等学校逐步开设共产主义思想品德课的通知》以及《关于高等学校开设共产主义思想品德课的若干规定》三项重要文件。法纪教育和法律基础知识普及是这一阶段大学生法治教育的重点目标，不仅要求大学生要有坚定的革命信念与理想，还要求大学生遵守革命道德与底线，牢记革命纪律，更要对国家的宪法和相关法律法规熟记于心。[1]其包括两个方面的主要内容：其一，将道德与纪律、民主与法治、自由与纪律等内容渗透到思想品德教育之中，并对所有大学生实施共产主义思想品德教育；其二，通过普及 1982 年《宪法》以及相关法律的基础知识，加强对大学生法律规范和具体法律条文方面的教育。切实丰富大学生的法治知识，并通过宪法讨论活动使其深入理解宪法章程，其他的辅助教育方式即通过"共产主义思想品德课"，组织大学生进行政治学习，必要时还会运用分组交流与讨论的方式开展辩论，最终实现大学生法治教育的目的。总的来看，零散性、随意性以

---

〔1〕 教育部社会科学司组编：《普通高校思想政治理论课文献选编（1949—2006）》，中国人民大学出版社 2007 年版。

及非正规性是该阶段大学生法治教育目标、内容和渠道的重要特征，这段时期的大学生法治教育依旧处于尝试和摸索期。

四、大学生法治教育的快速发展阶段（1985 年至 1996 年）

（一）普法教育拉开了法治教育的序幕

随着中国法治建设的日臻完善，改革开放的热潮也推动着法治建设走入正轨。尽管这一时期还未提出"法治"取代"法制"，但"中国法治"的萌芽特征已在这一时期出台实施的一系列政策中初现端倪，由此也开始了系统性的法治建设进程。1985 年，中共中央、国务院批转了中央宣传部、司法部《关于向全体公民基本普及法律常识的五年规划》（以下简称"一五"普法规划），此后每隔五年便制定下一个普法规划，这个阶段共出台了三次普法规划，包括 1990 年制定的《关于在公民中开展法制宣传教育的第二个五年规划》（以下简称"二五"普法规划），以及 1996 年制定的《关于在公民中开展法制宣传教育的第三个五年规划》（以下简称"三五"普法规划）。与此同时，1985 年至 1997 年间，中央会议频繁召开，一系列文件也密集下发，如 1985 年通过的《关于在公民中基本普及法律常识的决议》、1991 年出台的《关于深入开展法制宣传教育的决议》以及 1996 年颁布的《关于继续开展法制宣传教育的决议》等，由此也推动我国法治建设迈向历史最高峰，使全民普法教育从法律常识普及转向法律意识提升，从而实现了法治教育真正意义上的第一次飞跃。

（二）由法纪知识教育转向法律意识教育

学界与政界通常都会把改革开放当作中国大学生法治教育的希冀，把 1986 年中国大学生法律基础课的设立与开放作为法治教育在大学确立的新纪元。[1]培养大学生的法律意识是这一时期大学生法治教育的核心目标，即不仅要求大学生要熟练掌握专业所需的、必备的法律基本知识，还要从主观意识层面培养大学生懂法、守法和正确用法。此外，还要培养大学生对法律的敬畏与尊崇，要对法律权威积极认同并对法律内在价值保持尊重。马克思主义法学与宪法、程序法与实体法、法治观念与法治理念等是这一时期大学生法治教育的主要内容。[2]从大学生法治教育的实施渠道来看，主要包括：其一，大学生法治教育的主要渠道是"法律基础课"这一独立设置的思想政治教育必修课；其二，大学生法治教育的辅助渠道是"第二课堂"的法治渗透，通常会采用与法治知识、法治教育内容相关的辩论会、专题讲座及知识竞赛等活动；其三，"法律基础课"的考核工作以及校园法治文化建设工作，主要由高校宣传部门与教育部门通过积极协作来共同负责。总的来看，在三次普法规划的引领下，这一阶段的大学生法治教育逐渐步入了正轨，初步完成了法治教育目标（以培养大学生的法律意识为核心），并为国家储备专业合格的法治建设人才奠定了坚实基础。

五、大学生法治教育的深入发展阶段（1997 年至 2011 年）

（一）依法治国方略的确立推动了法治教育的发展

随着 21 世纪的到来，全球范围内的信息化、网络化变迁、经济全球化变动以及文化系统多元化趋势等都给我国带来了诸多挑战，面对以上严峻形势，我国深入开展了对法治教育与法治建设的探索。这个阶段是在中国法治史上起着承上启下的重

---

〔1〕　闫立超："高校法律基础教育的沿革、困境与突围"，载《当代教育论坛》2014 年第 4 期。

〔2〕　刘旺洪：《法律意识论》，法律出版社 2001 年版。

要阶段，其中的标志性事件主要有两个：一是"依法治国"基本方略在 1997 年确定；二是"依法治国"基本方略在 1999 年写进了宪法。并且，随着 2001 年《关于在公民中开展法制宣传教育的第四个五年规划》（以下简称"四五"普法规划）的颁布，社会各个领域均有法治教育的逐步渗入，由此也提高了对公民个人法治教育的相应要求。中国公民懂法、守法是中国法治教育与普及的最终目标，而不只是简单地学习法律与遵守法律，法治教育在"四五"普法的过程中逐步从法律意识提升转向法律素质提升，基于此，实现了中国普法教育的第二次实质飞跃。而后，2006 年《关于在公民中开展法制宣传教育的第五个五年规划》（以下简称"五五"普法规划）和 2011 年《关于在公民中开展法制宣传教育的第六个五年规划（2011—2015年）》（以下简称"六五"普法规划）在其基础上对普法范围进行了适度扩大，进一步提升了全民的法律素质，并不断推进中国现代化的法治国家建设进程。与此同时，这一阶段的"依法治国"与"以德治国"之间出现了一定程度的互动结合，从而也实现了法治教育同道德教育的协调互补。

（二）由法律意识教育转向法律素质教育

在"依法治国"的时代背景下，大学生法治教育逐步迈入了新的阶段，这不仅体现在法治教育的目标上，也反映在法治教育的内容和渠道上。大学生法治教育在这一时期的主要目标在于：在对法律知识初步掌握和形成法律意识的基础之上，进一步增强大学生熟练运用法律知识和技能解决现实问题的能力。具体而言，法治教育可以分为三大方面的内容：第一方面，既重视法学法律的基本理论学习，也重视实践层面法学法律的教育，同时把程序法与实体法放在重要位置；第二方面，着力考察大学生在面临生活困境时能否灵活运用法律知识和手段加以解决；第三方面，将社会主义法治理念的相关内容加入大学生法治教育体系中。具体的实施渠道则分为四个方面：一是大学生法治教育的主要渠道依旧是高校的课堂传授，即"思想道德修养与法律基础"课程；[1]二是通过"第二课堂"的开设丰富大学生实践层面的法律知识学习，同时借助网络工具开设法治教育网络平台；三是将法学法律类的辅修课程纳入大学生法治教育体系，着重对大学里非法学专业的学生进行法治知识培养；四是不断充实法治教育师资队伍，并完善法治教育教学、管理以及服务，提升大学法治教育者的法律知识储备与专业素养。综上分析，可以归纳出该阶段中国大学生法治教育的目标更加清晰，内容越发完善，途径更加多样，从而也为下一阶段全面培育大学生的法治素养奠定了重要基础。

六、大学生法治教育的全面发展阶段（2012 年至今）

（一）新时代全面推进依法治国对法治教育提出了新的要求

2012 年，党的十八大吹响了全面推进依法治国的进军号，提出了"新十六字方针"，社会主义核心价值观被纳入"法治"，并进一步强调全民学法、遵法、守法以及用法的法治理念。[2]由此，基本形成了具有中国特色的社会主义法律体系。2014 年 12 月，历史上唯一一届以"法治"为主题的十八届四中全会顺利召开，这次会议明确提出了一个重要论断，即"推动全社会树立法律意识，深入开展法治宣传教育，把法治教育纳入国民教

---

〔1〕　王东红："基于'思想道德修养与法律基础'课的大学生宪法意识教育"，载《思想教育研究》2017 年第 11 期。

〔2〕　"坚定不移沿着中国特色社会主义道路前进　为全面建成小康社会而奋斗——胡锦涛同志代表第十七届中央委员会向大会作的报告摘登"，载《人民日报》2012 年 11 月 9 日。

育体系和精神文明创建内容"。[1]这是"法治教育"第一次出现在中央文件之中。而为了在现实中全面落实法治教育工作，"宪法日"也因此而设立。[2]

2017 年，党的十九大报告作出了中国特色社会主义进入新时代的重大战略判断，不仅确立了我国社会主义现代化建设和改革发展新的历史方位，而且进一步确立了全面推进依法治国、建设法治中国新的历史方位。[3]十九大重申建设社会主义法治国家、建设中国特色社会主义法治体系是新时代中国特色社会主义思想的关键命题之一。而具体到法治教育层面，十九大报告提出了新的要求，如"加大全民普法力度""提高全民族法治素养"。

（二）由法律素质教育转向法治素养教育

在新时代全面推进依法治国的背景下，普法教育的重点也从法律素质教育转向法治素养教育。2016 年出台的《关于在公民中开展法治宣传教育的第七个五年规划（2016-2020 年）》（以下简称"七五"普法规划），与前几次普法规划之间最直接明显的区别便是将"法制"改为了"法治"。在大学生的法治教育方面，国家政府高度重视并出台了一系列政策文件，如2013 年出台的《关于进一步加强青少年学生法制教育的若干意见》、2016 年通过的《青少年法治教育大纲》以及 2016 年印发的《依法治教实施纲要（2016-2020 年）》等。相关政策的不

---

〔1〕 杨丽娜、闫妍："中共中央关于全面推进依法治国若干重大问题的决定"，载 http://cpc. people. com. cn/n/2014/1029/c64387-25927606. html，最后访问时间：2014 年 10 月 29 日。

〔2〕 参见中央宣传部、司法部、全国普法办《关于认真学习贯彻落实党的十八届四中全会精神深入开展法治宣传教育的意见》。

〔3〕 李林："开启新时代中国特色社会主义法治新征程"，载《环球法律评论》2017 年第 6 期。

断出台，为后期法治教育的细化发展提供了珍贵的经验借鉴。在培养大学生法律基础知识、法律意识以及法律素质的基础之上进一步提升大学生的法治素养是这一阶段的法治教育目标。主要包括三个方面的内容：一是法治知识教育。这不仅要求大学生对宪法及相关部门法有所了解，还需要坚持社会主义法治建设理念与信念。[1]二是法治信仰教育。信仰教育注重对大学生的理性思维进行培养，即按照法治的基本原则、法治理念与法治评判标准来分析事务的理性思维。三是法治方式教育。从社会实践活动中培养大学生遇事不慌，依法办事、用法处事的实务能力。[2]具体而言，实施中国大学生法治教育的渠道分为四个方面：一是坚持基本的"思想道德修养与法律基础"课程学习仍是主要的培养渠道；二是举办包括社会实践、专题讲座以及学生社团活动在内的法治教育学习是补充渠道；三是丰富大学生法治教育的网络空间学习，突出法治教育的网络发展优势；[3]四是加快建设大学生法治教育实践基地，为大学生法治参与与实践提供支持。总的来看，在新时代全面推进依法治国的背景下，将大学生法治教育的培养提高到法治素养的培养上来，并借此为中国培育越来越多的全面发展的法治专业人才，这也是当前中国大学生法治教育的终极目的所在。

党的十九大明确指出，要加大全民普法力度，建设社会主义法治文化，树立宪法法律至上、法律面前人人平等的法治理念。为此，在大学生法治教育领域，教育部进一步强调将法治

---

〔1〕 黄群峰："法治中国建设背景下的大学生法治教育研究"，昆明理工大学2016年硕士学位论文。

〔2〕 本书编写组：《思想道德修养与法律基础》（2013年修订版），高等教育出版社2013年版。

〔3〕 范益民："新媒体时代大学生网络伦理道德失范教育的法治化思考"，载《学术探索》2016年第1期。

教育融入国民教育全过程。[1] 此后，宪法晨读，全国学生学宪法、讲宪法，宪法教育周，青少年法治教育优秀课件征集，全国青少年学生法治知识网络大赛等全国性大学生法治教育活动普遍开展，教育部全国青少年普法网，青少年法治教育实践基地等线上线下全国性大学生法治教育平台逐步建立，为大学生法治教育提供了新型发展模式。2018 年 9 月，教育部、中央政法委联合发布《关于坚持德法兼修实施卓越法治人才教育培养计划 2.0 的意见》（教高［2018］6 号），提出："经过 5 年的努力，建立起凸显时代特征、体现中国特色的法治人才培养体系。建成一批一流法学专业点，教材课程、师资队伍、教学方法、实践教学等关键环节改革取得显著成效；协同育人机制更加完善，中国特色法治人才培养共同体基本形成；高等法学教育教学质量显著提升，培养造就一大批宪法法律的信仰者、公平正义的捍卫者、法治建设的实践者、法治进程的推动者、法治文明的传承者，为全面依法治国奠定坚实基础。"[2]

第二节　我国大学生法治教育的影响因素

中国主要的人才培养方式是大学教育，而深入对大学生法治教育的培养，除了可以为中国现代化建设培养所需的合格公民，还能为中国法治国家建设培养专业的建设者与接班人。为了加强大学生法治教育，党和政府在综合考虑国家民主法治建设对人才培养的要求的前提下，不断适时出台一系列事关大学

---

〔1〕　朱之文："把法治教育融入国民教育全过程"，载《光明日报》2017 年 12 月 5 日。

〔2〕　参见教育部、中央政法委《关于坚持德法兼修实施卓越法治人才教育培养计划 2.0 的意见》。

生法治教育的政策文件，从而为大学生法治教育确立了正确导向；高校在坚持党的路线、方针和政策的基础上，严格贯彻落实上级部门对法治教育、教学改革的系列要求，加强对大学生法治教育的开展与培育工作，试图从多个方面共同保障法治教育的实施效果；社区不仅可以通过开展法治宣传工作，为大学生营造良好的法治教育环境，还可以通过与高校对接，从社区实践活动中搭建大学生法治教育培育平台。

一、政府：指导环节尚待加强

伴随着中国法治建设的持续推进，对公民的整体素质尤其是法律素质提出了越来越高的要求，因此，党和政府越来越重视对大学生法治教育活动的开展。特别是 21 世纪以来，中共中央对法治教育的支持性政策不断加强，国家各部门及各级政府都不断强化对法治教育的重视力度与执行力度。[1]并且，党的十六大报告明确提出要"加强法制宣传教育，提高全民法律素质"；党的十七大报告还将法治教育当作中国全面建设法治国家、实现依法治国战略的关键措施，并据此提出了"深入开展法治宣传教育，弘扬法治素养，形成自觉学法守法用法的社会氛围"的具体要求；党的十八大报告指出，全面推进依法治国的重点任务在于，"深入开展法制宣传教育，弘扬社会主义法治素养，树立社会主义法治理念，增强全社会学法尊法守法用法意识"。尤其是党的十八届四中全会，十分强调法治教育在法治中国建设中的重要性，并首次将会议主题设定为"依法治国"，作出了"把法治教育纳入国民教育体系"的重大战略部署，这不仅体现出党和国家高度重视法治教育，同时也对国民教育系

---

〔1〕　曾海萍："新世纪以来我国大学生法治教育研究述评"，载《新教育》2016 年第 3 期。

统提出了更多、更高的要求。党的十九大报告更是进一步地提出了"加大全民普法力度"以及"提高全民族法治素养",同样对当前法治教育提出了新的要求。为了解决法治教育和教育领域法治问题,教育部联合司法部等多个相关部门于2013年出台了《关于进一步加强青少年学生法制教育的若干意见》,该意见明确强调要将社会主义法治理念教育贯穿于大、中、小学各个阶段,并且高度重视学校、社会和家庭主体在青少年法治教育中的重要作用。随后,2016年1月,教育部印发了《依法治教实施纲要(2016-2020年)》,明确指出要强化各级各类学生的法治教育,并重点部署了加强法治教育师资队伍建设;2016年7月,教育部联合司法部等多个相关部门颁布了《青少年法治教育大纲》,该大纲是中国法治教育史上的第一部真正意义上的纲领性文件,其明文规定了中国大学生法治教育实施的系统化和科学化。[1]随着我国深入实施"依法治国"战略以及不断推进社会主义法治建设,中国对大学生法治教育日益重视并不断完善相关政策措施,大学生法治教育的发展步伐也由此不断加快。《青少年法治教育大纲》提出法治教育需要"系统化、规范化",可见政府对大学生法治教育而言,不应仅仅只停留在宏观层面的政策指导,具体实施层面的主体参与也非常重要。大学生法治教育的实施成效与法治社会的现实需求存在一定程度的脱节,反映出政府部门对大学生法治教育的系统规划性和主体参与性还有待进一步提高。宏观政策颁布后,缺乏针对性的指导意见加以推进,也没有促进改革的制度文件作为支撑,大学生法治教育在高校的改革实践并没真正得以落地。故,应该由教育行政部门牵头,会同相关单位、部门,制定规划计划,

---

〔1〕 许晓童:"从法制教育到法治教育的历史意蕴及实践策略——基于《青少年法治教育大纲》视角",载《教育评论》2017年第4期。

投入人力、财力、物力实施保障，并挂钩绩效考核等。完善保障机制，包括将高校法治教育的实施成效与校长任期考核挂钩，教师及管理人员的参与度与绩效考核挂钩，学生主动开展法治教育的学习效果与操行评定挂钩等，对社会参与机构也应有一定的制度要求。

二、高校：规划设计亟待完善

高校不仅对国家教育部门有关法治教育的各项要求与规定都积极贯彻落实，还要真正地领悟到自身肩负的为中国培养法治人才的光荣使命。具体而言，主要从以下两个方面开展大学生法治教育实践：一方面，高校对国家颁布的各项法治教育法规与政策方针都积极贯彻执行，高校在对大学生"法律基础课到思想道德修养与法律基础课"的发展与演变过程中，逐步将大学生的思想道德修养与法律基础教育当作高校进行法治教育的重要渠道。结合学校实际情况以及教学任务的基本要求，全国越来越多的高校组建了法治教育教研室以及思想道德修养与法律基础研习室，致力于研讨和改进该门课程的课堂讲授、教学改革等，[1]与此同时，多数高校也对教师资源格外重视，并加强对思想道德修养与法律基础课程的师资队伍投入，积极鼓励该专业老师在职称、学历及其科研成果等方面不断突破。另一方面，很多学校还不断丰富和完善法治教育课程体系，不仅重视法治教育的主要授课渠道，还基于国家法治教育的总要求与总目标，借助法治教育相关的系列主题活动的顺利实施，从法治认知方面入手开展大学生法治教育，不断提高大学生在践行法治要求方面的自觉性。从现下中国高等院校法治教育的具

---

〔1〕 陈艺丹："高校'思想道德修养与法律基础'课程教学改革探析——基于新媒体的视角"，载《科教文汇》2017年第14期。

体开展情况来看，主流的培育渠道或方式是法治教育课堂讲解、法治知识巡回讲座、法律知识相关辩论赛事、法律研修室活动、法治主题演讲比赛以及"宪法宣传日"公益活动等。[1]此外，强化法治教育实施也体现在学校深入推进依法治教的过程之中，具体而言，高等院校在修订或重新制定规章制度时，除了要基于国家高等教育培养章程、法律法规，[2]还要联系实际积极听取学校师生的相关意见，积极推进与落实学校法治教育体系与高校治理能力的现代化。在取得一定成绩的基础上，高校开展大学生法治教育的实施成效上还有待进一步提高。高校对大学生法治教育的重要性认识不够，对法治教育在高校人才培养中的功能定位不够清晰。就课程设置与教学方式而言也存在一些问题，现有的课程及教学内容无法完全满足学生多样化的学习需求；教育教学过程中，缺乏先进的教育理念的引领，手段方法现代化体现不够，模式固化单一，教学实效性低，无法满足学生的个性化需求；教师队伍专业性不强，具有法学专业背景的教师参与法治教育的比例不够高，社会资源参与法治教育的深度和广度不够，应积极鼓励司法、消防、公安、医护、环卫等法律相关部门行政人员兼职法治教育教师。在保障法治教育的实施过程中，针对法治教育的理论研究、学科建设、平台搭建和制度保障等都有待提高。

三、社区：主体意识有待增强

社区参与是补充大学生法治教育的有益环节，其从实践层

［1］ 龚菊萍："在课外活动中开展法治教育的实践与探索"，载《现代教学》2016年第20期。

［2］ 郝翔："以法治文化助推高校治理能力现代化"，载《光明日报》2015年10月9日。

面丰富了学生的法治经验。一方面，社区通过开展法治宣传工作，推动社区法治文化建设，营造了良好的法治教育环境。近年来，我国社区法治建设受到了高度重视，更多的专业性的法治机构在社区间纷纷成立，有助于消除不良影响并净化社区法治环境，[1]不容忽视的是，社区法治建设也能够对高校大学生的法治教育起到强化作用。通常情况下，较完善的社区都会配备专门的法治教育培育中心或法治活动中心，社区法治中心会聘用专门的法治人员分析具体法律事务等，这种社区法治教育普及方式有助于提高包括大学生在内的社区居民的法治素养，增强他们解决社会法律问题的实际能力。并且，还会通过确定一些具体的规章或规则等对社区环境、社区安全等方面进行规范，以便为社区群众包括涵盖大学生在内的社区居民，提供一个良好的社区生活环境与社交场所。此外，很多政府也加强了对社区矫正与社区帮教的投入，政府愈发重视社区实践对大学生法治教育的培育，尤其是对部分可能有违法倾向的大学生，通过社区引导和重点关注，可以在一定程度上及时发现并扼杀他们的违法犯罪冲动或念头，从而为中国大学生法治教育培养与法治素养培育的提升创造良好的外部环境。另一方面，社区通过与高校的积极对接，也有利于实现大学生法治教育主体之间的互通交流。社区参与一直被许多发达国家视为大学生法治教育的重要途径，被称为"课堂中的社区"和"社区中的课堂"，即一方面，通过学校法治教育课堂模拟社区实践活动来指导学生正确解决或处理社区实际中可能存在的法律难题，另一方面则是将高校法治教育的知识和技能运用到社区之中，处理并实际解决社区活动中切实存在的法律难题。随着法治教育的

---

〔1〕　朱文玉、于惠冰："社区法治教育新路径——社区法律诊所"，载《成人教育》2017年第8期。

普及，更多的大学生投身法治教育的实践受到了我国越来越多高校的重视，高校通过组织开展形式多样、内容丰富的安全与法治志愿服务专项行动，[1]主动与社区设立"安全与法治服务站"，长期开展法律帮扶、安全咨询等系列志愿服务活动。社区参与可以使大学生在步入社会前接触比较真实的法治事件，能够强化大学生在高校法治教育过程中的所思所学，从而不断提升自身的反应能力和实际操作技术。与此同时，社区也可以在大学生法治教育中更好地利用高校法治资源，将大量优秀的法学专业大学生引入社区法治教育实践中，从而有利于社区的民主法治建设。同时，社区还应与高校和政府部门积极配合沟通，协同参与到大学生法治教育实践中，进一步明确职责与功能。在活动形式上融入更多新时代元素，运用更多信息化手段，以活动为载体，调动更多的社区资源共同参与。

四、家庭：家校沟通需要深化

改革开放以来，我国普法教育在全社会范围内广泛开展，并且取得了十分显著的成绩。在大学生法治教育过程中，家庭主体是重要助力，扮演着养成教育与启蒙教育的重要角色，对于提高大学生法治教育的实效性起到了无法替代的作用。具体而言，我国大学生法治教育的家庭实践主要包括：其一，通过举办"家长学校"向家长宣传法律知识。自普法教育全面实施以来，全国各地各种家长学校如雨后春笋般兴起，这些家长学校的主要职责在于及时有效地向家长宣传法律知识。例如，天津市西青区创办了家长法治夜校，通过定期邀请有关法律专家或政法类干警开设讲座对家长进行法律知识讲授和分析，使家

---

〔1〕 龚菊萍："在课外活动中开展法治教育的实践与探索"，载《现代教学》2016年第20期。

长在教育孩子时能够正确地运用法律知识和法律手段。浙江省温州市和宁波市根据《浙江省家长学校指导纲要（试行）》《浙江省家长学校工作规程（试行）》的要求，将学校法治教育的支持系统锁定为家长法治教育，通过定期举行家长接待日、家访、家长会以及讲座等，帮助家长学习法律常识，并促进其法律意识不断提高以及法治观念持续增强。其二，借助亲子互动的教育形式从家庭视角开展法治教育培育。例如，2001年团中央联合教育部、司法部等部门正式发文要求，以家庭为单位进行家庭法律教育活动，具体形式可以为重要法律事件讲座或者组织讨论会等，目的是在父母与子女之间建立一种内在的共同的法律信念，进而有效提升整个家庭的法治素养。其三，一批家庭法治教育读本陆续编写并出版。自普法教育全面实施以来，在借鉴国外先进经验并结合我国实际国情的基础上，通过我国教育界和法律界的专家学者的共同努力，一大批家庭法治教育的读本陆续编写并出版，这为家庭法治教育的顺利开展创造了良好条件。例如，广东省中山市的《家庭法制教育读本》，江苏省南京市的《家庭法制教育读本》等。目前，家庭法治教育也被纳入我国现行的统编教材《大学生法治教育读本》之中。同时，各式各样的家长学校也结合自己的实际情况编写了相应的普法资料。例如，上海市闵行区龙柏街道社区的青少年法律学校自行编撰了《怎样做一个合格监护人》一书，并通过向家长们发放这些学习资料，促进家长法律意识的不断提高。[1]

---

〔1〕 葛缨、冯淮："我国家庭法制教育现状与展望"，载《西南政法大学学报》2005年第6期。

第三节 域外大学生法治教育经验借鉴

一、新加坡法治教育

新加坡曾是英国的殖民地，长期受到英国文化的影响且摆脱殖民地身份后，又被日本入侵占领。直到 1963 年，新加坡成为马来西亚联邦的组成部分，两年之后即 1965 年新加坡共和国才正式成立。新加坡国土面积小，可谓"弹丸之地"，但不到半个世纪的时间，新加坡成了全球各国称赞的国家。城市环境干净、社会安定和谐、经济稳定发展、执法严格等成了当代新加坡国际形象的代名词。

（一）新加坡法治教育的发展历程

1. 建国初期的法治教育

在长达一百多年的殖民统治时期里，新加坡深受英国文化的影响。不论是生活方式、日常用语、国家的教育政策、社会管理等方面都能轻易找到发达国家主流思想文化的身影。尤其是发达国家的主流价值观，如自由、平等、民主等，这些思想观念逐渐在新加坡人民的心中生根发芽。即使新加坡独立之后，新加坡的法律体系仍深受英国法律体系的影响。

19 世纪、20 世纪期间，由于西方列强的侵略，中国人民生活艰难，许多东南沿海地区的人们或为了躲避战乱或为了寻求更好的生活掀起了一股南迁的热潮。华人、印度人和马来人是新加坡民族的主要构成，华人则是新加坡居民民族的主体部分。伴随大批华人的迁入，中国的儒学思想也逐渐成为新加坡思想文化的一部分。英国的法律体系与中国的儒学思想共同促成了新加坡的法律制度。

1965 年，在李光耀等人的努力下，新加坡共和国从马来西亚联邦中独立出来。建国初期，面对多民族、多文化的国家特点与资源匮乏的基本国情，新加坡民众包括国际都对新加坡的未来不抱希望。新加坡开国元首李光耀抓住了当时新加坡面临的发展困境，提出加强公民的道德教育。通过道德教育，使人们建立起对新加坡共和国的认同感和归属感。[1]对于新加坡未来的经济发展，新加坡政府认为依靠本国的自然资源和人力资源是不现实的，吸引外资成了国家发展经济的唯一途径。而完善的法律制度、良好的社会治安等成了吸引外国投资的重要因素。随着新加坡工业化的发展，新加坡出现了和发达国家工业文明下的相同的社会问题——精神文化的虚空。因此，新加坡政府在 20 世纪 60 年代颁布了《学校公民训练综合大纲》，并在全国范围内的中小学实施。其目的在于培养道德良好、规则意识强、忠于国家的公民。

随着新加坡政府不断对法律的完善、对法治教育的加强，新加坡法律的严明程度甚至超过了许多老牌资本主义国家。

2. 经济发展迅速时期的法治教育

20 世纪 60 年代开始，新加坡进入了新的经济发展时期。这一时期，新加坡经济增长迅速，最高年增长率超过 10%，引入了电子、船舶等新兴产业，并发展成为世界最大的贸易港、金融中心之一。

为了解决精神文化滞后于经济发展的社会问题，新加坡政府于 1974 年开设《生活教育》课程，将以往互相独立的公民、历史、地理学科融合为一门课程。1979 年，新加坡政府在充分调查、研究建国以来公民教育的问题的基础上，形成了《道德教育报告书》。该文件对新加坡道德教育存在的不足进行了系

---

〔1〕　王巍："新加坡青少年道德教育研究及其借鉴意义"，河南大学 2013 年硕士学位论文。

统、深入的分析。20 世纪 90 年代，新加坡政府未雨绸缪，为迎接 21 世纪的来临，于 1991 年颁布了《共同价值观白皮书》，提出公民应具有的五大价值观并在第二年重新修订了《好公民》教材。20 世纪末，新加坡政府又颁布了《公民与道德纲要》，强调要培养公民的公民知识、技能、态度（如表 3-1）。

表 3-1　新加坡公民教育改革历程

时　间	事　件	内　容
20 世纪 60 年代	《学校公民训练综合大纲》	开始对全国中小学实施统一的公民教育与公民训练
1974 年	《生活教育》课程	融合公民意识与历史、地理知识
1979 年	《道德教育报告书》	调研公民道德教育
1991 年	《共同价值观白皮书》	提出五大价值观
1992 年	新编《好公民》教材	培养服务社会、忠于国家的好公民
1999 年	《公民与道德教育纲要》	适应多变的 21 世纪

经过半个世纪的时间，新加坡公民形成了非常强的法治意识。在新加坡民众眼中，日常生活中的各类事务都必须（都可以）按照相关法律处理。这使得新加坡形成了良好的社会秩序。新加坡共和国自成立以来，各届政府持续完善法律体系，生活中的各种行为都有法律规定，法律作为最刚性的社会规则和其他规则一样被新加坡公民所遵守。

（二）新加坡法治教育的特点与启示

1. 新加坡法治教育的特点

法律与道德的融合是新加坡法治教育的鲜明特色。针对新加坡的基本国情，新加坡政府将儒家文化与发达国家法律体系进行调整、改造和融合。道德教育主要表现为个人的自律，道德建设要想取得良好发展离不开法律的支持。法治建设的强制性迫使个人形成"自律"。[1] 新加坡政府将儒学传统文化"忠孝仁爱、礼义廉耻"写进法律，许多不道德的行为都与不合法等价。尽管新加坡法律体系受到发达国家法律的影响，但新加坡政府消除了发达国家法律体系中法律与道德的割裂，形成了道德法律化、法律道德化的法治模式。[2]

　　新加坡政府非常重视法治教育的社会实践，促使家庭、学校与社会形成全方位的法治教育环境。新加坡开国元首李光耀曾说过："家庭是社会的核心，而社会必须高于个人。"新加坡家庭注重言传身教，从小对孩子进行正面、积极的道德引导，如尊老爱幼、爱护环境等。鉴于学校作为法治教育的主阵地，新加坡政府从小学开始设置专门的公民课程，对青少年进行法治教育、道德教育与爱国主义教育等。小学、中学、大学每个学段都有相应的法治教育课程。此外，学校会经常举办法治宣传相关的各类活动。充足的课时安排与专业的师资队伍是学校法治教育成效显著的重要影响因素。社会与家庭、学校一样，同样形成了浓厚的法治教育氛围。青少年可以参与社会法治教育实践活动，成年人也能通过社会开展的法治活动继续接受法治教育。家庭从小耳濡目染的法治教育背景、学校充实的法治教育课程、社会浓厚的法治教育宣传氛围，为新加坡青少年法治教育建立了一套系统、全面的教育网络。[3]

---

〔1〕　喻军、张泽强："中国和新加坡高校法制教育的比较与启示"，载《邵阳学院学报（社会科学版）》2012年第5期。

〔2〕　侯健："新加坡的法治模式及其价值基础"，载《东南亚研究》2004年第4期。

〔3〕　胡俊生、李期："现代化进程中的价值选择——新加坡的'公民与道德教育'及其对我们的启示"，载《延安大学学报（社会科学版）》2003年第1期。

新加坡法纪严明，社会生活中的大小事务都有相应的法律条理。鞭刑是新加坡广受诟病的一种刑罚。国际社会指责新加坡政府应当废除鞭刑这种不人道的古老刑罚，但新加坡政府认为鞭刑能使违反法律者畏惧法律，真正起到教育的作用。随地吐痰、乱扔垃圾、随手涂鸦等在许多国家只是道德问题而非法律问题，而在新加坡上述行为都会受到严苛的处罚。一名美国人曾因在新加坡涂鸦汽车、打碎汽车玻璃而被判处鞭刑六下。一名瑞士人因对地铁涂鸦被判处鞭刑三下。青少年即使身处"象牙塔"，只要违反了"学校规则"，也会受到相应的惩罚。新加坡的法律体系就像严苛的军规，公民被"军事化管理"。"严刑峻法"在某种意义上成就了新加坡公民法治意识强、民众素质高、社会安定有序的国家形象。

2. 对我国法治教育的启示

加入传统文化，做到德法兼育。道德与法律往往是密不可分的，仅仅依赖法律无法促使公民养成良好的道德素养。法律领域中专业性较强的书籍和文件可以使用学术性的表述，但对于学校进行法治教育的教材可以结合中国传统的儒家文化。新加坡在公民教育课程的教材中选取了大量的中国传统故事，如以"岳飞精忠报国"的故事来向学生传达爱国主义。我国法治教育教材的编写也可以借鉴这一点，借助深厚的传统文化，既能使教材生动有趣易理解，又加大了对传统文化的宣传。

奖罚分明，言而有信。[1] 正如前文所说，即便是学生违反了法律或规则，社会或学校也绝不会"手软"，而品德高尚、遵法守法的学生也会受到表扬。中国学校也有校规，但主要是起到教育而非威慑作用。学生违反校规班规，学校不会严格按照

---

〔1〕 白帆："浅论新加坡规则精神教育"，载《赤峰学院学报（汉文哲学社会科学版）》2008 年第 9 期。

规则来处罚学生，通常会考虑学生的年龄、心理状况以及家长的态度从而大事化小小事化了。完善现有的法律制度，并严格执行，是取得良好法治教育效果的必要前提。

理论与实践相结合，加强师资队伍的专业性。我国大学生法治教育囊括在思想政治教育当中，一般学生通过《思想道德修养与法律基础》这本教材才能接触到法律知识。虽然我国高校对法治教育也设置了社会实践、实习的环节，不过在具体实施过程中容易流于形式。不少高校学生为了获得学分死记硬背枯燥的法律理论。"高校法制教育的目的不是让学生通过一门考试，或是背下多少法律法规，而是让学生的法律素养得到实实在在的提升。"[1]社会实践是大学生将法律知识内化于心、外化于行的最佳途径。高校在开展法治教育的过程中，要不断完善法治教育的社会实践形式，要将社会实践落到实处。

二、美国法治教育

法治这一观念自美国建国起，便受到历届政府的重视。在美国，法治教育是公民教育的重要组成部分，随着美国社会的发展，美国的法律和法治教育逐渐形成了较为成熟的体系。

（一）美国法治教育发展历程

1. 探索时期

美国处于英属殖民地时期时，美国在校学生就要学习一定的法律知识。[2]美国建国初期，许多政治家认为美国作为一个移民国家，多元的文化是阻碍美国发展的绊脚石，而教育则是

---

〔1〕　刘宁："国内外高校法制教育比较研究"，载《当代教育科学》2014年第21期。

〔2〕　帅颖："美国法制教育的历史演进及其启示"，载《武汉大学学报（哲学社会科学版）》2014年第3期。

培养理想公民的最佳途径，法治教育伴随着公民教育出现在美国学校。1790 年，美国政府在学校设立"公民科"，通过该学科对学生进行法治教育、政治教育等。这一时期，美国政府针对法治教育编写了专门的教材。如一种问题集式的教材，这种教材由许多与生活密切相关、生动有趣的问题及相应的法律回答组成；一种法条说明式的教材，这种教材由法律原文如宪法与对该法的评议组成。难度不同、风格各异的教材促进了美国法治教育的发展。

通过教育加强学生对美国宪法的认同很快受到美国各个州的青睐，法治教育也越来越受到美国政府的重视。美国这一时期的法治教育侧重向学生灌输法律知识，忽视了学生运用法律的能力。

2. 改革时期

20 世纪中期，以杜威为主要代表的实用主义思想在美国兴起。美国政府开始重视法治教育的实践性，法治教育也被确定为通识教育，成为美国学生的必学科目。在杜威看来，教育不是单方向的知识灌输，而是教会学生解决问题的方法。在实用主义的指导下，美国的法治教育进入了注重法律知识运用的时代。

在法治教育成为美国学生通识教育的过程中，一位法学教授保罗·弗洛因德的演讲引起了美国各界对法治教育的反思。1953 年，保罗·弗洛因德在他的演讲中指出美国高校应该改革现有的法治教育课程，学生要学习的应该是更加系统、深入的法律知识，而不是仅停留在基础法律的理论记忆。此后，美国各界逐步开始了对高校大学生法治教育课程的改革。法治教育课程的改革很快席卷全美。一些高校甚至赋予学生独立设计法治教育课程的自由。1957 年，美国政府颁布《国防教育法》，对学校课程进行改革。受第二次世界大战的影响，美国对数学等理科格外重视。但不少教育界专家、法律界专家强调只有受过良好公民教育的科学家才算是合格的科学家。传统法治教育模式下，美国高校学生主要学习一些法律原文。20 世纪 60 年代，在教育界、法律界等学者的号召下，美国政府开展了"法律学习运动"，法治教育进入高中学段。[1]

3. 成熟时期

20 世纪 80 年代，美国经济飞速发展的同时社会问题也日益凸显。青少年犯罪率上升、民众思想空虚，面对新的社会问题，公民教育又一次成为救治美国的良药。早在 20 世纪 60 年代，美国法学界联合教育界、政治学界成立了"权利法案教育全国大会"，并成立了"美国自由研究与教育中心"。美国学者们组织了关于法治教育的诸多活动，讨论分析了法治教育面临的困境以及改革的方向。以 1978 年《法治教育法案》以标志，美国法治教育出现了爆发式增长。[2]

1983 年，美国发布《国家处于危机中》的政府报告。报告指出青少年应当对美国的政治、经济制度有所了解，要积极参与全球事务。随着《国家处于危机中》的面世，美国政府再一次对法治教育进行调整。联邦政府相继出台了新的教育大纲和《公民学与政府国家标准》全国课程标准。[3]法治教育不再是高校的专属课程，小学、中学与大学全面开设相应的法治教育课程。

---

〔1〕 李先军、张晓琪："美国中小学法治教育的历史演进、特点及启示"，载《外国中小学教育》2015 年第 5 期。

〔2〕 帅颖："美国法制教育的历史演进及其启示"，载《武汉大学学报（哲学社会科学版）》2014 年第 3 期。

〔3〕 张雅光："略论美国大学生法治观念和契约精神培养机制"，载《继续教育研究》2018 年第 2 期。

（二）美国法治教育的特点与启示

1. 美国法治教育的特点

（1）体制保障机制完善。美国法治教育成效显著的背后存在一套完整、系统的法律制度。首先，美国政府为了顺利开展公民教育，专门为青少年制定了《国防教育法》《综合犯罪控制法》《街道法》等一系列法律。自建国以来，美国政府根据本国国情和世界局势的变化及时作出法治教育政策、制度的调整。美国法治教育要求学生必须掌握法治相关理论知识、相关的分析能力与形成对法律的信任。[1]此外，美国还为法治教育设立了专门的机构与部门。这些机构与部门在协助法治教育的日常开展、收集法治教育的不足、促进法治教育的改革等方面功不可没。每年，美国政府会划拨专项资金支持学校法治教育的开展。

（2）教学机制完善。美国法治教育课程内容丰富多样，课程形式多元化。美国法治教育以《美国宪法》为基础，结合《权利法案》等法律原文，借助案例教学，引导学生进入真实有趣的情境。法治教育与其他课程的结合、形式多样的校园活动等使美国大学生生活在法治教育的社会环境中。美国法治教育重视学生的主体作用，教师只是作为引导而非理论知识的灌输者。美国教师不会回避具有争议性的法律问题，也不会设置某一问题的唯一标准答案，而是通过引导学生自主思考来帮助学生形成法律分析能力。

（3）课外实践受重视。社区服务是美国法治教育乃至公民教育的重要环节。参与社区活动的同时，学生发现、搜集社区存在的问题，并寻找解决方法。学生通过社区理论知识与现实

---

[1] 张雅光："略论美国大学生法治观念和契约精神培养机制"，载《继续教育研究》2018年第2期。

生活联系起来，既能深入理解所学知识又能锻炼参与实践的能力。在社会实践上，美国教育部与司法部为学校大开方便之门。旁听法院审理案件是美国法治教育常见的环节。

此外，学校赋予学生较大权利与自由，如学生自行选举出学生代表，学生代表参与学校重大事务的讨论。美国高校里，学生可以参与本校行政事务，如学校未来的发展，还可以参与教学事务与后勤事务。[1] 此外，美国政府鼓励学生遇到问题时积极通过法律途径解决，由此大学生既能维护自己的合法权益，又能增强法律意识，了解司法程序。

2. 对我国法治教育的启示

（1）完善体制机制，坚持体制保障机制。中华人民共和国国成立以来，我国的法治教育取得了巨大的进步。针对青少年，我国制定了《预防未成年人犯罪法》《未成年人保护法》等。但是我国将法治教育融入道德教育，一定程度上导致人们过于强调道德而忽视了法律。法律作为具有强制性的社会规则在维护社会秩序上发挥着道德不可替代的作用。因此，我国加大对法治教育机构部门的支持，加大对高校法治教育的资金、政策支持，用顶层的法治教育制度来保障高校法治教育的实施。

（2）改革教学机制。我国大中小学各学段的法治教育存在断层现象。学校进行法治教育时，更多侧重道德教育而非法律教育。这就导致一些大学生甚至社会人士都不了解我国司法的一般程序。首先，要做到大中小学法治教育课程的连续性和递进性，将法治教育落到实处。其次，要创新课程内容与教学形式，尊重学生的主体地位，将大学里灌输式的法律课变为学生学习法律知识、分析法律问题、习得法律技能的课程。大学的

---

〔1〕　赖雪梅、肖平："美国高校本科生法治教育路径分析"，载《比较教育研究》2018年第8期。

法治教育内容除了我国宪法、刑法、民法等，可以引入真实案例，尤其是与大学生密切相关的法律案件，如校园贷、劳动合同等。

（3）完善实践机制。我国法治教育课程中虽然设置了实践环节，但仍有高校并未将其落地。目前我国高校的法治教育仍然存在重理论轻实践的问题。一方面是高校没有完善的法治教育实践方案；另一方面是司法机关相关部门对大学生法治教育社会实践的支持力度不够。我国可以借鉴美国大学学生代表校内"自治"，让大学生参与更多的高校事务工作，培养大学生的公共事务参与精神。整合社会资源，建立大学生法治教育实践体系。

第四章

大学生法治教育现状实证分析

第一节 实证研究的整体设计

一、现状研究的思路和过程

第二章和第三章探讨了新时代大学生法治教育的基础理论与我国大学生法治教育的演化进程，那么我国大学生法治教育的实际情况究竟如何呢？本章将在前文的理论基础上，以实证研究为主，同时结合实验研究对大学生法治教育实施现状、大学生法律意识发展现状、影响大学生法治教育实施效果的相关要素、关联大学生法律意识形成及发展的决定因素等进行分析研究。基于实证研究的基本范式，笔者设定"大学生法治教育实施效果"与"大学生法律意识发展水平"两个变量作为因变量，结合教育学、心理学、社会学等交叉学科的研究范式与分析框架，提出具有理论创新与应用价值的研究假设，探究与相关自变量之间的相关性假设和因果性假设。最后，通过调查研究与实验研究结果来深入剖析大学生法治教育存在的问题，科学指导大学生法治教育的改革实践。

基于上述研究思路与研究范式，本章的实证分析框架总体设计包括三个部分：基于定性方法的 2 份自编问卷设计与调查研究，基于交叉学科分析框架的理论假设与模型设计，以及结合问卷研究与实验研究的假设检验。

首先，笔者拟面向我国西南地区某高校发放问卷，并对调研数据进行深度分析。其次，通过认知神经基础的实验研究，分析论证进行法律意识脑机制实验研究的可行性。心理学研究通常借助认知神经科学的技术手段，来揭示人格、认知以及情绪等心理结构的脑机制，即选取法律意识构成因素中较为重要的责任心作为参数，考察责任心的认知神经基础。同时，在行为方面，探究了责任心与情绪调节能力的关系，并且通过大脑结构和功能数据的分析，进一步探究了责任心和情绪调节能力的认知神经基础，进而建立脑、责任心和情绪调节能力三者的关系模型，为提高个体法律意识提供实验证据和理论指导。此外，这也为下一步研究中，以脑机制实验研究作为主要方法，完成对法律意识与相关自变量间因果关系的假设检验进行了可行性论证。

二、问卷设计与编制

本书使用的《大学生法治教育调查问卷》和《大学生法律意识调查问卷》，均为笔者自主研制，为大学生法治教育现状研究提供了数据支撑。笔者拟通过《大学生法治教育调查问卷》分析我国目前大学生法治教育的目标体系、课程体系、教学方式、体制机制以及实施保障等要素，因此该问卷主要是从高校法治教育开展的情况、大学生对法治教育的认识两个维度进行设计与编制。

"高校法治教育开展的情况"这一角度主要是从大学生的角度揭示大学生法治教育工作的真实情况。通过大学生对学校法治教育的目的、课程和教学方式的参与度和认可度，客观上反映法治教育在大学校园内的现状。"大学生对法治教育的认识"则是从大学生个体对学校开展的法治教育的评价以及建议，主观上反映法治教育的成效（如表4-1）。

表4-1　《大学生法治教育调查问卷》设计维度

调研主题	主要维度	一级指标	二级指标
大学生法治教育现状调查	高校法治教育开展的情况	大学生法治教育的目标	目标方案；法治教育中心
		大学生法治教育的课程	课程；师资；教材
		大学生法治教育的教学	覆盖学段；基地实习；法律活动
	大学生对法治教育的认识	现有法治教育的效果	目标清晰度；活动参与度；教育认可度；需求满足度
		未来法治教育的发展	专门机构；法学二专

笔者试图通过《大学生法治教育调查问卷》收集我国大学生接受法治教育的状况，高校作为大学生法治教育的主要阵地，其法治教育工作开展的实际情况是反映大学生法治教育的重要维度。大学生作为高校内法治教育的主要对象，对法治教育的个人认识则是反映大学生法治教育的另一维度。该问卷从"高校法治教育开展的情况"和"大学生对法治教育的认识"两个维度来设计问题。

"高校法治教育开展的情况"，主要从高校对大学生法治教育的目标设置、课程设计与教学情况来描述高校开展法治教育的真实状况。大学生法治教育的目标包括高校对大学生法治教育目标方案的设计和法治教育中心的设立；大学生法治教育的课程包括高校独立的法治教育课程模块、法治教育课程的开设、师资队伍的专业性、校本课程的开发和所用教材的具体内容；大学生法治教育的教学包括法治教育覆盖的学段、专业课的渗透、法律人士的兼职教学、专业实习或实践、法律讲座等活动。

"大学生对法治教育的认识"，主要从法治教育对大学生产生的现有影响与大学生对未来法治教育的发展两方面反映大学生法治教育的成效。当下法治教育的效果包括大学生对法治教育目标的清晰度、对法治教育工作的认同度、参与法治教育在线学习情况、对各类法治教育活动的参与度、对我国宪法及其他法律的熟悉度、法治教育对个人需求的满足度；未来法治教育的发展则反映了大学生对我国法治教育工作提出的建议，包括设立专门的法治教育机构、法律二专学习和法律专业课旁听对法治教育的作用。

《大学生法律意识调查问卷》量表的编制目的及其应用有两个：首先，依据经典文献构建初始理论模型，并结合实践验证来对维度框架进行修正，并最终确定"法律意识"量表的核心维度，结合新时代内涵，设计吻合大学生群体的法律意识测量题项，通过信效度检验，实验得出可用于测量新时代大学生法律意识的工具量表；其次，通过问卷调查得出大学生法律意识中"法律认知、法律意志、法律评价、法律信仰"四个维度存在的不足，以针对性指导新时代大学生法治教育改革的教学内容和培养模式等。《大学生法律意识调查问卷》的编制及应用将在第五章详细阐述，因此，本章对该问卷的设计只做简要描述。

第二节 《大学生法治教育调查问卷》基本情况分析

本次问卷调查以本书主题为基础，结合调查开展难度、成本以及样本容量、代表性等因素，笔者采用分层不等比聚类抽样的方法在西南地区某高校全校范围内展开。问卷回收完成后，笔者对样本数据进行整理，并借助软件 SPSS 22.0 进行样本分析。调查样本的基本分布情况如下：

此次问卷调查共发放问卷 700 份，回收问卷 652 份，回收率为 93.14%；经过初步检验和筛选，54 份问卷由于答案单一或答卷不完整而成为无效问卷，有效问卷则有 598 份，有效回收率为 91.72%。在总样本（N = 598）中，大一年级学生占比12.04%（N = 72），大二学生占比 27.09%（N = 162），大三学生占总样本的 25.59%（N = 153），大四学生占 13.88%（N = 83），硕士和博士研究生共占比 21.40%（N = 128）；男生占总样本的42.81%（N = 256），女生占 57.19%（N = 342），这与该高校男女学生比例基本一致；18 岁以下的学生占比 5.35%（N = 32），18 岁至 22 岁的学生占比 48.83%（N = 292），22 岁至 25 岁的学生占比 38.46%（N = 230），25 岁以上的学生占比 7.36%（N = 44）；来自农村的学生占比 40.13%（N = 240），来自城镇的学生占比 59.87%（N = 358）；文史哲类学生占比 41.64%（N = 249），理工农医类学生占比 39.13%（N = 234），艺体类学生占比 19.23%（N = 115）；开设且上过相关课程的学生占比 46.32%（N = 277），没有开设相关课程的学生占比 44.99%（N = 269），开设但没有上过相关课程的学生占比 2.34%（N = 14），开设但很少上相关课程的学生占比 6.35%（N = 38）；没有开设（0 课时）的学生占比 45.15%（N = 270），课时数为 5 课时至 10 课时的学生占比 13.55%（N=81），课时数为 10 课时至 15 课时的学生占比 9.36%（N=56），课时数为 15 课时以上的学生占比 31.94%（N=191）；考核方式为试卷考试的学生占比 44.82%（N=268），考试方式为论文（课题）设计的学生占比 6.35%（N=38），考核方式为口试的学生占比 2.68%（N=16），考核方式为平时表现的学生占比 5.85%（N=35），没有开设相关课程的学生占比 40.30%（N=241）。调查样本的详细情况见表 4-2：

表 4-2 调查样本基本情况分布表

人口统计变量	样本分类	频数（人）	百分比（%）
年级	大一	72	12.04
	大二	162	27.09
	大三	153	25.59
	大四	83	13.88
	硕（博）士研究生	128	21.40
性别	男	256	42.81
	女	342	57.19
年龄	18 岁以下	32	5.35
	18 岁至 22 岁	292	48.83
	22 岁至 25 岁	230	38.46
	25 岁以上	44	7.36
生源地	农村	240	40.13
	城镇	358	59.87
学科类别	文史哲类	249	41.64
	理工农医类	234	39.13
	艺体类	115	19.23

续表

人口统计变量	样本分类	频数（人）	百分比（%）
是否开设课程	有开且上课	277	46.32
	没有开设	269	44.99
	开了但没上	14	2.34
	开了但很少上	38	6.35
课时数	没有开设（0课时）	270	45.15
	5课时至10课时	81	13.55
	10课时至15课时	56	9.36
	15课时以上	191	31.94
考核方式	试卷考试	268	44.82
	论文（课题）设计	38	6.35
	口试	16	2.68
	平时表现	35	5.85
	没有开设	241	40.30

第三节 《大学生法治教育调查问卷》结果分析

通过对大学生法治教育问卷调查的数据分析发现，我国大学生虽然接受了一定的法治教育，但由于高校的法治教育实施方案存在不足之处，导致大学生的法治教育效果不尽如人意。从总体来看，我国大学生法治教育现状存在的问题主要体现在大学生法治教育目标、课程建设和教学方式等方面。只有深入分析大学生法治教育存在的问题及原因，才能帮助高校在法治教育的过程中对症下药。

一、大学生法治教育目标定位不统一

(一) 高年级大学生法治教育目标的弱化

将"年级"和"大学生法治教育目标"作为两个变量进行莱文方差齐性检验,分析显示方差齐性检验结果为1.509,显著性概率 Sig. 值(即 p 值)为0.198,即 p>0.05,这表明各年级组的方差在0.05的显著性水平上差异不显著,即各组方差为齐性。从表4-3方差分析表中可以看出,各年级组与法治教育目标的方差检验 F 值为28.868, Sig. 值为0.000,即 p<0.001,这说明各年级组均值在0.001显著性水平上差异显著,即"不同年级大学生在法治教育目标方面存在显著差异"。因为方差具有齐性,因此本书采用 LSD 法进行各组均值的多重比较。

表4-3 方差分析表

ANOVA					
法治教育目标					
	Sum of Squares	df	Mean Square	F	Sig.
Between Groups	3337.915	4	834.479	28.868	0.000
Within Groups	17 141.652	593	28.907		
Total	20 479.567	597			

法治教育目标随年级增长而逐渐降低。从表4-4均值多重比较表可知,大一学生与其他年级学生均在0.05显著性水平上差异显著。大二学生与大三和研究生学生存在显著差异,大三学生与大四学生在法治教育目标方面不存在差异,与其他年级均存在明显的差异,而大四学生仅与大一学生存在显著差异,与其他年级均无差异。

表 4-4 均值多重比较表

Multiple Comparisons						
Dependent Variable：法治教育目标						
(I) 年级	(J) 年级	Mean Difference (I-J)	Std. Error	Sig.	95% Confidence Interval	
					Lower Bound	Upper Bound
LSD	1	2	1.181	0.762	0.122	-0.32	2.68
		3	4.895 *	0.725	0.000	3.47	6.32
		4	6.403 *	3.168	0.044	0.18	12.62
		5	6.455 *	0.792	0.000	4.90	8.01
	2	1	-1.181	0.762	0.122	-2.68	0.32
		3	3.714 *	0.550	0.000	2.63	4.79
		4	5.222	3.133	0.096	-0.93	11.37
		5	5.274 *	0.636	0.000	4.03	6.52
	3	1	-4.895 *	0.725	0.000	-6.32	-3.47
		2	-3.714 *	0.550	0.000	-4.79	-2.63
		4	1.508	3.124	0.630	-4.63	7.64
		5	1.560 *	0.592	0.009	0.40	2.72
	4	1	-6.403 *	3.168	0.044	-12.62	-0.18
		2	-5.222	3.133	0.096	-11.37	0.93
		3	-1.508	3.124	0.630	-7.64	4.63
		5	0.052	3.140	0.987	-6.12	6.22
	5	1	-6.455 *	0.792	0.000	-8.01	-4.90
		2	-5.274 *	0.636	0.000	-6.52	-4.03
		3	-1.560 *	0.592	0.009	-2.72	-0.40
		4	-0.052	3.140	0.987	-6.22	6.12
* The mean difference is significant at the 0.05 level.						

由上可见，年级是影响大学生法治教育目标定位的重要因

素。从平均差数值可以看出,大一学生的法治教育程度最高,而年级越高,法治教育目标值越低。从不同年级组的均值比较可以看出,大一新生刚接触法律基础知识,在学习积极性和自觉性方面要强于高年级学生,且大一所学内容主要是基础理论知识,学习目标相对更加明确;高年级学生在学习意志力和投入度方面均会低于大一新生。因此,法治教育目标的分值从低年级到高年级呈下降趋势。

(二)理工农医学类大学生科法治教育目标的模糊

理工农医学类大学生法治教育目标水平相对较低。对学科类别和大学生法治教育目标两个变量进行莱文方差齐性检验的结果为 1.653,显著性概率 Sig. 值为 0.192,即 $p > 0.05$,这表明不同学科类别组的方差在 0.05 显著性水平上差异不显著,即各组方差为齐性。从变量的方差分析表(表 4-5)可知,方差检验的 F 值为 25.194, Sig. 值为 0.000,说明不同的学科类别差异显著,也即"不同学科的大学生在法治教育目标方面存在显著差异"。

表 4-5　方差分析表

ANOVA					
法治教育目标					
	Sum of Squares	df	Mean Square	F	Sig.
Between Groups	1598.925	2	799.462	25.194	0.000
Within Groups	18 880.642	595	31.732		
Total	20 479.567	597			

采用 LSD 法进行均值多重比较,从表 4-6 可以看出,各个学科类别之间均在 0.05 显著性水平上差异显著,并且艺体类法治教育目标值最高,理工农医学类值最小。

表 4-6 均值多重比较表

	(I) 学科 类别	(J) 学科 类别	Mean Difference (I-J)	Std. Error	Sig.	结果
LSD	1	2	1.430 *	0.512	0.005	2<1 2<3 1<3
		3	-3.133 *	0.637	0.000	
	2	1	-1.430 *	0.512	0.005	
		3	-4.563 *	0.643	0.000	
	3	1	3.133 *	0.637	0.000	
		2	4.563 *	0.643	0.000	
* The mean difference is significant at the 0.05 level.						

  不同的学科门类在法律基础课程开设上会存在明显的不同。艺体类学生在文化课的课时量上相对要少，而社会实践参与性更高，体育艺术类比赛都有严格的制度规范和规则要求，因此，艺体类学科会更加重视对学生法律意识的培养，课程开设和教师队伍更加健全。理工农医类学科日常教学重视实验教学，实验数据是其认识事物的基础。"思想道德修养与法律基础"这门目前法治教育的主要课程不同于理工科常见的课程，加上此门课程的教学质量不一，许多理工科学生只为学分而学。理工科学科的特殊性，导致学生很少接触人文类知识，尤其是法律知识。这也导致了理工农医学类大学生的法治教育目标的模糊。

二、大学生法治教育课程建设水平不高

  法治教育目标的研究对象主要是大学生群体，而法治教育课程和法治教育方式则是针对高校教师或课堂等中介变量。因此，本书将分析在年级、学科类别、法律基础课程课时数和考

核方式等因素变量改变的情况下，大学生法治教育课程和法治教育方式有何差异性。

（一）高年级大学生法治教育课程的简化

法治教育课程实效性不强。通过对年级和大学生法治教育课程两个变量进行方差齐性检验，结果为 2.327，显著性概率 Sig. 值为 0.055，即 $p>0.05$，这表明不同年级组的方差为齐性。从表 4-7 的方差分析结果可以看出，年级组与大学生法治教育课程的方差分析 F 值为 38.869，Sig. 值为 0.000，即 $p<0.05$，说明不同年级组大学生的方差在 0.05 的显著性水平上差异显著。

表 4-7 方差分析表

ANOVA					
法治教育课程					
	Sum of Squares	df	Mean Square	F	Sig.
Between Groups	9418.146	4	2354.536	38.869	0.000
Within Groups	35 921.762	593	60.576		
Total	45 339.908	597			

通过均值多重比较表（表 4-8）可知，大一与其他各个年级组在法治教育课程方面均存在显著差异，大二年级、大三年级除了与大四年级组不存在差异外，跟其他年级均存在显著差异，而大四年级组除了跟大一年级存在显著差异，与其他各年级均不存在显著差异。

表 4-8　均值多重比较表

	(I)年级	(J)年级	Mean Difference (I-J)	Std. Error	Sig.	结果
LSD	1	2	3.431 *	1.102	0.002	1>2 2>3 3>4 4>5
		3	8.687 *	1.049	0.000	
		4	10.097 *	4.586	0.028	
		5	11.951 *	1.147	0.000	
	2	1	−3.431 *	1.102	0.002	
		3	5.256 *	0.796	0.000	
		4	6.667	4.535	0.142	
		5	8.521 *	0.920	0.000	
	3	1	−8.687 *	1.049	0.000	
		2	−5.256 *	0.796	0.000	
		4	1.411	4.522	0.755	
		5	3.265 *	0.856	0.000	
	4	1	−10.097 *	4.586	0.028	
		2	−6.667	4.535	0.142	
		3	−1.411	4.522	0.755	
		5	1.854	4.546	0.684	

* The mean difference is significant at the 0.05 level.

　　法治教育是一个持续性和差异性的过程，大学教育阶段应时刻关注学生法治教育的成长和发展。就当前高校法律课程的实施情况来看，法律课程培养计划集中安排在大一和大二阶段，之后的学段不再或极少开设相关课程。这一问题反映了高校缺乏对法律知识的系统性认识、法治教育的教学体制不健全、专业师资匮乏等。

（二）理工农医学类大学生法治教育课程的艰难存活

理工农医学类大学生法治教育课程建设相对不足。对学科类别和大学生法治教育课程进行方差齐性检验的结果是 0.428，显著性概率 Sig. 值为 0.652，说明不同学科类别的方差在 0.05 的显著性水平上差异不显著，即各组方差为齐性。通过方差分析表（表 4-9）可知，F 值为 36.076，Sig. 值为 0.000，这表明不同学科类别的学生在法治教育课程方面存在显著差异。

表 4-9　方差分析表

ANOVA					
法治教育课程					
	Sum of Squares	df	Mean Square	F	Sig.
Between Groups	4903.444	2	2451.722	36.076	0.000
Within Groups	40 436.464	595	67.960		
Total	45 339.908	597			

从表 4-10 均值多重比较表中不难看出，不同学科类别之间均在 0.05 显著性水平上存在显著差异，且艺体类最高，理工农医类最低。

表 4-10　均值多重比较表

	(I)学科类别	(J)学科类别	Mean Difference (I-J)	Std. Error	Sig.	结果
LSD	1	2	1.704 *	0.750	0.023	
		3	-6.197 *	0.932	0.000	

(I) 学科 类别	(J) 学科 类别	Mean Difference (I-J)	Std. Error	Sig.	结果
2	1	-1.704 *	0.750	0.023	
	3	-7.901 *	0.941	0.000	2<1
3	1	6.197 *	0.932	0.000	2<3
	2	7.901 *	0.941	0.000	1<3
	2	7.901 *	0.953	0.000	

*The mean difference is significant at the 0.05 level.

前文谈到艺体类学科由于其学科特殊性，相较其他专业更加重视法治教育，因此在法治教育课程设置方面毋庸置疑位于前列。而理工农医类专业社会参与性较低，对法律的重视程度明显要低，这就导致不同学科门类之间在法治教育课程方面的显著差异。

（三）法治教育课程课时数设置有待改进

法治教育课程安排过于集中。通过方差分析表（表4-11）可以看出，F值为44.531，Sig.值为0.000，说明不同课时组均值在0.001显著性水平上差异显著，即"不同课时数的大学生在法治教育课程方面存在显著差异"。通过方差齐性检验的结果是3.080，Sig.值为0.027（p<0.05），则表明方差为非齐性，可以采用Tamhane的方法进行均值多重比较（如表4-11）。

表4-11　方差分析表

ANOVA					
法治教育课程					
	Sum of Squares	df	Mean Square	F	Sig.
Between Groups	8324.767	3	2774.922	44.531	0.000

	Sum of Squares	df	Mean Square	F	Sig.
Within Groups	37 015.141	594	62.315		
Total	45 339.908	597			

从表4-12可以看出，没有开设法律基础课程的法治教育课程与其他开设不同课时数组均存在显著差异，而其他开设法律基础课程的组之间没有显著差异，且从平均数值可知，开设10课时至15个课时的值最高。

表4-12　均值多重比较表

	(I)课时数	(J)课时数	Mean Difference (I-J)	Std. Error	Sig.	结果
Tamhane	1	2	-6.860 *	1.062	0.000	2>1 3>2 3>4
		3	-8.238 *	1.214	0.000	
		4	-7.502 *	0.743	0.000	
	2	1	6.860 *	1.062	0.000	
		3	-1.377	1.489	0.929	
		4	-0.641	1.139	0.994	
	3	1	8.238 *	1.214	0.000	
		2	1.377	1.489	0.929	
		4	0.736	1.282	0.993	
	4	1	7.502 *	0.743	0.000	
		2	0.641	1.139	0.994	
		3	-0.736	1.282	0.993	

* The mean difference is significant at the 0.05 level.

　　法律基础课程开设的重要性和必要性在这里不作过多赘述。从数据分析可知，课时数的多少对法律课程质量有一定的影响。虽然学生在不同的教育阶段都要接受相对应的法律知识，但物极必反，学校须根据每个阶段学生的接受能力和需要设置课时数，而过于集中的课程安排是不利于学生法治素养的提升的。

三、大学生法治教育方式的差异较大

（一）高年级大学生法治教育方式亟待创新

　　通过对变量"年级"和"法治教育方式"进行方差齐性检验，结果为 2.198，显著性概率 Sig. 值为 0.068（p>0.05），这表明不同年级组的方差在 0.05 显著性水平上差异不显著，即各年级组方差为齐性。在表 4-13 的方差分析表中，F 值为 32.068，Sig. 值为 0.000（p<0.05），说明不同年级组的大学生在法治教育方式方面存在显著差异。

表4-13　方差分析表

ANOVA				
法治教育方式				
	Sum of Squares	df	Mean Square	F	Sig.
Between Groups	9381.173	4	2345.293	32.068	0.000
Within Groups	43 369.081	593	73.135		
Total	52 750.254	597			

　　年级越高，法治教育方式越单一。从均值多重比较表（表4-14）中可以看出，大一年级与其他各个年级在法治教育方式上均存在显著差异，而大二、大三和研究生组之间同样差异显著，但均与大四年级组不存在显著差异，且年级越高，法治教育方式的值越低。

表4-14 均值多重比较表

	(I) 年级	(J) 年级	Mean Difference (I-J)	Std. Error	Sig.	结果
LSD	1	2	3.690 *	1.211	0.002	1>2 2>3 3>4 4>5
		3	8.657 *	1.153	0.000	
		4	11.431 *	5.039	0.024	
		5	12.139 *	1.260	0.000	
	2	1	-3.690 *	1.211	0.002	
		3	4.967 *	0.875	0.000	
		4	7.741	4.983	0.121	
		5	8.449 *	1.011	0.000	
	3	1	-8.657 *	1.153	0.000	
		2	-4.967 *	0.875	0.000	
		4	2.774	4.969	0.577	
		5	3.482 *	0.941	0.000	
	4	1	-11.431 *	5.039	0.024	
		2	-7.741	4.983	0.121	
		3	-2.774	4.969	0.577	
		5	0.708	4.995	0.887	

* The mean difference is significant at the 0.05 level.

前文提到,我国高校的法律基础课程开设比较集中。大一阶段,法治教育方式呈现多样化,教师除了对学生进行课堂教学,还会开展法治宣讲、法律咨询等活动,会带领学生前往法院、看所守等场所进行社会实践。但到了高年级,不仅不会在课程方式上创新多样,甚至连基本的法律课程都很少开设。这是我国高校对法治教育认识不到位、重视程度不够的重要表现。

(二)非艺体类学科的法治教育方式需多元化

文史哲类大学生法治教育方式相对有限。从表4-15方差分析表中可以看出，F值为37.303，Sig.值为0.000（p<0.05），这就表明不同学科类别的大学生在法治教育方式上差异显著。通过对两个变量进行方差齐性检验得到结果是1.390，Sig.值为0.250（p>0.05），即各学科类别组的方差为齐性。

表4-15 方差分析表

ANOVA					
法治教育方式					
	Sum of Squares	df	Mean Square	F	Sig.
Between Groups	5877.374	2	2938.687	37.303	0.000
Within Groups	46 872.880	595	78.778		
Total	52 750.254	597			

采用LSD法进行均值多重比较（表4-16）。通过比较发现，文史哲类学科组与理工农医类学科组之间不存在显著差异，而两组均与艺体类学科组之间差异显著。

表4-16 均值多重比较表

	(I) 学科 类别	(J) 学科 类别	Mean Difference (I-J)	Std. Error	Sig.	结果
LSD	1	2	1.268	0.807	0.117	1>2 3>1
		3	−7.232 *	1.004	0.000	

续表

(I) 学科 类别	(J) 学科 类别	Mean Difference (I-J)	Std. Error	Sig.	结果
LSD	2	1	-1.268	0.807	0.117	
		3	-8.500 *	1.013	0.000	
	3	1	7.232 *	1.004	0.000	
		2	8.500 *	1.013	0.000	
		2	8.500 *	1.068	0.000	

* The mean difference is significant at the 0.05 level.

艺体类学科对法治教育的重视程度远远高于其他学科，教学方式也更加多元。相对健全的师资队伍在活动组织和法律咨询方面有明显的优势。因此，艺体类学科的教师会引导学生通过多种渠道来学习和掌握法律知识。而文史哲类和理工农医类学科在教学方式上则坚守传统的课堂教学，单一的教学方式对培养学生法律素养的作用十分有限。教学方式的多元化有利于增强法治教育的实效性和深刻性，不同学科的教师都应认识到法治教育对学生发展的特殊作用。

四、大学生法治教育的考核方式单一

从方差分析表（表4-17）中可以看出，F值为31.946，Sig.值为0.000（$p<0.05$），这就表明不同考核方式的大学生在法治教育方式上差异显著。通过对两个变量进行方差齐性检验得到结果是1.750，Sig.值为0.137（$p>0.05$），说明各考核方式组的方差为齐性，可以采用LSD法进行均值多重比较。从分析结果来看，除了没有考核方式的法治教育方式与其他不同考核方式的组之间存在显著差异，不同考核方式的组之间并无差异。

表4-17 方差分析表

ANOVA					
法治教育方式					
	Sum of Squares	df	Mean Square	F	Sig.
Between Groups	9351.924	4	2337.981	31.946	0.000
Within Groups	43 398.330	593	73.184		
Total	52 750.254	597			

课程考核方式受学校培养方案要求、教师对课程的理解、课程本身的特性等多种因素的综合影响，同时，课程考核方式也反映了高校法律基础课程的整体水平。规范、客观的课程考核标准能够准确反映教师教学的质量和学生学习的质量。合理的课程考核机制应该是立足于高校的实际情况，结合法律课程内容、教学方式等制订并不断完善的。

通过对《大学生法治教育调查问卷》的数据分析，笔者得出以下结论：当前高校的法治教育偏重课程和方式，缺乏对法治教育目标的重视。大学生的年级、性别、年龄段、学科类别和课程课时数在法治教育目标方面差异显著，而不同生源地的学生在目标方面差异不明显。不同年级、学科类别、课时数和考核方式在法治教育课程方面具有显著差异。大学生的年级、学科类别、课时数和考核方式在法治教育方式方面同样具有显著影响，即不同年级、学科、课时数和考核方式的学生在法治教育方式方面具有显著差异。

笔者认为从当前高校法治教育实施情况来看，法治教育课程在设置时没有合理的定位，到底是"学生本位"还是"教师本位"，是"理论本位"还是"实践本位"，缺乏"自上而下"的目标指向。当前各高校的法治教师课程流于形式，考核机制仍固守传统的考试或论文形式，课程没有明确的目标，学生在学习时自然就缺少了目的性，到底为什么学？怎么去学？学生是完全不了解的，与其说学生懂"法"，不如更现实地说，学生只是了解最基本的法的概念。此外，很多高校的法治教育课程在开设时还是以书本理论为主，少有让学生走出课堂，在实际的社会法律情境中培养学法、懂法、守法的意识。传统的考核形式无法真正深入考查学生对法律知识的理解和认知程度，无法保证学生将所学法律知识内化于心，自然也无法外化于行。

附录　《大学生法治教育调查问卷》

亲爱的同学，您好！非常感谢您接受我们的调查。请阅读下面问卷的题目，并根据您的实际情况作答，1-5表示您的赞同程度，1-完全不同意，2-比较不同意，3-不确定，4-比较同意，5-完全同意。答案没有对错之分，请在最符合您的情况的数字对应的表格里画"√"。您的回答仅做科学研究，我们会对您的信息进行严格保密，请您放心填写！非常感谢您的配合！

特别说明：本问卷力求最客观搜集大家对题目第一直觉的答案，不需要过多思考，且不需要对结果有任何顾虑，请尽量做到客观遵从内心的选择。

基本信息

1. 您所在年级（　）

A. 大一　　B. 大二　　C. 大三　　D. 大四

E. 硕（博）士研究生

2. 您的性别（　）

A. 男　　　B. 女

3. 您的年龄（　　）

A. 18 岁以下 　　　　　　　B. 18—22 岁

C. 22—25 岁 　　　　　　　D. 25 岁以上

4. 您的生源地（　　）

A. 农村 　　　B. 城市

5. 您的专业属于以下哪个学科大类？

A. 文史哲类 　　　　　　　B. 理工农医类

C. 艺体类

6. 您所在专业的法律基础教育课程：

A. 有开设且有上 　　　　　B. 根本就没开

C. 开了，但不上 　　　　　D. 开了，偶尔上

7. 您所在的专业开设法律基础教育课程的课时数是多少？

A. 没有开设 　　　　　　　B. 5—10 个课时

C. 10—15 个课时 　　　　　D. 15 个课时以上

8. 您所在专业开设的法律基础课程通过什么方式考核？

A. 闭卷考试 　　　　　　　B. 论文（课题）设计

C. 口试 　　　　　　　　　D. 开卷考试

请在最符合您情况的选项内划"√"

题　项	完全不同意	比较不同意	不确定	比较同意	完全同意
1. 我们学校有专门制定大学生法治教育的规划、目标与实施方案。					
2. 我们学校成立了专门的"法治教育中心"，面向全校非法学专业学生开展法治教育工作。					

续表

题 项	完全不同意	比较不同意	不确定	比较同意	完全同意
3. 我们学校各专业的培养方案对法治教育有独立的"课程模块"和学分要求。					
4. 我们学校非常重视法治教育，每个学期都会开设法治教育课程。					
5. 我们学校有法律教育方向的专职教师从事法治教育。					
6. 我们学校有专门开设法治教育校本课程，并单独开发教材。					
7. 我们学校开设的通识选修课中有丰富的法治教育课程。					
8. 我们学校的法治教育内容和以前的"法律基础"课相比，有很多新的内容，特别是与"新时代"有关。					
9. 我们学校的法治教育工作针对大学所有阶段都有相应的教学。					
10. 我们平常上专业课时，专业课教师会渗透与法治教育相关的案例内容。					
11. 我们学校邀请了司法、消防、公安、医护、环卫等法律相关部门行政人员兼职担任法治教育教师。					
12. 我们学校经常组织学生到法院、看守所、社区等参加法治教育社会实践活动。					

题 项	完全 不同意	比较 不同意	不确定	比较 同意	完全 同意
13. 我们学校的法治教育理论课程教学方式丰富、教学效果非常好。					
14. 我们学校经常举办法律知识讲座、法律咨询、法治宣传等普法活动。					
15. 我们学校经常组织以法治教育为主题的社团活动。					
16. 我们学校的辅导员或行政管理人员积极承担法治教育的部分职责。					
17. 我们学校所属地的法律相关部门等社会资源能够积极参与到大学生的法治教育中。					
18. 我非常清楚大学阶段接受法治教育的教育目标与教育内容。					
19. 在我看来，大学阶段所接受的法治教育内容丰富，且具有较高专业性。					
20. 我通过在线学习方式进行过法治教育的自主学习。					
21. 在体验式、模拟法庭、知识竞赛、案例教学、法治夏令营、法治进校园、审判进校园、仲裁进校园等丰富多样的法治教育形式中，我参与过3种及以上。					
22. 我通过大学阶段的法治教育熟悉并掌握了《宪法》或其他部门法的内容。					

续表

题 项	完全不同意	比较不同意	不确定	比较同意	完全同意
23. 在我看来，大学阶段所接受的法治教育能够完全适应个人专业、职业发展与社会的需要。					
24. 我认为学校应成立一个专门负责法治教育的机构。					
25. 我认为选修法学二专是接受法治教育的一种有效方式。					
26. 我认为旁听法学专业所开设的课程进行自主学习是一种接受法治教育的有效途径。					

第五章
CHAPTER 05
大学生法治意识实证分析

第一节 问卷设计与编制

法律意识作为一种特殊的社会意识，其定义在不同视角下不尽相同。早期出版的《中国大百科全书（法学）》对法律意识的解释是："法律意识是人们对于法（特别是现行法）和有关法律现象的观点和态度的总称。"[1]法理学家沈宗灵在 1994 年主编的《法理学》中指出："法律意识，泛指人们关于法的思想、观点、知识和心理的总称，其含义相当于我国日常生活中所称的'法治观念'，但主要的是指反映对现行法的态度的思想、观点、知识和心理。"这一界定考虑了人作为法律意识主体的心理过程，但并没有对法律这一感知客体进行界定。郑成良认为法律意识包含了个体对法律形式和法律内容两个方面的认知、态度和评价等。[2]在此基础上，刘旺洪从纵向和横向两个

---

〔1〕 中国大百科全书总编辑委员会《法学》编辑委员会、中国大百科全书出版社编辑部编：《中国大百科全书（法学）》，中国大百科全书出版社 1984 年版。

〔2〕 郑成良："论法治理念与法律思维"，载《吉林大学社会科学学报》2000年第 4 期。

方面探索了法律意识的构成，他认为法律意识的横向结构包括法律知识、法律理想、法律情感、法律意志、法律评价和法律信仰六个维度，而纵向结构包括法律心理、法律观念和法律思想体系。[1]由此可见，法律意识可以看作是多个心理要素关联的认知结构。例如，个体对法律的认知可以影响其对法律事件的态度以及触法行为的决策。个体对法律的态度也会影响其在接受法律信息时的加工方式。目前对法律意识的度量存在两种方式：一是基于问卷和量表的测量；二是自然观察法。尽管问卷测量存在诸多不足，但其简洁方便，且能够在一定程度上客观反映群体法律意识水平，使其成为该研究领域惯用的方法。早期的法律意识测量主要集中于个体对法律的认知和态度。[2]随着研究深入，研究者认为法律意识作为复杂的结构，对其概念范畴的限制或对测量人群的限定会更有利于对法律意识的探究。[3]此外，由于国家政策和文化背景的差异，对于法律意识的测量并没有统一标准和工具。因此，根据本国国情以及关注群体的特征编制相应测量工具是必要的。

　　近年来，国内关于法律意识的问卷研究主要集中在对公民法律意识（作为公民素养的构成部分）以及农民工法律意识的现状调查。随着青少年犯罪案例的逐年增多，研究者意识到，中小学生和大学生法律意识的缺失会影响并制约年轻一代成长。随着法治教育的推进，在校大学生法律意识的现状如何，现行法治教育能够在多大程度上提高大学生法律意识，成为教育部

---

〔1〕　刘旺洪："法律意识之结构分析"，载《江苏社会科学》2001年第6期。

〔2〕　Engel, D., "How does law matter in the constitution of legal consciousness", *Issues in Law and Society*, 1998, pp. 109~144.

〔3〕　Miyazawa, S., "aking Kawashima seriously: A review of Japanese research on Japanese legal consciousness and disputing behavio", *Law and Society Review*, 1987, pp. 219~241.

门愈加关注的问题。目前国内缺乏专门针对大学生群体设计的法律意识问卷。已有关于公民或是农民工群体的法律意识调查更多倾向于对法律的认识，而没有包含对法律的情感和信念等，并缺乏时代性。例如，新时代全面推进法治中国建设的全新历史节点要求大学生法律意识应具有更高的目标追求与时代标准。此外，近年来法学界对法律意识分别作了结构学、心理学和与法的关系学等多方位的研究。研究者认为法律意识蕴含了较为丰富的内涵，一是人们对法的认知领域，即对法律知识的掌握、了解，对法律认识形成的思想、观点；二是人们对法的心理基础和主观价值认同，[1]即"人们对法律现象内在领悟及领悟到的感觉、知觉、观念、态度和情感等心理观念因素"；[2]三是人们对法的行为评价，即人们在实践活动中对相关法律行为的判断和价值评论等。基于此，本书依据最新的法律意识界定，编制专门针对大学生群体进行评测的法律意识问卷，为国家法治建设和法治教育提供可量化的依据。该量表编制将通过测量构想和编制、初测和修订以及复测和信效度检验三个步骤完成。

一、量表编制

大学生法律意识量表编制过程有机结合逻辑法、因素分析法和经验法三种传统方法，综合使用，取长补短共同编制形成初始量表。具体过程如下：首先是确定大学生法律意识量表编制的基本维度。依据经典文献构建初始理论模型，并结合实践验证来对维度框架进行修正并最终确定。本书采用刘旺洪在其相关论著中对法律意识的结构分析，界定法律意识横向结构包

---

〔1〕　杨燕："依法治国方略背景下法律意识的功能论析"，载《学校党建与思想教育》2017年第9期。

〔2〕　张文显：《法哲学范畴研究》（修订版），中国政法大学出版社2001年版。

括法律知识、法律理想、法律情感、法律意志、法律评价和法律信仰六个维度，[1]将这六个维度作为大学生法律意识量表的初始维度。在此基础上采用开放式问卷及访谈法等方法，从30余名行业专家、行政管理人员、高校教师以及大学生中获取大学生法律意识的要素信息，以理论分析的方式探索、修正并优化大学生法律意识的理论模型。据此，将法律知识优化为概念内涵更为丰富的法律认知，将法律理想作为法律信仰的子维度，从而将理论模型从原有的六个维度优化成五个维度，即法律认知、法律情感、法律意志、法律评价和法律信仰，形成大学生法律意识量表的理论模型。

本书是在该模型的基础上进行问卷编制。题项设计以自编方式和借鉴成熟量表相结合。法律意识量表题项设计与新时代我国法治建设的总体方针和实践路径密切相关，因此具有一定特殊性。表述方式充分契合新时代法治中国建设的时代内涵和精神要义，充分考虑新时代时间节点以及大学生这一特殊群体，尽量体现时代性和针对性。根据访谈信息，形成包含75个题项的问卷，采用 Likert 5 点积分法，1-5 代表"非常不同意"到"非常同意"，所有项目以第一人称进行描述。问卷初测采用两种方式，一是采用统一指导语进行团体测量；二是通过调查派平台编制问卷，进行网络在线测评。为避免被试的倾向性作答和定式反应，初编制问卷包含正负向题目，测试中各维度题目交叉混合排列。采用 SPSS 20.0 和 MPLUS 7 进行探索因子分析、验证性因子分析等统计分析。

二、维度讨论

本书在构建大学生法律意识问卷的基本结构和维度时，将

---

[1] 刘旺洪："法律意识论"，中国人民大学 2000 年博士学位论文。

新时代法治本土化与特色化对青年大学生法律意识的现实需求作为研究基础来展开设计。研究发现大学生法律意识基本结构包括法律认知、法律意志、法律评价和法律信仰四个方面，具体地说，法律认知包括"法律知识""法律思维"和"法律观念"，这里强调法律认知不仅仅是对静态法律文本的了解，还包括能够灵活运用法律知识的动态思维能力；法律意志包括"遵纪守法""维护法律权威"和"捍卫法律尊严"，这3个二级维度主要用来测量大学生是否对法律具有坚定的意志，形成维护法律的生命自觉，将主动践行法律作为解决问题和处理矛盾的主要手段；法律评价包括三个方面，即"对法律形式的评价""对法律事实的评价"和"对法律价值的评价"，用于测量大学生法律意识中的理性成分和判断能力；最后一个结构是"法律信仰"，包括"对法律的认同""对法律的理性认识"和"对法律的理想追求"。法律意识结构中4个一级维度和12个二级维度从横向上基本构成了测评大学生法律意识的完善体系，从纵向上体现了法律意识强弱的递进程度。问卷的结构设计以法律认知为基础，并具有对现行法律的理性思考与判断，对法律的信念和维护，还包括对国家全面推进法治现代化进程的信仰和追求。问卷结构设计契合新时代法治精髓，符合对大学生法律意识的时代要求（如表5-1）。

表5-1 法律意识工具量表—二级维度说明

一级维度	二级维度
	法律知识
法律认知	法律思维
	法律观念

续表

一级维度	二级维度
法律意志	遵纪守法
	维护法律权威
	捍卫法律尊严
法律情感	对法律形式的评价
	对法律事实的评价
	对法律价值的评价
法律信仰	对法律的认同
	对法律的理性认识
	对法律的理想追求

对比现有国内大学生法律意识问卷[1]发现，大学生法律意识各维度得分与公民素质的多个维度得分和总分高度相关，表明法律意识可能是公民素质的重要组成部分。从另一个角度来看，个体法律意识形成与其生活所在社会道德文化和法律文化环境紧密联系，同时也受到法治教育和宣传的影响。公民素质是个体优良行为的综合体现，个体法律意识在一定程度上制约了个体不良行为和态度等[2]。此外，大学生法律意识各维度得分与公民素质的多个维度得分和总分的相关程度高于法治精神问卷与公民素质得分的相关程度，这可能是由于法治精神更多反映了群体和社会的价值取向，而对个体而言，法治精神的界定在一定程度上不能够精确度量现今公民的法律意识。总之，本问卷的优势主要体现在三个方面：其一，适应性。本书在设

---

[1] 秦华、任大鹏："公民法律意识的量表测量：一个基于调查数据的分析"，载《法学家》2009 年第 5 期。

[2] 刘旺洪："法律意识之结构分析"，载《江苏社会科学》2001 年第 6 期。

计问卷结构和维度中充分体现了中国特色社会主义法治框架下大学生法律意识测量的本土化与特色化。其二，针对性。本书更多关注大学生个体对法律及法律事件的认识、态度、评价，以及法律价值观和对法律的信仰等。这有利于对大学生法律意识的问题现状进行客观且全面的把握，找出其中存在的问题，并分析问题形成的原因，为开展大学法治教育工作提供相关对策参考。其三，时代性。十九大召开后，法治中国建设进入新时代。本书在问卷结构中设计了"对法律价值的评价""对法律的理想追求"等二级维度，体现了大学生法律意识中与新时代法治相呼应的时代内涵，在题项设计中引入"我相信我国能够实现全面依法治国""我相信我国能够成为法治强国"等问题，体现了对新时代大学生法律意识进行测量的价值追求。

三、应用价值

本问卷的应用范围及人群主要包括大学生、高校从事思想政治教育工作的教师及行政管理人员、开展大学生法治教育的教师群体和法学、教育学、心理学等相关学科研究人员等。其主要应用价值包括如下几个方面：其一，为大学生法律意识研究及其与教育学、心理学和法学等相关学科的交叉研究提供实证工具。其二，帮助青年大学生更加客观而准确地认识自身法律意识现状，从而能够主观能动地接受法治教育并提高自身的法治实践能力，[1]积极发挥主体的自主性、能动性和创造性，端正法律态度，在实践中深化法律意识。[2]其三，帮助高校在

---

〔1〕　孟莉："当代大学生法律意识培育微探"，载《学校党建与思想教育》2016年第8期。

〔2〕　鲁宽民、廉伟："全面依法治国视域下大学生法律意识偏失的认识论之思"，载《长安大学学报（社会科学版）》2017年第2期。

实证调研和统计分析的基础上，对现有大学生法治教育从教育目标、课程内容、机制体制等方面进行全面优化，更有针对性地开展大学生法治教育，破解大学生法律意识培养模式不尽合理的现状，[1]积极探索大学生法律意识培养的新途径，从而全面提高教育质量。

第二节 《大学生法治意识调查问卷》基本情况分析

一、调查样本分布情况

本次问卷调查在考虑研究主题、调查开展难度、成本、样本容量和代表性等因素后，决定采用分层不等比聚类抽样的方法在我国西南地区某高校进行。此次问卷调查的对象主要是该高校的非法律专业大学生（含研究生）。笔者对回收问卷进行整理，借助 SPSS 22.0 进行样本分析。调查样本的基本分布情况如下：

此次问卷调查共发放问卷 450 份，回收问卷 402 份，回收率为 89.33%；经过初步检验和筛选，其中 28 份问卷由于答案单一或答卷不完整而成为无效问卷，有效问卷则有 374 份，有效回收率为 93.03%。在总样本（N=374）中，大一年级学生占比29.14%（N=109），大二学生占比 25.13%（N=94），大三学生占总样本的 16.84%（N=63），大四学生占总样本的 17.66%（N=66），硕士和博士研究生共占比 11.23%（N=42）；男生占总样本的 45.99%（N=172），女生占比 54.01%（N=202）；年龄小于等于 18 岁的学生占总样本的 20.85%（N=78），19 岁至21 岁的学生占比 53.21%（N=199），大于等于 22 岁的学生占

---

〔1〕 宋丁博男："刍议如何培养当代大学生的法律意识"，载《学校党建与思想教育》2016 年第 8 期。

比 25.94%（N=97）；生源地为农村的学生占总样本的 41.71%
（N=156），来自城镇的学生占比 58.29%（N=218）；开设课程
且上过课程的学生占总样本的 53.75%（N=201），没有开设课
程的学生占比 27.27%（N=102），开设课程但没有上过课程的
学生占比 3.74%（N=14），开设课程但偶尔上课的学生占比
15.24%（N=57）。调查样本的详细情况见表 5-2：

表 5-2　样本的基本情况描述（N/%）

人口统计变量	样本分类	频数（人）	百分比（%）
年级	大一	109	29.14
	大二	94	25.13
	大三	63	16.84
	大四	66	17.66
	硕（博士）研究生	42	11.23
性别	男	172	45.99
	女	202	54.01
年龄	小于等于 18 岁	78	20.85
	19 岁至 21 岁	199	53.21
	大于等于 22 岁	97	25.94
生源地	农村	156	41.71
	城镇	218	58.29
是否开设课程	开设且有上	201	53.75
	没有开设	102	27.27
	开了，但不上	14	3.74
	开了偶尔上	57	15.24

二、大学生法治意识现状分析

笔者借助 SPSS 22.0 对《大学生法治意识调查问卷》进行数据分析，结果显示：大学生法律意识各维度（法律认知、法律意志、法律评价、法律信仰）之间存在显著相关性；高校法治教育偏重理论知识的灌输；大学生的法律认知、法律意志、法律评价和法律信仰受年级、生源地、性别、年龄等因素影响。

本问卷对因变量进行了简单相关分析的双侧 t 检验。分析结果显示（表 5-3）：大学生法律意识的四个维度之间均存在显著的相关性，且四个维度与大学生整体法律意识之间均在 0.01 水平上显著相关。大学生的法律意识作为整体，法律认知、法律意志、法律评价、法律信仰各部分之间存在内在的一致性，学生在接受法治教育的知识过程中，不断提高对法律的认知水平，在知识提升的同时不断增强自身的法律意识，当外在的知识体系内化为学生的法律素养，有助于学生合理作出法律评价和判断，学生的法律信仰能在潜移默化中逐渐养成。

表 5-3　大学生法律意识的相关性

相关性		法律认知	法律意志	法律评价	法律信仰	大学生法律意识
法律认知	Pearson 相关性	1				
	显著性（双侧）					
	N	374				
法律意志	Pearson 相关性	0.472 **	1			
	显著性（双侧）	0.000				
	N	374	374			

续表

相关性		法律认知	法律意志	法律评价	法律信仰	大学生法律意识
法律评价	Pearson 相关性	0.696＊＊	0.606＊＊	1		
	显著性（双侧）	0.000	0.000			
	N	374	374	374		
法律信仰	Pearson 相关性	0.633＊＊	0.693＊＊	0.736＊＊	1	
	显著性（双侧）	0.000	0.000	0.000		
	N	374	374	374	374	
大学生法律意识	Pearson 相关性	0.861＊＊	0.779＊＊	0.897＊＊	0.865＊＊	1
	显著性（双侧）	0.000	0.000	0.000	0.000	
	N	374	374	374	374	374

＊＊在 0.01 水平（双侧）上显著相关。

　　笔者通过单因素方差分析方法对不同年级大学生进行比较，并事后检验进行两两对照分析。分析结果显示（表 5-4）：各年级大学生在法律意识总分上存在显著差异（F = 4.07，p < 0.005）。事后检验发现大一学生的法律意识均显著高于大二（p<0.05）、大三（p<0.05），其他年级之间无显著差异。

表 5-4　法律意识总分在各个年级上事后检验

		差异	误差	t	Cohen's d	P
大一	大二	5.880	2.072	2.838	0.365	0.022
	大三	7.877	2.727	2.889	0.498	0.019
	研究生	6.010	5.801	1.036	0.384	0.710

续表

		差异	误差	t	Cohen's d	P
大二	大三	1.998	2.760	0.724	0.124	0.878
研究生		0.131	5.817	0.022	0.008	1.000
大三	研究生	-1.867	6.081	-0.307	-0.126	0.989

通过对《大学生法治意识调查问卷》的进一步分析，笔者发现，目前我国大学生法治意识方面存在以下问题。

（一）法律知识储备不足

法律知识的学习是法治教育的基础内容，是培育法治理念和法律信仰的前提，也是衡量一个国家公民法律素质高低的核心依据。高校法治教育的核心任务和首要前提就是要向大学生传授法律知识，让大学生通过系统的学习掌握丰富的法律知识。但从目前大学生法律知识的掌握情况看，效果并不理想。

表5-5　法学专业与非法学专业在法律意识总分和各维度分上的差异比较

	专业	人数	均值	T值	p
法律认知	法学专业	111	45.982	5.165	< 0.001
	非法学专业	180	42.844		
法律意志	法学专业	111	35.072	2.165	0.031
	非法学专业	180	34.017		
法律评价	法学专业	111	34.523	0.335	0.007
	非法学专业	180	34.272		
法律信仰	法学专业	111	25.207	1.860	0.014
	非法学专业	180	24.406		
法律意识总分	法学专业	111	140.784	2.721	0.007

续表

	专业	人数	均值	T 值	p
	非法学专业	180	135.539		

对法学专业和非法学专业大学生法律意识进行差异分析，结果显示（表5-5）：无论在子维度还是总分上，法学专业学生在法律认知方面显著高于非法学专业学生（p<0.001）。

部分大学生对法律知识一知半解，对宪法的基本精神和各类基本法律知之甚少，更谈不上全面系统掌握法律知识。法律知识的学习对大学生的全面成长与未来发展具有重要作用，但受学校课程设置、自身学习功利性等的影响，大学生未能掌握系统而全面的法律知识。

通过对大学生法治意识的均值比较，分析结果显示（表5-6）：当前大学生在法律认知（x=43.3529）方面的成效显著高于法律意志（x=32.1845）、法律评价（x=34.9706）和法律信仰（x=23.7567）。

表5-6 大学生法律意识的均值比较

统计量						
		法律认知	法律意志	法律评价	法律信仰	大学生法律意识
N	有效	374	374	374	374	374
	缺失	0	0	0	0	0
均值		43.3529	32.1845	34.9706	23.7567	134.2647
标准差		6.50498	4.43006	5.39603	3.43100	16.86556
方差		42.315	19.625	29.117	11.772	284.447

通过变量间的标准差和方差比较，可以发现大学生法律认

知明显高于其他三个变量，当前的非法学专业大学生在法律认知方面总体水平较高，但学生之间的水平差距较大。也就是说，学生在法律知识、法律思维和法律观念等方面存在显著差异，而学生在法律意志、法律评价和法律信仰方面虽总体均值偏低，但差距不大，基本处于同等水平。

法律认知明显高于其他变量，究其原因，高校在实施法治教育的过程中，重视法律理论知识，忽视实践操作。高校偏重对大学生法律理论知识的传输，考核机制往往依赖于对理论的掌握和记忆，而忽视了将理论应用于实践，以及学生对法律理论的深化，法律基础课程的开设仍仅仅停留在知识掌握这一表面层次。特别是法律信仰的养成难以一蹴而就，需要高校在长期的教学过程中持续关注学生的法律素养，综合改革课程培养目标、理论体系建构和课程评价机制，在漫长的发展过程中逐渐提升学生的法律信仰。而当前大学考核机制则是高校偏重理论知识的最好体现。当前的课程设置和考核机制从根源上决定了大学生法律教育有待改进，学生仅从理论上对法律基础有一定了解，教师的教学模式迎合评价机制，未能激发学生对法律内容深层次的认知和内化，进而导致当前大学生法律意识淡薄，学科建设缺乏专业性，制度建设缺乏规范性和科学性等问题。

（二）法律认知差异较大

笔者分析了因素变量（年级、性别、年龄、生源地、是否开设法律基础课程）与大学生法律意识各维度之间的关系，结果显示一年级的大学生和来自农村的大学生的法律认知水平偏低。

1. 一年级大学新生的法律认知水平较低

通过对年级和法律认知进行莱文方差齐性检验，结果显示方差齐性检验结果为 1.747，显著性概率 Sig. 值（即 p 值）为 0.139，即 $p>0.05$，这表明各年级组的方差在 0.05 的显著性水平上差异不显著，即各组方差为齐性。各年级组与法律认知的 F 值为 9.445，Sig. 值为 0.000，即 $p<0.001$，这说明各年级组均值在 0.001 显著性水平上差异显著，如表 5-7 所示。

表 5-7 方差分析表

ANOVA					
法律认知					
	Sum of Squares	df	Mean Square	F	Sig.
Between Groups	1465.855	4	366.464	9.445	0.000
Within Groups	14 317.557	369	38.801		
Total	15 783.412	373			

因为方差具有齐性，因此本书采用 LSD 法进行各组均值的多重比较。大一和大二、大一和大三、大二和研究生、大三和研究生、大四和研究生进行比较的 Sig. 值均小于 0.05，说明这几个年级的学生在 0.05 显著性水平上差异显著，如表 5-8 所示。也就是说，大一学生与大二和大三学生、大二和大三学生与研究生在法律认知方面存在显著差异，而其他各年级组之间不存在差异。

大学一年级的学生，在初高中阶段接受的法律知识教育较少，而大学阶段的法治教育则尚未开始，因此一年级的大学新生与其他高年级组之间在法律认知方面存在显著的差异。而研究生由于具备更多的社会阅历和更高的判断能力，对法律基础知识的理解和掌握更加深入，在法律认知方面明显要优于其他年级组。

表 5-8　均值多重比较表

Multiple Comparisons						
Dependent Variable：法律认知						
	(I)年级	(J)年级	Mean Difference (I-J)	Std. Error	Sig.	95% Confidence Interval	
						Lower Bound	Upper Bound
LSD	1	2	3.39310 *	0.78367	0.000	1.8521	4.9341
		3	3.97027 *	0.92713	0.000	2.1472	5.7934
		4	8.37349	4.43105	0.060	−0.3398	17.0868
		5	−4.95984 *	1.07591	0.000	−3.0755	1.1558
	2	1	−3.39310 *	0.78367	0.000	−4.9341	−1.8521
		3	0.57717	1.00311	0.565	−1.3954	2.5497
		4	4.98039	4.44757	0.264	−3.7654	13.7262
		5	−4.35294 *	1.14203	0.000	−6.5986	−2.1072
	3	1	−3.97027 *	0.92713	0.000	−5.7934	−2.1472
		2	−0.57717	1.00311	0.565	−2.5497	1.3954
		4	4.40323	4.47508	0.326	−4.3966	13.2031
		5	−4.93011 *	1.24485	0.000	−7.3780	−2.4822
	4	1	−8.37349	4.43105	0.060	−17.0868	0.3398
		2	−4.98039	4.44757	0.264	−13.7262	3.7654
		3	−4.40323	4.47508	0.326	−13.2031	4.3966
		5	−9.33333 *	4.50825	0.039	−18.1984	−0.4682
* The mean difference is significant at the 0.05 level.						

2. 农村生源地的大学生法律认知水平较低

通过对生源地和大学生法律认知两个变量进行方差齐性检验，结果为 0.232，显著性概率 Sig. 值为 0.630，即 $p>0.05$，这表明不同生源地的方差为齐性。生源地与法律认知的方差分析 F值为 4.998，Sig. 值为 0.026，即 $p<0.05$，说明不同生源地学生的方差在 0.05 的显著性水平上差异显著，如表 5-9 所示。

表 5-9　方差分析表

ANOVA					
法律认知					
	Sum of Squares	df	Mean Square	F	Sig.
Between Groups	209. 256	1	209. 256	4. 998	0. 026
Within Groups	15574. 156	372	41. 866		
Total	15783. 412	373			

接着对不同生源地的学生通过独立样本 t 检验进行均值比较，由于前面已经证明方差齐性，因此我们选择 Equal variances assumed，t=2.236，Sig. 值为 0.026，$p<0.05$，这说明不同生源地学生在法律认知方面存在显著差异，如表 5-10 所示。

来自农村的大学生由于教育条件、家庭背景等因素，对法律知识的接触要明显低于来自城镇的大学生。

表 5-10　独立样本 t 检验结果

Independent Samples Test					
	Levene's Test for Equality of Variances		t-test for Equality of Means		
	F	Sig.	t	df	Sig. (2-tailed)
法律认知 Equal variances assumed Equal variancesnot assumed	0. 232	0. 63	2. 236	372	0. 026
			2. 243	338. 066	0. 026

（三）法律意志普遍不强

1. 大四年级的学生法律意志相对较弱

通过对非法学专业大学生的年级与法律意志进行方差齐性

检验，结果为 1.611，Sig. 值为 0.171，即 p>0.05，这也即是说各年级学生的法律意志的方差在 0.05 的显著性水平上差异不明显，即各组方差为齐性。各年级组的方差 F 值为 3.177，Sig. 值为 0.014，即 p<0.05，说明各年级组均值在 0.05 显著性水平上差异显著，如表 5-11 所示。

表 5-11　方差分析表

ANOVA					
法律意志					
	Sum of Squares	df	Mean Square	F	Sig.
Between Groups	243.737	4	60.934	3.177	0.014
Within Groups	7076.533	369	19.178		
Total	7320.270	373			

　　接着对各年级组进行多重比较（表 5-12），结果显示，大一、大二、大三年级均与大四和研究生之间在 0.05 的显著性水平上差异显著，而大一、大二和大三三个年级组之间没有显著差异。大学阶段对法律基础教育的培养机制偏重理论传输，忽视了对学生法律意识持续性的培养。多数高校的法律教育课程安排集中在大一、大二和大三，大四则处于法治教育的空窗期。这就导致大四阶段的学生在法律意志方面低于其他年级组，学生的法律意识在不同教育阶段差异显著。

表5-12　均值多重比较

(I) 年级	(J) 年级	Mean Difference (I-J)	Std. Error	Sig.
LSD				
1	2	0.64245	0.55095	0.244
	3	-0.17159	0.65180	0.793
	4	8.55422 *	3.11518	0.006
	5	1.57803 *	0.75640	0.038
2	1	-0.64245	0.55095	0.244
	3	-0.81404	0.70522	0.249
	4	7.91176 *	3.12679	0.012
	5	0.93557	0.80289	0.245
3	1	0.17159	0.65180	0.793
	2	0.81404	0.70522	0.249
	4	8.72581 *	3.14613	0.006
	5	1.74962 *	0.87517	0.046
4	1	-8.55422 *	3.11518	0.006
	2	-7.91176 *	3.12679	0.012
	3	-8.72581 *	3.14613	0.006
	5	-6.97619 *	3.16945	0.028
* The mean difference is significant at the 0.05 level.				

2. 男性大学生的法律意志相对较弱

通过对性别和大学生法律意志进行方差齐性检验，结果为0.205，Sig. 值为0.651，即 $p > 0.05$，说明不同性别的法律意志方差在0.05显著性水平上差异不显著，也即不同性别组的方差为齐性。从方差分析表（表5-13）中可知，F 值为6.611，Sig. 值为0.011，即 $p < 0.05$，表明性别组在0.05的显著性水平上差异显著。

表 5-13　方差分析表

ANOVA					
法律意志					
	Sum of Squares	df	Mean Square	F	Sig.
Between Groups	127. 828	1	127. 828	6. 611	0. 011
Within Groups	7192. 442	372	19. 335		
Total	7320. 270	373			

从平均值线图（图 5-1）中可以看出，男生和女生在法律意志方面存在显著差异，女生的法律意志要明显高于男生。性别对学生的法律认知方面并无显著影响，而法律意志的显著差异反映了学生在知识的内化过程中存在差异，笔者认为法律意志在性别上的显著差异可能是由于女性角色对制度和规则的认同要高于男性造成的。

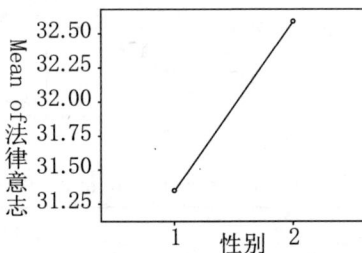

图 5-1　平均值线图

3. 高年龄段的大学生法律意志相对较弱

通过对大学生的年龄组和法律意志进行方差齐性检验，结果为 1.072，显著性概率 Sig. 值为 0.343，这就表明各年龄组方差为齐性。年龄组与法律意志的方差 F 值为 5.255，Sig. 值为 0.006，这就说明不同年龄阶段的大学生在法律意志方面差异显著，如表5-14所示。

表5-14 方差分析表

ANOVA				
法律意志				
	Sum of Squares	df	Mean Square	F	Sig.
Between Groups	201. 645	2	100. 823	5. 255	0. 006
Within Groups	7118. 625	371	19. 188		
Total	7320. 270	373			

在对各年龄组进行多重比较后可以看出，年龄小于等于18岁的学生与19岁至21岁的学生之间在法律意志方面没有差异，与22岁及以上的学生有明显差异，而19岁至22岁的学生与22岁及以上的学生的法律意志同样存在显著差异。

不同年龄阶段的大学生虽然在法律认知方面差异不显著，但随着年龄增长，学生对法律权威和法律制度的遵守程度会逐渐降低。一方面，高校的教育资源和教育体制无法为学生提供持续性的法律教育；另一方面，高年龄段的学生在利益导向下更容易打破规则，对制度的权威性提出挑战。因此，高年龄段的学生在法律意志方面要低于低龄组学生。

表5-15 均值多重比较表

（I）年龄		（J）年龄	Mean Difference （I-J）	Std. Error	Sig.	结果
LSD	1	2	0. 23382	0. 60620	0. 700	3<1
		3	2. 19906 *	0. 78838	0. 006	3<2

续表

(I) 年龄		(J) 年龄	Mean Difference (I-J)	Std. Error	Sig.	结果
LSD	2	1	−0.23382	0.60620	0.700	
		3	1.96524 *	0.63841	0.002	
	3	1	−2.19906 *	0.78838	0.006	
		2	−1.96524 *	0.63841	0.002	
* The mean difference is significant at the 0.05 level.						

4. 农村生源大学生的法律意志水平相对较低

通过对生源地和法律意志进行方差齐性检验，结果（表5-16）是0.784，Sig. 值为0.376，这表明不同生源地方差为齐性。在对两个变量进行方差分析后，所得 F 值为8.620，Sig. 值为0.004，即 $p<0.05$，这就说明不同生源地学生的法律意志均值差异显著。

表5-16　方差分析表

ANOVA					
法律意志					
	Sum of Squares	df	Mean Square	F	Sig.
Between Groups	165.787	1	165.787	8.620	0.004
Within Groups	7154.483	372	19.232		
Total	7320.270	373			

由于自变量的分组不足三个，无法做多重比较，因此可以从平均值线图（图5-2）中看出，城镇生源的大学生在法律意

志方面要高于农村生源学生。

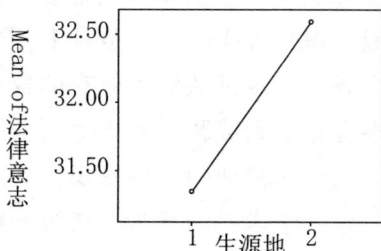

图 5-2　平均值线图

　　不同生源地的学生在社会交往和规则认同等方面有着明显的差异。虽然城镇化进程的加快逐渐缩小了城乡差距，但法律意识这种深层次的差异性仍然存在，城镇的规则制度更多复杂多样，人们的意识形态也就更加深刻，而农村的生活环境和制度认知相对简单。因此，城乡学生存在法律意志的差异性也就不足为奇。

　　（四）法律信仰尚未形成

　　法律信仰是法治社会建设的思想基础和重要支柱，对人们法治观念的养成具有延续性和持久性的作用，一旦形成就能够保证公民自觉、积极地知法懂法、学法用法。正如伯尔曼所言，法律只有内化到人们的意识层面，而无须外界强制压力才是有效的。[1]大学生作为高层次社会群体的重要构成，理应具有深厚的法律基础和强烈的法律意识，例如受教育权和学生的自我保护等法律常识、工作契约和权益维护等法律、社会公共秩序和价值取向等法律。而我国在法治建设和高校法治教育的漫长发展道路中存在着共同的问题，即法律信仰的缺失。法律不是

----

　　〔1〕［美］伯尔曼：《法律与宗教》，梁治平译，生活·读书·新知三联书店1991 年版，第 43 页。

靠基本的知识理论传输就能内化于心的，法律缺失了其应有的权威性，学生自然无法形成对法律的信任和遵从。一方面，大学生缺乏法律权威意识。法律的形成是对不良行为的控制和对正确价值导向的引领，一旦其缺失了应有的权威，社会秩序和制度规范的合法性也将受到威胁。大学生的法律认知更多停留在知识层面，缺乏对法律权威的正确认识，从而导致大学生犯罪事件频繁发生，例如学术不端行为，高校一再强调其危害和严重后果，但仍有学生铤而走险，冲破法律权威的藩篱，更有甚者将其全盘归责于学校的法治教育。不可否认，高校的法治教育课程和资源整合能力尚不健全，但法治教育更多地还是要靠学生的自我养成。另一方面，大学生缺乏对法律的信任和依赖。法治教育不仅是要让公民知法懂法，更重要的是让公民能够将其内化为社会一致的行为和遵循，只有将法律意识和法律权威根植于个人信任和依赖，才能真正建设起社会主义法治社会。但当前大学生缺乏对法律的信任，遇到事情首先想到的不是法律途径，很多"校园贷"和"传销"活动的发生均是抓住学生法律信任感不强的弱点，日常不懂法、遇事不用法，法律的作用和权威难以有效发挥。当然，现实社会还存在一些执法不严、执法不公的问题，这也是大学生不信法、不用法的原因之一，进而导致法治教育效果不佳、大学生法律意识和法治素养不高等问题。[1]

笔者对年级和法律信仰进行方差齐性检验，结果为 1.752，显著性概率 Sig. 值为 0.138，表明不同年级组的方差差异不显著，即各年级组方差为齐性。从方差分析表（表 5-17）中可知，F 值为 1.711，Sig. 值为 0.147，即 p>0.05，这就说明不同

---

〔1〕 孟鹏涛："中国高校法治教育问题研究"，吉林大学 2017 年博士学位论文。

年级组均值在 0.05 显著性水平上差异不显著，也即不同年级的大学生在法律信仰方面的差异性不显著。

表 5-17　方差分析表

ANOVA				
法律信仰				
	Sum of Squares	df	Mean Square	F	Sig.
Between Groups	79.972	4	19.993	1.711	0.147
Within Groups	4310.886	369	11.683		
Total	4390.858	373			

究其原因，主要在于法律信仰是人们对法律的理性认识和理性追求。大学生的法律信仰建立在对法律理性判断的基础上，作为成熟的个体，大学生群体已具备正确判断的能力。此外，当前的教育体制缺乏对学生差异化的培养，学生在法律知识理解上千篇一律，这就造成其难以形成具有个性化的法律信仰。

法律信仰的形成不是一蹴而就的，需要一个漫长的内化和吸收的过程。在这一过程中，学校教育体制、课程设置、教师队伍建设和学生的自觉性等均发挥着重要的作用。高校对非法学专业学生的法律基础重视程度不够，缺少法治教师，课程的科学性和连续性不足等诸多因素导致学生的学习兴趣不浓，法律认知和法律意识不够。

第三节　大学生法治教育问题的归因分析

本书结合实证分析方法，通过分析《大学生法治教育调查问卷》和《大学生法治意识调查问卷》的数据，探析得出制约大学生法治教育实施效果的主要原因有如下三个：其一，大学生法治教育总目标站位不高，各阶段法治教育目标缺乏有效衔接；其二，大学生法治教育课程设置薄弱，课程设置缺乏系统性，课程与教学中的资源挖掘、融合、渗透与创新不够；其三，大学生法治教育体制机制固化，法治教育各主体间权责不明，校园法治文化建设不足。

一、总目标站位不高

高校在人才培养体系中赋予大学生法治教育的目标定位存在"总体站位不高、功能定位不清、体系构建不全"三个方面的偏差，这直接影响了大学生法治教育在整个高校育人环节中的实施效果。

（一）总体站位不高

大学生法治教育目标定位总体站位不高，表现在两个方面。第一，法治教育未能有效发挥其育人功能。高校在法治教育的实施过程中没有凸显法治教育的育人价值。从十八届四中全会提出全面构建法治教育体系，到中央宣传部、司法部《关于在公民中开展法治宣传教育的第七个五年规划（2016-2020 年）》的实施，再到《青少年法治教育大纲》的颁布，"法治教育"概念在大学生法治教育目标定位中的明晰与确立显得尤为迫切，"法治教育"应与"德育""智育""体育""美育"等具有同等重要的育人价值与现实意义。"法治教育"进大学校园本身是有宪法依据的。我国现行《宪法》第 24 条第 1 款规定："国家通过普及理想教育、道德教育、文化教育、纪律和法制教育，通过在城乡不同范围的群众中制定和执行各种守则、公约，加强社会主义精神文明的建设。"只有将"法治教育"有效地融入大学生法治教育的体系之中，才能保证新时代中国特色社会主义法治教育的特色化与本土化。首先，中国特色社会主义法治教育是价值理念教育，这与发达国家存在明显差异，发达国家将法治教育等同于公民教育，中国特色社会主义法治教育更多彰显的是价值理念教育和意识形态教育等。其次，中国特色社会主义法治本身具有独特的教育属性，这也是中国特色社会主义法治有别于别国法治的重要属性之一。最后，法治教育强调知法守法用法之育和能力程序之育，充分强调其实践属性。

第二，"相对独立性"的缺失。缺乏从构建独立完整体系的角度去赋予大学生法治教育在整个高校育人体系中的地位。调查结果显示，一些高校仅仅将"法治教育"泛化为一句口号，或者弱化为1门与思想道德教育合并而成的"思想道德修养与法律基础"课程，造成法治教育在高校的实施中无法真正落实，缺乏"临门一脚"。探寻独立性与提升重要性都离不开"相对"二字。基于现有的人才培养体系，如何能够在不过多增加大学生学业负担和课程压力的情况下提升法治教育的实效性，探索其"相对独立性"是行之有效的解决方式。因此，法治教育也应该有相对独立且完整的育人体系，从学分要求、独立课程模块、队伍建设、实践基地、体制机制等方面独立并完善，而相对性则充分体现在教学方式的灵活多变、体制机制的改革与创新。因此，对于大学生法治教育的认识应该拔高站位，提高认识，强调其相对"独立性"，并从全方位加以贯彻落实。

（二）功能定位不清

大学生法治教育功能定位不清，归根结底是没有明晰大学生法治教育的内在逻辑与外在关联。内在逻辑是大学生法治教育功能定位的核心内涵，包括宏观、中观与微观多个层面，每个层面的功能定位相互影响，彼此关联。

第一，大学生法治教育是高校针对非法学专业的大学生围绕提升法律意识和法治素养开展的教育实践活动，对于法治中国建设具有重大意义，其功能定位理应遵从国家法治现代化进程的需求。新时代大学生法治教育功能定位的宏观层面应该服务于法治中国建设，满足于新时代国家社会对人才的需求。基于此，贯彻到高校育人体系环节设计中讨论大学生法治教育的功能定位则属于中观层面，以及高校通过实施大学生法治教育，最终能够多大程度上服务于青年大学生成长成才。最后，落实到教育教学实践环节中讨论大学生法治教育的功能定位则属于微观层面，以及高校法治教育通过课程体系设置、教学方式创新和体制机制改革能最终提升大学生哪些方面的法治能力与素养。大学生法治教育功能定位的内在逻辑包括对各层面功能定位的准确把握，坚定宏观层面功能定位的指导思想，明晰中观层面功能定位的价值取向，同时指引微观层面的教育实践得以顺利实施。

第二，外在关联是大学生法治教育功能定位的关键要素，主要解决大学生法治教育在高校育人体系中与其余相关要素的关联关系，如道德素养教育、职业素养教育等。同时，基于中国特色社会主义法治背景下的法治教育实践，还应充分体现中国特色社会主义法治与别国法治的区别，即处理好大学生的法治教育与意识形态教育、价值观教育等的辩证关系。

（三）体系构建不全

大学生法治教育目标体系构建不全，造成了大学生法治教育最终实效性较差，无法满足现实需求。

第一，纵向各阶段目标衔接的脱节。大学生法治教育环节是构建全面法治教育体系的重要组成部分，青年大学生从基础教育阶段，到步入高等学府，再到职后专业发展，终身都离不开接受法治教育并运用学习所得。因此，大学生法治教育在目标体系设计中应注意与基础教育阶段和职后专业发展阶段的相互衔接，力求目标体系的一体化设计，有效避免教学内容的简单重复、学习所得与专业发展缺乏关联等，影响教育实施效果。

第二，横向各要素目标关联的脱节。大学生法治教育与职业技术教育、思想政治教育、德育、价值观等方面的教育形态和教育领域之间具有强相关性，在目标体系设计中应注重相互之间的关联与整合。同时，法治素养也应该与道德素养、职业素养等相关要素共生发展，合力促进大学生成长成才。

第三，理论学习与实践应用的脱节。在目标体系设计中，要将"知行合一"贯通于教学目标，使人主动学习，学会学习，自觉践行，促进其法律意识的现代性养成，学会运用法治思维和法治方式去处理问题。

从马克思主义法治观出发，新时代中国特色社会主义法治应充分体现广大人民群众的根本利益，而新时代大学生法治教育也应将"立德树人"作为根本任务呼应新时代法治"人本价值"的追求。这就要求高校将大学生法治教育的目标提升到这一追求的层面。然而，导致大学生法治教育目标定位出现偏差的深层原因，主要在于高校对大学生法治教育的认识存在三方面的局限：首先，高校对大学生法治教育和思想政治教育、德育等教育的关系缺乏统一认识。思想政治教育和德育等，是所有高校都高度重视并且已经有稳定体系机制的教育活动。但是，法治教育则不然，特别是针对非法律专业大学生的法治教育而言，并非所有的高校都有开展法治教育的坚实基础。更重要的是，由于思想政治教育和德育等相对成熟稳定，而且有很多高校都将法治教育纳入思想政治教育或德育系统中。因此，高校管理者、高校教师等在认识上，不同程度地存在着对大学生法治教育和思想政治教育、德育等关系的定位失衡。简单地将大学生法治教育归属于思想政治教育和德育等，而并没有将法治教育提升到与思想政治教育、德育相同的高度来认识。其次，高校对大学生法治教育自身的重要性缺乏危机意识。这里并非说当前大学生法治教育存在某种具体的危机，而是指高校作为大学生培养的唯一机构，并没有意识到法治教育相较于思想政治教育等对大学生的深远影响：法治教育是法治建设的要求，法治是具有强制性和高强度约束效力的治理形式，大学生未来身处法治环境中，如果没有形成法治素养，没有积累充分的法律知识，难免会做出违法行为。最后，高校对大学生法治教育缺乏纵向与横向的衔接意识。从纵向而言，主要是入学前、在校期间和毕业后，高校只是按照法治教育大纲规定的自身工作目标开展法治教育，并没有主动地意识到学前与毕业后的法治教育衔接。特别是"在校期间"与"毕业后"的法治教育缺乏衔接，导致社会公众将高校毕业生的违法行为有意无意地归罪于高校法治教育，进而影响高校声誉。

二、课程设置缺乏系统性与创新性

目前，大学生法治教育中，非法律专业大学生法治教育课程缺乏系统性，导致课程建设整体薄弱。这种系统性的缺乏主要包括教学内容、教学方式和师资队伍等方面，其深层原因表现为高校对大学生法治教育的定位和法治教育体系建设存在不足。

（一）教学内容缺乏本土化与特色化

从目前对大学生进行法治教育的主渠道——"思想道德修养与法律基础"课程的教学内容看，目前全国高校普遍使用的是2018年版的《思想道德修养与法律基础》教材。这一版本的《思想道德修养与法律基础》教材共八章内容，可以分为两大部分：思想道德修养部分和法律基础部分。纵观整本教材的内容设置不难发现，其偏重知识罗列和理论讲解，法律性的文本涉猎较少。法治教育的前后连贯性和内在联系没有真正体现出来，加之这门课程在高校基本归类于公共选修课，普遍实行大班教学，知识的针对性和个性化易被忽视，教学效果和学习质量都较差。学生迫于考试压力，不得不采取死记硬背的方式来记忆知识点，缺乏对知识深层次的理解和掌握，这对法治教育内涵的理解和法治信仰的形成是不利的。而教学内容的内涵与新时代不相吻合，在内容中未能充分体现新时代法治理念下法治教育在内容上的与时俱进。在课程内容中未能充分体现法治教育的中国特色化，未能将中国传统法治文化传承与创新，未能将中国传统文化中法治思想的精髓等运用于教学内容，未能充分体现法治教育的理论性和专业性。

（二）教学方式缺乏现代性与实效性

目前，我国高校法治教育仍以传统的课堂教学为主。不可否认，课堂教学有其先天的优势，例如，教学效率相对更高、知识的传输更具系统性和集中性，法治教育质量评价更加高效，能够在一定程度上提高学生的法治意识和法律素养。但是，学生主体具有多样性和复杂性，单一的教学方式和评价机制很难达到法治教育的预期目标，加之当前一些高校对法治教育课程的重视程度还不够。教师疲于教学，学生应付考试，相对于各专业课程，法治教育一般处于高校教学的边缘，因此，大学生的法律素质和法治理念以及法律信仰都有待进一步提升。"教育模式是一种独特的研究范式，它力图从知识形态上解决理论与实践的连接问题。教育模式是教育理论实践化和教育实践理论化的中介。"[1]法治教育有其特殊的组织形式和教学模式，法治教育目标的实现要基于科学合理的教学范式，通过采用特殊的、有针对性的、多元化的教学形式来共同实现"应然目标"。就整体而言，当前高校的法治教育主要存在以下几个方面的问题：

第一，教学模式以"填鸭式"为主。目前，高校法治教育固守传统的课堂教学形式，"教师主体"式的教学模式使学生从"参与者"变成了"倾听者"。教师为了完成教学任务，专注于自己的讲授，教学形式单一，以理论知识的讲解为主，缺少案例教学、互动式教学和实践教学，且内容相对陈旧，法律知识的更新意识薄弱，一定程度上忽视了学生的学习效果和理解能力。学生没有了教师的关注和互动，课堂的积极性和主动性不高，对知识的获取需求降低，只能被动地接受知识的灌输，课堂参与度不高，知识的理解能力较差，且课后很少与老师进行进一步的交流，更没有主动参与法治实践活动，这对知识的应用和深化较为不利。通过调查数据也可以发现，高校学生很少从课堂教学中感受到法治的权威，学生的法治意识薄弱，缺乏一定的法治实践能力。

第二，教育活动形式单一。随着信息化时代的快速发展，当前的在校大学生大都对多媒体有较强的依赖性，多媒体的发展也在不断冲击着传统的教学模式，教师的信息素养已经成为教师专业发展的重要内容。所以，法治教育的开展也必须要结合新时代的教育诉求和学生发展要求，教师要能够熟练应用多媒体功能来吸引学生学习的兴趣，激发学生学习动力，从而保障发挥教育效果。但当前的高校法治教育仍受传统大班课堂教学的禁锢，知识灌输式教学很难调动学生的学习积极性。法治

---

〔1〕 张耀灿等：《现代思想政治教育学》，人民出版社2006年版，第286页。

知识的传播渠道多种多样，而教师没有充分利用现有的多媒体资源，导致法治教育与大学生学习需求脱节，没能实现传统的教学模式与新媒体载体的有机结合。此外，法治教育不能只停留在理论和书本层面，大学生法治素养的形成终要从实践中获得，高校缺乏与社会、社区、家庭和社团的协作，导致法治教育重理论轻实践，而单一的教学形式对大学生法治教育的作用是十分有限的。

（三）师资队伍缺乏专业性与多元性

高校法治教育是融知识性、理论性、实践性为一体的综合性教育，法治教育需由具备高水平法律理论和认知的专业性教师来承担。高校法治教育目标的实现，需要有一大批专业的法律教师队伍作为支撑，从而保证法治教育的有效性和科学性，进而提高大学生的法治理念和法律素养。就当前我国高校而言，法治教育的师资力量薄弱，专业化程度不足，且队伍僵化，缺乏灵活性和多元性。

现有法治教育教师队伍缺乏专业性。教师是教学质量的重要保证，只有教师具备专业的知识技能和教学方式，才能保证教学质量的提升和学生培养目标的实现。国家虽已出台《依法治教实施纲要（2016—2020 年）》，对法治教育专业教师的专业技能和教学能力提出要求，但从高校的实际情况来看，教师队伍的专业性仍亟待改善。一方面，高校缺乏足够的专项资金用于教师教学能力的培训，教师本身已经有很多教学任务需要完成，特别是对于法治教育这种全校范围内的选修课，教师没有充足的时间和精力去学习和再教育。另一方面，教师自身对法治教育的培训需求不高，由于缺乏对法治教育足够的重视和正确的认知，很多课程的开设流于形式，教师的教学热情不高，学生的学习兴趣也自然不大，所以教师对专业素养提升的诉求并不高。高校的教师考核机制不健全也是教师队伍缺乏专业性的重要原因。当前的考核标准还停留在教学课时数、考试通过率、考勤情况等方面，而没有专门的教师教学技能评价。随着法治进程的加快，社会各领域都将法治教育纳入重要地位，教育领域也不例外，依法执教将从理论层面不断向实践层面转变，由边缘地位转变为学校教育的核心地位。因此，法治教育教师队伍的专业性是其必要保障，全体教师只有通过各种方式和途径提升法律素养和法治意识，才能更好地从事法治教育、依法执教。

高校法治教育师资队伍缺乏多样性。目前我国多数高校尚未形成健全的、多样性和灵活性的法治教育教师队伍，多数高校仍在坚持由思想政治专业的教师来教授法治教育课程，少有学校组建由法律方面的教师系统化、专门化和细致化地承担这门课程。法律方面的人才紧缺是当前教育培养与社会需求失衡的重要体现，学校也没有形成与执法工作者、司法工作者和立法工作者等不同领域法律人才的合作，这就导致高校师资队伍的单一性，内部结构逐渐固化。《思想道德修养与法律基础》这一门课程基本由马克思主义学院或公共管理学院的老师来负责，这些老师具有一定的法律理论知识和教学经验，能够从事基本的法治教学，但不同学科对法治教育内容的需求是存在差异的，而大班制教学使不同学科的学生冗杂在一起上课，教师无法开展个性化和针对性的教学。此外，这部分教师多从事思政教学，不具备法学专业背景，也不具备法学专业教学和司法实践经验。法学知识匮乏、法治理论基础薄弱、法治实践经验不足、教学方式枯燥等成为现有法治教育教师的普遍问题，从而使得法治教育脱离了社会和生活需要，实践的指导作用较弱，难以有效提高学生的法治素养和法律信仰。

根据全人教育理论对课程建设的基本观点，法治教育课程观有着较强的实践基础，对法治教育课程的建设应超越课堂的边界。这就意味着大学生法治课程建设应是以实践为基础超越大学生在校学习这一时空界限的体系。这一体系的建设离不开高校的支持，但是，目前影响大学生法治教育课程建设的深层原因主要包括两个方面：一是高校对大学生法治教育的定位，二是高校自身的法治教育体系建设。从定位角度来看，高校对非法律专业大学生的法治教育很大程度上定位于表层的理解与认识，即认定大学生有成熟的思维意识，能够判断合法与违法行为，能够自觉地遵守法律法规。基于这种认定，高校对非法律专业大学生的法治教育大多停留在形式层面，即便是在某些社会法治热点问题的影响下，也只是通过宣讲、讲座等对大学生约束力度相对较弱的形式来开展特定主题的法治教育。由于这种定位，导致大学生法治教育难以像思想政治教育一样，对大学生具有较强的约束性。也正是基于这种定位，进一步导致高校自身围绕非法律专业大学生的法治教育体系建设力度不足，特别是开展法治教育必不可少的制度建设、机构建设、师资队伍建设和保障机制建设等。制度建设不足，导致大学生法治教育课程的系统性开发缺乏制度支持，缺乏制度依据；机构建设不足，导致大学生法治教育课程开发、教学研究工作的开展缺乏实质性动力；师资队伍建设不足，导致大学生法治教育课程的建设缺乏法律类专业师资，难以满足法治教育专业性较强的基本要求；保障机制建设不足导致大学生法治教育课程开发缺乏必要的经费支持与评价支持，使课程对大学生的影响较弱。

三、法治教育各主体间权责不明

当前，大学生法治教育各主体之间权责不明，导致现有体制机制灵活性不足且缺乏创新，这是造成法治教育体制机制固化的直接原因。同时，校园法治文化建设不足，校园法治文化氛围不浓，也是法治教育体制机制固化的间接原因。

（一）体制固化

目前，大学生法治教育体制主要依托于高校思想政治教育体制，从纵向角度来看，现有的高校思想政治教育体制主要由党委副书记（副校长）—学生工作部门—院系—班级构成。在这一链条上，非法学（法律）专业的大学生的法治教育并未独立出现，而是以思想政治教育的部分组成内容的形式，断断续续地贯穿于大学生的学习生涯。同时，高校现有的法治教育主要是以"思想政治教育"为主要载体的法律知识传授，从体制角度而言，缺乏一定的灵活性，导致学生的学习积极性有限；由于一些法治教育活动以主题讲座等形式存在，缺乏必要的学分要求，导致其对学生的约束力有限，这些问题都在很大程度上限制了法治教育的成效。

（二）机制陈旧

现有非法学（法律）专业大学生法治教育机制主要包括课堂教学、法治宣传活动等。在课堂教学活动中，主要是教师向学生讲授法律类教材或法律条文，并以论文或试卷测试的形式进行考核评价；在法治宣传活动中，主要针对某一阶段的特定主题，开展特定内容的法治宣传活动，例如，在"校园贷"蔓延校园的当下，大学普遍开展各种形式的法治宣传活动。综合来看，现有的这两种主要的法治教育机制，缺乏形式上的创新——主要以现场宣讲、录制好的影音视频等开展，对大学生而言，有大部分学生是由于考勤加分等非法治学习需求因素参加活动，这就导致大学生在现场宣讲等法治教育活动中缺乏学习动力。突出表现为：学分与知识技能脱节，通过死记硬背等形式，完成考试和论文，拿到学分，但是很少能将所学的法治知识与法治能力付诸实践。

高校大学生法治教育体制机制固化的深层原因，主要包括三个方面：其一，责任归属不清。学校、院系、教师之间在法治教育方面的责任归属不清，主要表现为没有像思想政治教育一样，设置专门的负责法治教育的机构和教师，没有建立长期稳定的长效的法治教育运行机制。其二，界限划定不明。学校在法治教育、思想政治教育等关系到大学生成长的特定教育方面，没有划定相对清晰的界限，这就产生了思想政治教育代替法治教育、德育代替法治教育等不利于法治教育独立系统开展的情况，进而，这种界限划定不明，也影响到系统化的大学生法治教育课程建设，尤其是针对非法律专业大学生的公共法治教育。其三，文化氛围不浓。学校在校园法治文化氛围建设方面，缺乏系统的规划和有效的执行，法治进校园，法治进课堂多停留在形式上，未能产生实质的效果，自然也没有形成浓厚的校园法治文化氛围。

附录　《大学生法治意识调查问卷》

亲爱的同学，您好！非常感谢您接受我们的调查。请阅读以下问卷题目，并根据您的实际情况作答，1-5表示您的赞同程度，1-完全不同意，2-比较不同意，3-不确定，4-比较同意，5-完全同意。答案没有对错之分，请在最符合您的情况的数字对应的表格里画"√"。您的回答仅做科学研究，我们会对您的信息进行严格保密，请您放心填写！非常感谢您的配合！

特别说明：本问卷力求最客观搜集大家对题目第一直觉的答案，不需要过多思考，且不需要对结果有任何顾虑，请尽量做到客观遵从内心的选择。

基本信息

1. 您所在年级（　　）

A. 大一　　　　　B. 大二　　　　　C. 大三

D. 大四　　　　　E. 硕士研究生　　F. 博士研究生

2. 您的性别（　　）

A、男　　　　　　B、女

3. 您的生源地（　　）

A、农村　　　　　B、城镇

4. 您的专业属于以下哪个学科大类？

A. 哲学　　　　　B. 法学　　　　　C. 教育学

D. 文学　　　　　E. 理学　　　　　F. 工学

G. 农学　　　　　H. 医学　　　　　I. 管理学

J. 军校、警校、司法专业院校

5. 您所在的专业有无开设法律基础教育课程？

A. 有开设且有上　　　　　B. 根本就没开

C. 开了，但不上　　　　　D. 开了，偶尔上

6. 您认为大学开设的法律基础教育课要如何上，才能提高同学们对本门课程的兴趣？（多选）

A. 尽可能介绍与社会生活较为相关的法律法规

B. 从案例中说明相关法律理论，案例和理论相结合

C. 按照课堂理论教学

D. 去法院旁听庭审案件

E. 这门课与日常学习生活无关，可不上

请在最符合您情况的选项内划"√"

题　项	完全 不同意	比较 不同意	不 确定	比较 同意	完全 同意
1. 我从不做违法的事情。					
2. 买到过期或假冒商品，我都会投诉并要求商家赔偿。					
3. 我常常认为一个人成为被告会很丢人。					
4. 我会带头维护宪法和法律的权威。					
5. 我认为我国法律能够有效保障个人合法权益。					
6. 我会自觉遵守交通规则，即使没有车辆通过，我依然不会闯红灯。					
7. 我认为我国法治改革在纠正"冤假错案"实现公平正义中取得了长足进步。					
8. 我认为我国法律能够有效抑制贪污腐败。					
9. 与人产生纠纷，个人无法解决时，我会选择法律手段解决。					
10. 我会自觉遵守校规校纪。					
11. 我认为我国当前的法律体系比较完善。					
12. 我认为国家的法院审判比较公正。					
13. 我认为购买盗版书籍很正常。					
14. 我认为法律能构建公平合理的人际关系。					
15. 如果我的亲人朋友违法犯罪，我会劝其主动投案。					

续表

题　项	完全 不同意	比较 不同意	不 确定	比较 同意	完全 同意
16. 当自身权益受到损害时，我熟悉维护自身权益的合法途径。					
17. 我认为我国法治司法公开度高，法治公信力强。					
18. 未经允许，我不会乱拿同学的东西。					
19. 我会坚定不移地遵守国家法律法规。					
20. 我对我们国家的立法、执法和司法工作感到满意。					
21. 我觉得公安局在执法过程中能够严格执法。					
22. 我清楚地知晓自己在法律上的权利与义务。					
23. 我愿意服从并配合执法人员的执法行动。					
24. 我认为在我国法律的执行不会因为违法者的身份而有差异。					
25. 我认同"有理无理最好不打官司"的说法。					
26. 我相信我国会全面建成法治国家和法治社会。					
27. 我认为生活中各类法律宣传活动很有价值和必要性。					
28. 我相信我国能够成为法治强国。					

续表

题 项	完全 不同意	比较 不同意	不 确定	比较 同意	完全 同意
29. 我认为我国法律能够有效维护社会公平正义。					
30. 在从事社会兼职时，如用人单位违反劳动合同产生不合理要求或造成财产损失时，我会通过法律途径解决而非不予计较。					
31. 我认为我国法律能够有效打击违法犯罪。					
32. 我经常通过讲座、网络或读本的形式学习法律知识。					
33. 我相信我国能够实现全面依法治国。					
34. 我会在购物或吃饭后主动向商家索要发票。					
35. 如果评奖评优中遇到不公平的情况，我会根据文件内容据理力争。					

第六章
CHAPTER 06

当代大学生法治教育
目标体系重构

　　在我国教育现代化进程中，教育现代化的根本方向和目标是培养社会主义事业的建设者与接班人，培养对社会建设有用的人才，大学生法治教育作为教育事业的重要组成部分，其整体的目标和目的，应是通过实施法治教育，培养适应与引领社会主义法治国家建设的大学生。然而，通过调研发现，当前大学生法治教育目标整体存在着目标定位不统一，不同年级、不同学科专业大学生的法治教育目标、水平不同的情况。究其原因，主要是目标整体站位不高、功能定位不清晰以及体系不健全。这在一定程度上导致大学生法治教育目标定位出现偏差。构建新时代大学生法治教育目标体系，应从法治建设对大学生的要求，经济社会发展对大学生的能力需求着眼；从大学生的入学前、在校期间和毕业后等阶段综合考虑；这种新的目标体系在强调总体质量与规划的同时，还应充分体现分层分类、统分结合的设计思路。

第一节 当代大学生法治教育的目标定位

一、总目标：提升大学生法律意识与法治素养

新时代大学生法治教育的目标应在党和国家现有政策规定的基础上，以全人教育思想来指导大学生法治教育目标设计，通过教育实现"人"的全面发展和自我实现，实现人与人、社会、国家之间的协同共生以及最终实现人与社会的可持续发展。全人教育理论从发达国家缘起到本土实践，从基础教育到高等教育，从通识教育到专业教育，经历和积累了大量的理论积淀和实践反思，能够为大学生法治教育改革目标体系的确立提供强有力的理论支撑。全人教育理论从价值取向、问题视域、核心内涵、基本原则、理想愿景等多方面契合新时代大学生法治教育改革目标的时代诉求和现实需要。在这一理论的指导下，将国家法治教育目标进一步细化，并且与高等教育前和高等教育后形成实质性的衔接，而且，衔接的重点是在大学阶段提升法律意识和法治素养培养水平，其中，法律意识侧重于大学生个体对法律的敬畏、认同与遵守，法治素养则是建立在法律意识基础上的集法律知识学习、知识技能掌握与法治能力运用等于一体的综合。同时，新时代大学生法治教育目标改革应着重推动形成"立交桥型"的目标——纵向大学前、大学、大学后三个阶段，横向法律认知、法律情感、法律意志、法律评价和综合实践能力五个维度相结合的目标体系。其中，三个阶段相互衔接，五个维度相互影响，共同引导新时代大学生法治教育的发展。

新时代大学生法治教育改革的总目标是提升大学生的法律意识与法治素养。其中，广义法律意识是指由一切法现象在人们头脑中的反映而产生的法理论、知识、心理、情感等的总和。

狭义法律意识主要是反映法现象的形式方面，包括法的形式如何为法的内容服务，法怎样保护与调整各种社会关系。[1]但是，我们的最终目的并非培养法律意识，而是将法律意识作为一种工具和科学指导，以此为价值导向和正确认识，从而形成更为准确的概念界定，为制定科学规范的法律制度，实行更为切合实际需要的法律规则提供帮助和支撑，进而保障法律权威和人们对其信任与遵守，与此同时，推动大学生法治素养的形成。这个总目标包括五个相互影响的要素：

（一）道德情操为培育自身的法治信仰奠定感情基础

所谓道德情操，是指生活在社会中的人有坚定而高尚的品德，其思想情感始终以社会的道德要求为准则。表现在个人思想上能够做到不被权力所动、不被利益所惑，并始终坚守符合一定社会伦理道德规范的道德信念；在行动上始终以一定的道德原则做事。[2]高尚的道德情操则代表法治意识养成的道德基础，契合"德法兼修"的总体目标。道德情操是指崇尚法治与依法处事的意识塑造——在接受普法宣传等活动影响的基础上，逐步形成崇尚法治与依法处事的个人意识，确立个人对法律权威的敬畏和对法律赋予的权利的尊重。"法律意识"是大学生在思想上形成的崇尚法治，能够理性看待道德、法律、感情等因素。例如，对某一具体行为的性质判定，不能混淆道德、法律和感情，特别是不能以是否违背道德来判定是否违背法律，不能以个人感情的好恶来判定是否违背法律，更不能将伦理道德与依法治国混为一谈。

（二）公民意识为主动学习法治知识提供动力

公民意识的关键要素即主体意识、权利意识和责任意识，

---

〔1〕 李步云、刘士平："论法与法律意识"，载《法学研究》2003年第4期。

〔2〕 杜朝举："理想信念、道德情操、知识渊博与仁爱之心——当代好教师的四个维度"，载《教师教育论坛》2015年第4期。

这三大要素对公民意识的性质和特征起着重要的决定作用。主体意识是公民意识的前提和基石，深刻地揭示了公民意识应具备哪些属性和特征，从而能够贯穿于公民意识发展的始终。权利意识是公民对于个体权力和责任的认知，而这一认知基于社会公民个体平等的法律地位而言，其内涵包括个体权力的认知、实现和救济等不同层面的意识。责任意识是个体心理素质的重要组成部分，主要指社会个体对共同的行为规范和认知规则的遵循和服从，对于个体所要承担的任务和符合个体社会作用发挥的意识和行为态度。大学生学习和掌握法治知识是培养其公民意识的基础，只有熟练掌握法治理论和知识，提高法治认知，形成正确的法治判断和价值准则，才能有效行使法治权力，从而形成法治责任和对法律权益的维护。公民意识中的很多内涵和认知都是要通过法治知识的学习才得以实现的。[1]因此，公民意识为大学生系统持续地学习法治知识创造动力，大学生必须要掌握法治知识，积极主动地参与法治学习和实践活动，提高法治素养，从而灵活地运用法律武器来维护个体的合法权益，提升法律信任和依赖，尊重法律的权威。

（三）法治知识是训练法治信仰的重要源泉

扎实的法治知识和灵活的运用能力是较高法治意识养成的技能基础，包括知识技能与实践技能；法治知识主要包括法律知识和学习方法——以精神为支撑，大学生个人主动学习守法公民必需的法律知识和学习法律的主要方法，为培养法治信仰方式奠定知识基础。自改革开放以来，我国从没有形成完整的法律体系，到法律体系的产生、深化、完善，高校的学生可以通过上课、新媒体等不同方式学习和掌握一定的法律知识，对

---

〔1〕　傅慧芳：“公民意识的要素结构探新”，载《福建师范大学学报（哲学社会科学版）》2012年第2期。

法律建设进程和法治形态发展也更加关注，在平时的工作和生活中也可以严格遵守法律制度和规则，并能够灵活运用法律手段来解决现实中遇到的难题。但是从当前的情况来看，大学生的法律意识较薄弱，对法律知识的掌握和实践能力较差，没有形成正确的法治观念和法治实践。[1]法治知识是大学生法治教育的基础要素，而学习法治知识的方法则是大学生获取法律知识的核心要素。法治知识包括法律条文、依法办事的基本原则、对法律条文的适用情境的判定、自己合法的权利和义务等。

（四）法治信仰为提升知法用法的能力奠定思维基础

党的十八大报告首次提出"法治信仰"概念，十八届三中全会再次要求全党"运用法治信仰和法治方式化解社会矛盾"。坚定的法律信仰和强烈的公民意识是法治意识养成的情感基础，包括守法的信仰和主动践行法治实践的主体意识等。

法治信仰以合宪性、合法性判断为基本内容。依照宪法和法律规定办事，是各级领导干部法治信仰的最基本的要求；合宪性与合法性是法治信仰的底线。法治信仰是以合宪性与合法性为起点、以公平正义为中心的一个逻辑推理过程。从根本上说，法治信仰就是一种底线思维，这是赋予公民法律权利的基础和内核，公民在依法行使权力时，首先应该遵守宪法和法律的基本要求，从法律的视角去思考行为的有效性，既要遵守法律的权威和价值，又要灵活判断法律内容的规范性和法律程序的合法性。不管是法律认知还是价值判断，都不能突破宪法和法律的底线，这也就是我们通常所说的合法性要求。[2]"树立

---

〔1〕 徐蓉："法治教育的价值导向与大学生法治信仰的培育"，载《思想理论教育》2015 年第 2 期。

〔2〕 殷啸虎："法治思维内涵的四个维度"，载《毛泽东邓小平理论研究》2014 年第 1 期。

法治信仰的微观内部根源是人学习与掌握相关法律知识，而法治信仰形成的外在社会基础则是国家法治实践的有效展开。"[1]培养法治信仰方式最重要的还是合理运用法律知识和学习方法，通过大量的案例学习等方式，逐步培养法治信仰方式，进一步为提升知法用法的能力奠定思维基础。"法治信仰"主要指的是主体对法律规范的内在渴求、价值认同和自觉维护，"没有信仰的法治，也就永远不可能有法治的权威和法治的实现"。[2]这种法治信仰主要表现为三个方面：其一，理清法治与法制二者之间的区别和联系，不能将法治仅局限于社会公民对法律规定的遵守和服从，也不能将其单纯地理解为最基本的守法。其二，"对法的信仰并不是人的一种先天存在，后天形成也不具有自发性，而必须经历对法治的认知—信赖—笃信的心理过程"。[3]但是法治教育并非仅为了让大学生知法懂法，最重要的是让大学生能够将法律知识灵活运用于实际的学习和生活中，从而做到学法用法，形成法律素质和法治信仰。其三，法治信仰更为重视的是公民对法律规则的信任和服从，法治的精神意蕴在于信仰。[4]高等院校具有培养学生的法治信仰的职能，而高等教育阶段更是学生法律意识形成和法治观念成熟的重要阶段，大学生是开展法治活动的核心主体，将法治素养付诸实践的前提是法治建设信心的培育。尽管我国的法治建设仍然存在一些不足，但是，随着《宪法》的修正，我国的法治建设进入了新时代，党和国家对全面推进依法治国和法治国家建设，无论是从顶层

---

〔1〕　杨建军："法治思维形成的基础"，载《法学论坛》2013年第5期。

〔2〕　王潇：《走向司法公正的制度选择》，中国法制出版社2005年版，第240页。

〔3〕　江必新：《法治社会的制度逻辑与理性构建》，中国法制出版社2014年版，第186页。

〔4〕　姚建宗："信仰：法治的精神意蕴"，载《吉林大学社会科学学报》1997年第2期。

设计还是实施战略，都显示出我国在建设法治国家领域的信心。因此，在新时代，大学生理应树立并增强自身对法治建设的信心。

（五）法治能力进一步影响法律意识

法治能力是运用综合法律素质的体现，表现为政治、经济、社会管理和日常生活决策行为的正当性、合法性。法治能力是指法律人运用法律规则和法律思维规则解决具体纠纷的法治能力，是法律人在执法或司法过程中对法律的恰当运用，是运用法律手段在个案中解决具体矛盾的能力。[1]大学生法治能力的积累主要是指判定合法权益和使用法律维护自己权益的能力训练——运用合理的学习方法不断地学习法律知识，不断地调整完善法治的思维方式，以此做到合理判定自身合法权益并能主动使用法律维护自己合法权益。通过各种法治实践活动，进一步增强崇尚法治和依法处事的法律意识。

二、当代大学生法治教育的价值取向

2016年起，我国第七个五年法治宣传教育工作正式启动，"七五"普法活动仍然将弘扬法治素养、培育法治理念、树立法律意识作为工作的重中之重，并且要引导广大公民能够自觉地遵守法律制度、信任法律权威、熟悉法律常识、运用法律实践。至此，我国"法治教育"进入全面推进的成熟发展时期。新时代大学生法治教育的价值取向应包括三个方面的主要内容：

（一）人本价值——立德树人

"人本价值"是从本体论角度诠释新时代法治内涵，是中国特色社会主义法治建设的本质追求。首先，"人本价值"契合以

---

〔1〕 陈金钊："法治能力及其方法论塑造"，载《上海师范大学学报（哲学社会科学版）》2017年第2期。

马克思主义法治观为代表的古今中外经典法治思想。法律作为一种重要的社会规范形式，核心关怀必然是"人"，法治社会的价值追求必然与实现"人"的终极价值达成统一。马克思主义法治观的人本价值从"从事实际活动的人"出发，构成了唯物史观观察法的必要前提。它认为人是构成全部人类活动和各种社会关系的本质和基础。所有的改革和发展追逐的价值都离不开人性的解放，而"所有类型的解放都是将人的关系和人的世界返还给自己"。马克思深厚的唯物主义"人学"起点构筑了马克思主义法治观"人本精神"的灵魂，马克思主义法治观强调，法律是人的行为本身必备的规律，法律是为人而存在的，真正的法律在于保障人的权利和自由。法律与国家应存在着相对的独立性，而以国家意志作为法律的最终体现形式。立法者应以充分促进公民自我价值的最终实现作为愿景，而不是脱离实际、摒弃人本价值而锻造法律。法律作为理性规则，最终反映的是社会成员之间利益和需求的终极平衡，"人的行为本身必备的规律，是人的生活的自觉反应"。"不是国家制度创造人民，而是人民创造国家制度。"其次，"人本价值"顺应中国特色社会主义法治实践道路。我国法治的"人本价值"始于1949年至1978年间，经过大半个世纪的发展迎来了历史性的关键时间节点，基于"人本价值"的法治理念贯穿着中国法治现代化的整个过程，将在充分尊重和保障人权的基础上逐步实现贯穿于法治建设的各个领域，中国特色社会主义法治的"人本价值"随着时代发展不断丰富着内涵和外延。在十九大报告中，"人民"二字一共出现203次，人民主线贯穿始终——以人为本，也是我国当前推动社会各项事业发展的重要理念，法治所追求的"人本价值"，旨在实现符合人民根本利益，保障人民享有发展成果，保障人民能够依法享有普遍的权利和自由、履行各自必须尽到的义务，促进社会公平正义，最终实现共同富裕。

（二）德法共治——德法兼修

"德法共治"是从价值论角度诠释新时代法治内涵，是中国特色社会主义法治建设的必由之路。法律之所以被遵守，是由于其具有道德性，在一定程度上，法律源于原始道德。因此，法治在实现人本价值的过程中，不应只通过法律来约束人的行为，同时还应强调道德的作用，即德法共治。德治，古希腊先哲柏拉图不仅推崇法治，也强调了德法的统一——立法是为统治阶级服务，但立法的意志应秉承正义，同时必须兼顾美德。在现代社会，德治不仅仅是以道德作为社会治理的重要手段，更是代表一种社会成员自觉遵守道德，进而实现善治的效果。十九大报告明确提出必须将依法治国、以德治国二者结合，习近平总书记同样说过，一切时候都必须遵循法律这一准绳；一切时候都不能无视道德这一基石。法律是成文的道德，道德是内心的法律。二者都同样具有维护社会秩序、调节社会关系、规范社会行为的功能，在我国的国家治理中都有其地位和作用。建设好法治中国的关键在于，要坚持依法治国与以德治国的有机统一，充分发挥好法治和德治互为补充、相辅相成、相得益彰的作用，从而推动国家治理体系和治理能力现代化。由于法律具备一定的道德属性，反映出社会基本的道德规范，从限制公共权力、保障社会成员的基本权利等角度来说，法治本身应建立在道德的基础之上，符合社会成员总体的基本的价值观和道德观。我国自古有德主刑辅、为政以德的法治文化传统，这就为德法共治提供了厚重的历史文化基础——儒家思想当中治国理政的内容不仅强调了"德治"，而且也不排斥"法治"，主张"德主刑辅""礼法合治"。孔子曾说，"道之以政，齐之以刑，民免而无耻；道之以德，齐之以礼，有耻且格"。他认为，法律和刑罚对维护社会秩序来说无法起到根本性的作用，在维护社会秩序过程中人们的精神道德面貌发挥更为基础的作用。[1]由此可见，德治的作用在于治本，从根本上引导社会成员遵守法律，实现善治。

（三）良法善治——全民守法

"良法善治"是从方法论角度诠释新时代法治内涵，是中国特色社会主义法治建设的理想愿景。古罗马的哲学家西塞罗提出："真正的法律是正确的规则的主观表达和客观载体。"十八届四中全会通过的《关于全面推进依法治国若干重大问题的决定》提出"法律是治国之重器，良法是善治之前提"。"善治"首次进入中央全会决定，中国走向善治的路径也是中国梦的实现路径。善治应具备合法性、法治、透明性、责任性、回应等十个基本要素。善治本身是法治的高层次追求，需要通过良法的途径实现。其一，良法的目标是追求正义。其二，良法的作用是保障大多数社会成员的合法权益。霍布斯则进一步强调"良法就是为人民的利益所需要而又清晰明确的法律"。习近平总书记在关于社会主要矛盾的论述中说道，"新时代我国社会主要矛盾转变为人民日益增长的美好生活需要和不平衡不充分的发展之间的矛盾"，良法的作用无疑是保障人民能够充分享受发展带来的福祉。其三，良法是推动社会发展的重要动力。良法的发展所呈现出的法治现代化过程本身就是社会现代化的体现，更是推动治理能力和治理体系现代化的必由之路。

---

〔1〕　戴木才："坚持依法治国和以德治国相结合"，载《人民日报》2017年2月14日。

第二节　当代大学生法治教育"五维度"目标分析

从社会对大学生参与法治国家建设的需求来看，新时代大学生法治教育的总体目标从横向角度来看，包括法律认知、法律情感、法律意志、法律评价和综合实践能力五个维度。由前序实验研究得出，人的责任心高低与自我控制倾向、自律、高效、勤奋、成就动机、积极情绪、主观幸福感等人格特质密切相关，而这些人格特质与构成大学生法律意识的主要维度存在一定关联，应将其渗透在法治教育横向目标的总体设计中，贯穿于法律认知、法律情感与综合实践能力等主要核心维度。

一、法律认知影响大学生学习法律知识的积极性

法律认知是社会主体对于法律的现象、法律制度、法规、法律实务等的认识与了解，同时也是对于国家现行法律制度等的熟悉和掌握程度。[1]大学生在学习法律知识时，可以了解何谓法律法规，法律的意义在于何处，法律是如何发展演变而来的，同时也能掌握法定权利和义务。大学生能够积极学习法律知识主要是由于他们这个年龄段对于知识有很强的求知欲，并且处在法治建设的社会现实当中，不得不多多学习法律知识来武装自己。法律认知是影响大学生学习法律知识的最重要的因素，因为只有拥有了法律认知才能学会正确行使权利，正确履行义务。除了通过显性的法律认知来习得对法律法规的掌握，影响大学生法律认知水平高低的因素还包括对个体责任认知的明确，大学生责任认知的核心是作出对某事是否应承担责任以

---

〔1〕　李金忠："法律情感、法律认知、法律理念——当代大学生法律意识培养三部曲"，载《中国成人教育》2012年第22期。

及应承担何种责任的判定，责任认知能力应成为隐形法律认知能力的组成部分。法治教育实践中应培养大学生具备明确的自我责任认知，同时引导和激发其作为法治社会公民对国家、社会和他人的责任认知，从而健全完善自身的法律认知能力。

二、法律情感推动大学生积极主动参与法治建设

法律情感是社会主体在头脑中的对法律现象的具体态度以及做出的心理反应，一般来说，表现为两种类型：一种是喜爱、依恋、关心等正向的情感表现，另一种则是厌恶、鄙夷、不齿等负面的情感表现。[1]学校学分的压力、现实社会对于法律教育的强调以及自身经历过的法律案件等因素都会推动大学生积极主动参与法治建设。然而，法律情感是这些因素中最重要的，因为法律情感是人由内而外衍生出的意识层面的要素，在一定程度上可以支配人的行为，总之就是会对人的行为产生重要影响。法律情感是社会当中的人争取正当权利、不断为自身权利以及法律而进行斗争的一种精神动力，也是中华民族最为珍视的精神财富。在构成法律情感的诸多要素中，责任情感是其重要组成部分之一，激发和唤醒大学生正向的责任情感对提高其法律情感有着显著影响。在法治教育实践过程中，应将对大学生正向责任情感的激发与养成作为任务之一，通过教育实践的方式让正向的责任情感逐渐成为一种被大学生普遍认同且存在的心理状态，促进他们在日常生活中自觉养成对法治的追求和践行。

三、法律意志坚定大学生群体捍卫法律尊严

法律意志是社会主体对于法律尊严的维护，主要表现为勇

---

〔1〕 李金忠："法律情感、法律认知、法律理念——当代大学生法律意识培养三部曲"，载《中国成人教育》2012年第22期。

于同违法犯罪行为进行斗争的心理态度，在斗争中不畏危险、不惧困难、不怕牺牲，也要坚守法律、维护法律的一种精神品质。[1]当代大学生为什么会捍卫法律的尊严，其根源有很多，例如爱国精神和对于法律的崇尚等，就像很多大学生经常在生活中对违法犯罪行为表示不齿、抨击违法行为、举报违法犯罪分子等。在这些因素当中，最重要的可谓是法律意志，因为法律意志是人类意志的一种，意志经长期积累形成，且会在相当长的时期内保持稳定，并且能够影响人们的行为，使他们在面对不法行为时挺身而出，勇于为此作斗争。

四、法律评价塑造大学生理性审视法治建设

法律评价是指社会主体在自身已有的法律基础知识、法律认知、法律情感、法律意志的基础上，对国家现行法律制度以及法律制度对于社会进步、对于个人权利与义务实现、对于生产力发展等作出的主观判断。[2]对于法律知识、法律法规条文和法理的认知程度以及对法治建设所达到的社会效果的主观认识等因素都会影响大学生对于法治建设的理性审视。其中最重要的还当属法律评价，因为它直接反映了社会主体对于国家法律及法治运行的主观心理态度，同时说明了大学生是否能认同国家现行法律制度，是否愿意维护当前法律，是否愿意为国家法治建设建言献策，是否能够自觉遵守法律、合理运用法律，也决定了国家法律是否能得到社会的心理认同和支持。

---

〔1〕 李金忠："法律情感、法律认知、法律理念——当代大学生法律意识培养三部曲"，载《中国成人教育》2012 年第 22 期。

〔2〕 丁义浩、张振芝："大学生法治教育当以尊严为核心"，载《人民论坛》2017 年第 2 期。

五、综合实践能力推动大学生法治素养学以致用

综合实践能力是指大学生运用所学的法律知识来解决法律问题的能力。长期以来，我国的法治教育普遍重视对法学理论、基本概念和一般条文的分析讲解，关注学生对理论体系的了解与掌握，而忽略了培养学生的综合实践能力。上述的法治教育模式使得大学生所接受的法治教育在毕业后与社会的现实需求存在较大的脱节现象，新入职的大学生在面对工作中突发的法律问题与冲突时，无法有效地通过现有能力去积极应对与处理，理论学习与实践能力脱节。因此，大学生法治教育改革实践的核心任务之一应该是着重培养学生的法治综合实践能力，并最终提升其法治素养，做到学以致用。培养和提升学生的综合应用与实践能力是社会主义市场经济发展的需要，提高学生的法律实践能力是大学生培育法律意识，维护自身合法权益的需要，也是大学生法治教育根本的目标归宿。对法治的责任担当是大学生主动运用与践行法治的原动力，而责任行为则来源于社会生活实践，个体的责任心只有通过个人对责任的承担和履行等实践行为才能自然习得与养成。因此，通过在大学生的社会实践活动中渗透对责任担当意识的培育，磨炼责任意志，实践敬岗爱业、忠于职守的职业道德和责任行为，在潜移默化中养成"我要做"的思维方式，即责任行为的自觉性，深化大学生法治责任行为的养成，促进其责任行为强制性与自觉性的统一，是更好地提升大学生法治综合能力与法治素养的有效保障。

第三节　当代大学生法治教育"三阶段"目标分析

全人教育理论指导下的新时代大学生法治教育目标体系包

含三个方面：实现人的全面发展，实现人的终身成长，实现人与社会的和谐发展。新时代大学生法治教育应着力从"人"自身，"人"与社会等要素的横向关系，以及"人"个人成长的纵向发展周期的相互关系三个方面全面实现。"三段五维"的目标体系以培育具有较高法律意识与法治实践能力，且"德法兼修"的青年大学生为总体目标，重构高校在构建全民法治教育体系中的角色定位。"三段"即法律意识以及法治实践能力养成目标的阶段性设置：基础教育阶段、高等教育阶段、职后发展阶段；"五维"即用全人教育理论的核心要义解读法治教育的新时代内涵：扎实的法治知识、灵活的运用能力、坚定的法律信仰、强烈的法治素养和高尚的道德情操五个维度。其中扎实的法治知识和灵活的运用能力是较高法律意识养成的技能基础，包括知识技能与实践技能；坚定的法律信仰和强烈的法治素养是法律意识养成的情感基础，包括守法的信仰和主动践行法治实践的主体意识等；高尚的道德情操则代表法律意识养成的道德基础，契合"德法兼修"的总体目标。大学生法律意识养成是一个连续、动态、终身的过程，大学生从基础教育阶段起，延续到职后发展各个阶段都在接受全民法治教育中构建自我的法律意识体系。因此，法律意识的养成教育应有机整合基础教育、高等教育和职后生涯三个阶段，使之成为一个连续不断、有机衔接、相互支持的整体，重点在高等教育阶段，应做好"分级分类"与"两个衔接"。分级分类指应针对法学专业与非法学专业学生、理工科类与人文社科类学生、少数民族学生、贫困生源学生以及心理亚健康状况学生等不同学历层次、不同学科类别、不同生源类别以及不同现实状况的学生开展精细化的分类指导和分级要求。同时应做好两个衔接，即大学入校阶段与基础教育阶段的衔接以及大学离校阶段与职后生涯发展阶段的衔接。为更好地实现"三段五维"的法律意识养成目标体系，还应充分根据资源优化配置与高效利用的原则，构建高校、地方政府、中小学校、司法机构、社区和家庭等有机统整、彼此融合的法治教育共同体。

一、大学前阶段——奠定学习基础

大学前阶段，主要的法治教育主体是政府部门、社区、高中阶段各类机构（普通高中、职业高中等）。《青少年法治教育大纲》规定，高中阶段的法治教育目标主要是："使学生较为全面地了解中国特色社会主义法律体系的基本框架、基本制度以及法律常识，强化守法意识，增强法治观念，牢固树立有权利就有义务的观念，初步具备参与法治实践、正确维护自身权利的能力。"

大学生在大学入学前，主要接受高中阶段教育，在这一阶段，"刑事责任年龄"是这一群体的主要特征，《刑法》规定，已满16周岁的人犯罪，应当负刑事责任，为完全负刑事责任年龄阶段；已满14周岁不满16周岁的人，犯故意杀人、故意伤害致人重伤或者死亡、强奸、抢劫、贩卖毒品、放火、爆炸、投放危险物质罪的，应负刑事责任。这表明高中阶段法治教育的对象正处于相对危险的法治行为时期，对违法犯罪行为的意识正处于关键的形成期，因此，在这一阶段的法治教育主要是以"普法"为主要表现形式，即了解与法律有关的基本知识。因此，大学前阶段，法治教育的目标，在高中阶段的学校层面，主要是通过法治教育活动，使受教育者在思想上树立法律的权威和法治的威严。在青春期，规范个体的行为，同时，也为在大学阶段接受系统化、专业化的法治教育奠定学习基础。

二、大学阶段——强化法律意识与法治实践能力

大学阶段，主要的法治教育主体是各级各类高等教育机构，如本科院校、职业院校等。《青少年法治教育大纲》规定，高等教育阶段的法治教育目标主要是："进一步深化对法治理念、法治原则、重要法律概念的认识与理解，基本掌握公民常用法律知识，基本具备以法治思维和法治方式维护自身权利、参与社会公共事务、化解矛盾纠纷的能力，牢固树立法治观念，认识全面依法治国的重大意义，坚定走中国特色社会主义法治道路的理想和信念。"大学阶段的大学生法治教育在三个阶段中，处于核心地位。大学生在大学阶段除了积累专业知识与技术之外，更重要的是通过接受大学教育，成为高质量的人力资源。尤其是在高等教育大众化的当下，大学生群体已经成为我国经济社会现代化建设的主要力量，也是我国法治现代化建设的重要参与者。在这一时期，大学生法治教育的核心要义是普及法律知识、形成社会主义法治观念和提高对于法律的应用能力，也就是法治知识、法治素养和法治能力等五维度要素的形成关键期。

就本科院校而言，高校法治教育的目标在于培养熟悉掌握法律知识、能够适应当代法治文明的具有法治观念、法治能力的大学生。高校法治教育必须在提升大学生法律意识方面多下功夫。怎样培育大学生的法律意识这一问题也就日渐突出。这种培育的根本要求在于让大学生能够逐渐地了解更多的法律问题，并且能够运用所熟悉的法律知识来解释问题产生的缘由，进而在理解的基础上将所学知识转变为实践应用，灵活地运用法律手段解决实际问题。但是，当前高校在法治教育这方面的差异性较大，仅有少数政法类学校能够深入地开展法治教学，而其他学校的法治课程多流于形式。特别是在专业设置和学科

建设有所偏重的高校。例如，工科类学校的法治课程开设较少，学生的法治素养低于其他院校。在依法治国、依法治校的社会发展浪潮中，高校必须将法治教育提升到新的高度，首要任务便是跨越专业障碍，提高法治教育在课程设置中的比重。此外，法治教育要打破教师的专业障碍，将法治教育融入各个学科、各个教师的教学过程中来。应该实现普遍化的基础法治教育，让其在本科、硕士、博士等各个阶段的教育中得以落实和实施。当今的基础法治教育主要还是在大学本科教育当中实行，而在课时上显得不足，于是就很难实现大学基础法治教育的任务和目标。因而，高校需要扩大基础法治教育的运用广泛程度，在本科、硕士、博士各个层次的入学教育中加入法治教育内容，并且要全面覆盖所有专业。[1]各高校的法学院系无疑是培养法学专业人才的基础教学单位，法学院系的教育质量就意味着该校法学人才培养的水平，法学院系的教育质量要受到必要的重视，因为它在大学法治教育发展进程中起着先锋模范作用。

就高职院校而言，与高等院校相比其最大的特征是它的职业特点。它发展和存在的旗帜是以就业为导向。由该类院校培育出来的学生，在校时间短，但动手能力非常好，特别是在毕业前的顶岗学习，不只是让学生快速地适应社会、融于社会，更能够迅速地提升学生的实际操作能力。在有限的在校时间里，让学生学会守法并运用法律在就业甚至以后的人生中保护自己的合法权益就显得尤为重要。我国高职学校有其自身特性，但缺乏足够的师资对在校学生进行全面的整体性的法治教育。所以，在该类型学校中进行法治教育，要与技能教育高度融合，对于理论的知识要求不是很高，法治教育要与他们的从业领域

---

〔1〕　孙建："关于法治教育纳入国民教育体系的思考"，载《中国司法》2015年第9期。

紧密结合，与他们的职业技能相融合，多涉及与他们从业领域相关的法律内容，要加强该方面的培训。例如，产品设计专业的学生要充分学习知识产权方面的法律内容，汽车专业的学生要知晓交通安全法规对企业再制造方面的要求。那些马上要毕业的学生，就要步入社会，要对他们进行劳动关系法律法规知识的教育，保证他们能在以后的工作中运用法律武器来维护自己的权利。[1]高职院校法治教育，必须与学生的就业密切联系在一起，引导学生运用法律武器，维护自身合法权益，从守法和用法的角度，在工作中践行法治。

三、毕业后阶段——促进法律素养的终身养成

大学生毕业后进入就业岗位。这一时期，对大学生群体实施法治教育的主体主要是政府部门、社区、网络等。这一时期大学生法治教育在形式和内容上，更符合公民法治教育。因此，这一时期法治教育的主要目标是培养具有五维度法治要素的公民。毕业后阶段大学生法治教育的主要内容包括："深入学习宣传习近平总书记关于全面依法治国的重要论述……突出学习宣传宪法……深入宣传中国特色社会主义法律体系；深入学习宣传党内法规……推进法治教育与道德教育相结合。"[2]而开展法治教育的相关主体主要包括政府部门、企业、家庭等。其中，企业是大学生毕业后的主要就业平台，家庭是大学生毕业后主要的居住环境，相对于政府部门而言，这两个主体的法治教育更贴近大学生毕业后的日常生活。

---

〔1〕 王晗璐："浅谈新形势下高职院校学生法治教育活动的实施"，载《法制博览》2016 年第 8 期。

〔2〕 参见中央宣传部、司法部《关于在公民中开展法治宣传教育的第七个五年规划（2016—2020 年）》。

企业开展法治教育，目的在于保障企业有效地防范法律风险。企业层面法治教育需要和职业技能培训相结合，把法律条例运用到工作实践中，加强教育的效果。企业的法治宣传教育要紧紧围绕中心工作，在宣传党对企业的基本政策的同时，把企业发展中的实际问题结合进来，宣讲一些与职工的工作和生活实际需求紧密相关的法律常识和问题解决途径，其中应该包含：一是劳动法、企业法、生产安全法这样的企业在经营管理过程中必不可少的法律法规和规章制度，这些法律法规能够使企业平稳运营并且合理合法经营和管理；二是产品质量法、专利法、反不正当竞争法等这样的市场管理与竞争类的法律法规，它们能够维持良好的市场秩序，让市场得以良性发展，企业能够良性竞争；三是合同法、企业所得税法等这样有关企业发展的法律法规，这些法律既是企业稳健发展的基本保证，也是广大员工应重视学习和掌握的法律法规；四是关于公民基本权利和义务方面的法律法规，如宪法、婚姻法、人口与计划生育法等，通过这些法律法规明确和界定自身的基本权利和义务，也是企业员工提升法律素养的必经之路。

家庭实施法治教育，目的在于确保大学生的健康成长，从微观角度促进社会和谐稳定。随着历史进程的不断发展和进步，家庭教育在提供社会正外部性和各种正面效应当中起着至关重要的作用。人的一生会不同程度地接受这三种教育，其中仅家庭教育就占据了半壁江山，可以说在人的一生中都发挥着重要作用，同时它也在青少年的法治教育当中充当了最为基础的角色，发挥着基础性作用。我们所说的良好的家庭教育，不仅仅包括有关礼仪、为人处世的教育，还包括青少年时期必要的一些法治教育的内容。社会由万千个不同的家庭所组成，家庭教育自然在法治社会建设当中起着基础性作用。要想对青少年进行基础法治教育，就一定离不开以下三个条件：良好的家风家貌、和谐稳定的家庭成员间的关系以及家庭对青少年的严格的科学的管理。准确地说，家庭教育不仅是毕业后大学生进行法治教育的主要手段和来源，更是贯穿大学生整个法治教育过程的一个重要载体。其一，家庭是个人最早接受教育的场所。一个人的个性特征、智力、情商、体力等基本特征都是在家庭当中形成的，家庭贯穿了整个人的发展过程。其二，大学生在进入大学之前和毕业之后大部分时间都是在家庭生活中度过的，其一直所具有的最初的三观以及各种特性也是在家庭生活中不断形成和发展的。每个人都会在持续不断的家庭教育以及家庭这个环境当中形成并不断改变自己的行为习惯、心理习惯、道德品质、认知以及心理承受能力等。其三，家庭当中家庭成员的作风、行为习惯，家庭教育的类型、特点，以及家长的个性特征、行为特征、心理状态以及心理发展水平都会对家庭当中的青少年产生或多或少的影响。人的心理发展过程也是具有客观性的，心理发展的前提和基础是其遗传因素以及生理组织的发展，而后天的环境对于心理发展水平也起着不可替代的重要作用。

第四节　当代大学生法治教育目标重构主要策略

全人教育理论指导下的新时代大学生法治教育目标体系包含三个方面：实现人的全面发展，实现人的终身成长，实现人与社会的和谐发展。新时代大学生法治教育应着力从"人"自身，"人"与社会等要素的横向关系，以及"人"个人成长的纵向发展周期的相互关系三个方面全面实现。

一、确立"三段五维"目标体系

"三段五维"的目标体系以培育具有较高法律意识与法治实践能力且"德法兼修"的青年大学生为总体目标，重构高校在构建全民法治教育体系中的角色定位。"三段"即法律意识以及法治实践能力养成目标的阶段性设置：基础教育阶段、高等教育阶段、职后发展阶段；"五维"即用全人教育理论的核心要义解读法治教育的新时代内涵：扎实的法治知识、灵活的运用能力、坚定的法律信仰、强烈的法治素养和高尚的道德情操五个维度。其中扎实的法治知识和灵活的运用能力是较高法律意识养成的技能基础，包括知识技能与实践技能；坚定的法律信仰和强烈的法治素养是法律意识养成的情感基础，包括守法的信仰和主动践行法治实践的主体意识等；高尚的道德情操则代表法律意识养成的道德基础，契合"德法兼修"的总体目标。大学生法律意识养成是一个连续、动态、终身的过程，大学生从基础教育阶段起，延续到职后发展各个阶段都在接受全民法治教育中构建自我的法律意识体系。因此，法律意识的养成教育应有机整合基础教育、高等教育和职后生涯三个阶段，使之成为一个连续不断、有机衔接、相互支持的整体，重点在高等教育阶段，应做好"分级分类"与"两个衔接"。"分级分类指应针对法学专业与非法学专业学生、理工科类与人文社科类学生、少数民族学生、贫困生源学生以及心理亚健康状况学生等不同学历层次、不同学科类别、不同生源类别以及不同现实状况的学生开展精细化的分类指导和分级要求。同时应做好两个衔接，即大学入校阶段与基础教育阶段的衔接以及大学离校阶段与职后生涯发展阶段的衔接。具体而言，应从三个方面入手，确立"三段五维"的目标体系。

（一）建立以高中（含职业高中）为主体的大学前阶段法治教育模式

基于"三段五维"的目标体系，在大学前，未来的大学生主要集中在普通高中、职业高中接受学校教育，因此，应以高中学校（含职业高中）为主体，建立大学前阶段法治教育新模式。这种新模式的突出特点是充分调动高中学校所在地的多个机构积极性，依托各种形式的课程与法治教育活动协同推进大学前的法治教育。具体是，其一，高中学校（含职业高中）切实执行"法律进课堂（校园）"的活动，高中学校联合所在地省级与地市级的公检法等与司法、执法工作有关的职能部门，开展定期与不定期相结合的法治教育宣讲活动，其中，定期的活动是以司法与执法机关资深法治教育专家担任高中学校（含职业高中）的法治教育顾问，与学校的法治副校长共同担任法治教育宣讲活动的召集人，以司法案例和执法活动案例为主，结合法治热点问题，对学生进行有关宪法、公民权利与义务、教育法、劳动法、民法、刑法、经济法等法律法规内容的宣讲；不定期的活动是以法治副校长为主，对全校师生通过集会、例会等形式，结合法治热点，进行法治教育宣讲。其二，高中学校（含职业高中）与所在地的高等学校建立大学前的法治教育衔接机制，具体是由所在地高等学校的思想政治教育部门、法学院系等法治教育相关单位的专家学者，参与到高中学校（含职业高中）的法治教育活动，高中学校（含职业高中）的教研工作与高等学校的法治教育教研工作加强互动交流，联合开展高中学校（含职业高中）学生的法治教育教研工作。其三，高中学校（含职业高中）在学生培养过程中，单独设置并强化法治教育课程模块。特别是针对职业高中的特殊性，在不同专业，设置与专业紧密相关的法律与法治教育课程。例如，在工商管理类专业职高学生的课程中，设置经济法、民法、合同法、劳动法等法律课程；在全校设置宪法、刑法等专项的法律教育课程。其四，高中学校（含职业高中）的主管部门，建立法治课程骨干教师，专任教师的培训制度，建立服务于师生法治教育的资源中心和实践基地；建立教育行政部门领导干部、执法人员等群体的法律法规培训制度，开展校长任职前法律知识考察与年度评价考核；设立法治教育专项经费。其五，教育部在条件成熟时，可将法律知识纳入高考，以此推动地方教育行政部门和高中学校（含职业高中）加大对法治教育的整合与投入力度。高中学校（含职业高中）及其主管部门将法治教育的上述目标，以年度规划等形式确立下来，由高中学校（含职业高中）的校长、教职工、学生代表等共同按照议事程序制定，报请主管部门审批备案，并作为相关考核的重要依据。

（二）以大学院系为主体建立大学与大学后阶段法治教育模式

在大学阶段，建立以院系为主的法治教育模式，在院系整体的培养目标中，强调法治教育的重要性，并将法治教育作为专项活动，贯穿大学生培养全过程。首先，在一年级阶段，除了相关的专门课程之外，院系的辅导员、主管团学工作的专职副书记等，在讲授形势与政策等思想政治教育课程的同时，对学生进行系统的、全面的法治教育，在原有法律基础课程的基础上，加强对宪法、刑法、民法、经济法等法律的教育，并且结合社会法治案例，加大对学生的法治教育力度。在二年级阶段，主要由辅导员和主管团学工作的专职副书记联合学校的法治教育部门教师、法学院系的教师，共同对学生进行劳动法、合同法等专项法律的理论讲授，相对侧重对法律条文的解读。在三年级阶段，院系的辅导员与主管团学工作的副书记联合法治教育部门教师与法学院系教师以及政府执法部门工作人员等共同结合实际问题对学生进行法律知识与法律使用能力的训练。在四年级阶段（职业院校三年级阶段），学校和院系共同建立依托就业保障机制的权益保障预警机制，登记学生就业、升学信息，做好与就业单位、人事档案所在单位、高校的法治教育衔接工作。

二、建立法治教育共同体

为更好地实现"三段五维"的法律意识养成目标体系，还应充分根据资源优化配置与高效利用的原则，构建高校、地方政府、中小学校、司法机构、社区和家庭等有机统整、彼此融合的法治教育共同体。

（一）建立高校与社会的协作育人机制

高校法治教育工作的开展离不开社会各部门的支撑，在学校与社会之间建立良好协作育人机制，充分发挥学校教育与社会教育的独特优势，促使二者能够在发挥作用的同时有机结合，形成强大的合力与效应。在社会实践过程中，应用相对更为普遍的是将高校的法治教育与司法部门的法治宣传等活动有机结合起来。例如，高校可以组织学生到法庭现场聆听学习，从中了解实际的庭审程序；组织高校学生到司法机关实习实训，针对司法机关存在的问题主动交流，献言献策，真正参与到法治实践活动中。同时，高校还应该与当地的司法机关、检察机关和行政部门建立密切的合作关系，定期开展法治宣传活动，[1]邀请机关职能部门的负责人提前准备讲解材料，到高校开展专题讲座和法律咨询服务活动；还可以建立法治宣传专栏，利用多媒体平台与高校学生建立网络互动，上传社会热点案例，并

---

[1] 陈翠婷："高校大学生法治教育的困境及对策研究"，天津理工大学2017年硕士学位论文。

进行细致专业的分析，针对学生提出的问题及时进行回复，从而在高校、法律部门与学生之间建立良性互动链。当然，学校还可以安排组织大学生到监狱学习参观，通过与监狱监管人员的交流，加强对法律权威的认识和信赖，从而提升自己的法律认同感，并且这种更为直观的活动方式，可以让学生真正接触到社会法律问题，不仅在知识层面有更为深入的理解，还能端正学生的法律观念和法律意识，培养具有现代法律精神的社会建设者。

（二）建立社会与家庭的协调互动机制

在社会与家庭之间建立起行为示范引导机制、信息交流传播机制，充分发挥家庭与社会互为基础这一特征，让法治教育能够从家庭当中延伸到社会各处，更好地将家庭与社会对于法治教育的重要作用融会贯通，这对于大学生法治教育事业的发展至关重要。新兴大众传播媒介和社区教育是社会教育的重要手段，社会主要利用这些手段与家庭建立起良好的大学生法治教育协调互动机制。一是新兴大众传播媒介。目前，以互动性、即时性、多媒体为主要特点的微信、微博等新兴媒体大众传媒已经成为传播和扩散信息的主要渠道，利用好这些新兴传媒就可以更快、更好、更准确地进行法治教育的传播。新兴媒体在向家庭成员传播信息的同时，家庭成员也在通过新媒体互动参与到监督司法、执法当中来，加大了人民群众对于法治的参与力度。这样家庭成员会对法治观念耳濡目染，有利于促进彼此的法治素养的养成和提升。二是社区法治教育。社区通过创造良好的法治教育氛围，使社会家庭及其成员在潜移默化中受到法治教育。比如，社区居委会应该经常组织社区家庭成员举办法律知识宣讲、法治宣传栏等丰富多彩的社区活动，在活动中切实提升社区居民的整体法治教育水平，建构良好社会法治教育环境。

（三）建立高校与家庭的协调互动机制

作为学校法治教育的重要补充，家庭对于孩子法治思维、法治理念的培养和引领也是至关重要的。要想全面并且健康地塑造学生的法治素养和信念，我们就必须发挥家庭与高校各自的优势，同时加强二者的融合、交流，共同建设良好有效的沟通机制与信息反馈机制。具体而言：一方面，高校应积极进行家校互动平台的建设，多与学生家长建立长期的沟通机制。首先是要将学生在校期间对于法治基础知识的学习情况和状态及时告知家长，同时也不能忽视家庭教育的重要作用，充分向家长宣传和解读相关法治知识，让家长能够通过言传身教的方式对孩子进行熏陶和潜移默化地影响他们的行为习惯，树立基本的法治意识，形成法治素养。[1]其次是通过对现代化信息技术与新媒体的应用，建立起家校联系的有效沟通平台和机制，以不断促进家校之间的合理沟通和联系。学校通过微信、微博、网站等个性化的新媒体渠道，建立专门的用于指导家长学习家庭法治教育相关知识和技能的平台和咨询团队，以此来提高家庭对于学生法治教育的效率和水平。另一方面，家长要主动配合高校的法治宣传活动。孩子在法律认知和思想意识方面尚未成熟，家长要能够起到模范带头作用，引导孩子学习法律知识、树立法律信念、维护法律权威、增强法治信仰，同时还要激发孩子对法治的兴趣，调动他们积极参与法律活动，从而在活动中学习到更多的法治理论，在现实生活中不断践行法治素养，进而提高学生法治教育的实效性。

---

〔1〕 张福娟："依法治国视域下大学生法治教育实效性研究"，武汉工程大学2016年硕士学位论文。

（四）建立健全高校、社会与家庭三者的协作保障机制

高校、社会、家庭之间法治教育协作机制的正常运作，除了需要正确的机制建构，还需要有效的保障措施。首先，制度层面的保障措施。制度层面的保障，主要是将法治教育制度化，通过目标管理方式，赋予各部门及具体职能岗位以明确的工作目标，从而使受教育者的法治教育能够逐步地实现规范化与制度化。除此之外，对于相关部门，还要建立起相互制约的工作责任制体系，从而使具体职能岗位能为自己的法治教育任务负责，从不同方向、不同角度开展工作，每一个环节都做好自己的本职工作，也就能够更好地推进学校、社会、家庭之间法治教育协作机制作用的发挥。其次，教育体系的保障。学校、家庭与社会之间的法治教育联合机制的作用发挥，还是要依靠学校的推动作用，该体系要想发挥其全部作用，首先就需要学校不停加快自身体系建设和改革步伐，同时要与社会、家庭之间建构起信息沟通、反馈体系以及协调体系等。在这样的方式作用下，家庭、学校、社会建立起了稳固的保障体系，并且三者能够在该体系的支持与作用下，不断实现信息、数据、资源等的流动与共享，进一步实现三个主体之间的协调统一，只有这样，才能有效保证高校法治教育质量的提升，进而提高大学生的法治素养。

第七章

当代大学生法治教育的
课程与教学方式设计

　　调研结果显示，大学生法治教育课程建设存在着法治教育课程实效性不强、理工农医类专业的法治教育课程建设水平不高、法治教育课程安排过于集中等问题；在教育方式上存在着教育教学方式、考核评价方式相对单一的问题。如何有效地解决课程建设存在的问题，应围绕新时代大学生法治教育"三段五维"的目标体系，根据提升大学生法律意识与法治素养的总体目标，以及培育大学生法律认知、法律情感、法律意志、法律评价和综合实践能力的发展目标，以课程为核心，建设服务于这一目标体系的大学生法治教育课程与相匹配的教学方式。从目标体系可以看出，新时代大学生法治教育对课程的要求体现出课程内外知识与能力、素质与修养等方面的紧密联系，通过学习知识、积累能力，结合丰富的实践，不断提升素质与修养。因此，这一要求在一定程度上符合全人教育理论的课程观。对此，结合全人教育理念中的"课程观"，从目标论、知识观、教学观和方法论等方面对大学生法治教育课程体系设计和方式创新进行全面指导。

第一节　法治教育理论课程体系设计思路

全人教育课程观概括为三个概念：联结性（connectedness）、整体性（wholeness）、存在（being）。其中，"联结性"是全人教育课程观对课程与其相关外部关联因素的关系界定，即认为大学生法治教育课程体系与其密切关联的外部因素，以及与之衔接的各阶段课程体系之间存在相关性，这种相关性从一定程度上影响着大学生法治教育课程体系面临一体化统整设计的改革诉求。"整体性"是全人教育课程观对课程内部各构成要素的关系界定，蕴含着四个方面的含义：一是系统性思考，即在进行大学生法治教育课程体系设计中应从部分到整体、从目标到关系、从结构到过程等进行整体考量；二是多视野审视，大学生法治教育课程体系是一个复杂系统，内部各构成要素和外部各相关因素以复杂的方式相互联系，在进行课程设计时应从不同的视角进行综合分析；三是独立性建构，为凸显大学生法治教育课程在大学生人才培养各环节中的重要地位，应该对其功能进行相对独立性的探索；四是多系统融合，大学生法治教育课程大系统由很多个子系统一起组成，从而共同形成关系网，整个系统各部分之间联系密切、相互作用，共同对大学生法治教育课程的实施效果产生影响。"存在"强调全人教育理念下课程所追求的理想愿景是人的"自我实现"，是对原有课程目标的一种超越，可用以指导课程实施过程中方式方法的创新，从而实现对课程本身的超越，包括多种教学方式的结合、教学资源的深度挖掘以及教学方法的创新运用等。在保证显性课程优质发展的基础上，对隐性课程资源进行深度开发和整合实施，如校园文化、社区文化、管理制度、法治校园等；积极运用"互联网+大数据"，打造精品优质的法治教育数字化课程资源，如在线课程、翻转课堂、微课堂、在线观摩课堂等，拓宽法治教育课程实施的时间与空间，促进大学生自主学习、合作学习、泛在学习、探究学习与参与式学习等。

一、通识必修课体系设计

"通识教育"（general education），是高等教育内容的一部分，在其他研究中也被称为"通才教育""一般教育"或"普通教育"，在高校发展和人才培养中起着举足轻重的作用，是沟通法治教育理念和实践的重要桥梁，同时也是每个人都要学习和掌握的非职业性和非专业性的教育内容；从内容而言，它相对于其他专业或学科的知识来说，更具普适性、基础性和非功利性；通识教育的目的也不同于其他专业知识，其是要将学生培养成为有责任、有担当的国家公民和社会个体；由此而言，其实质是培养"和谐发展的人"。通识课程是一种特殊的教学形式，是主要根据通识教育的特定目标而专门设置的教学内容和课程安排的总和，简而言之，是专业课程之外的所有课程统称。李曼丽认为，全校必修课和文化素质教育选修课共同构成了通识教育课程。通识课程相对于专业课程而言，在学生的培养目标、教学方式、课程评价等方面均存在明显的差异，专业课程重点培养学生在某一学科或专业下的专门知识和技能，而通识课程相对更具基础性、普适性、综合性、多元性、整体性、民族性和国际性，对学生的综合素养培养具有不可替代的作用，通过通识课程的开设可以增强学生的知识面，提高学生的逻辑思维能力、社会适应能力、知识理解能力、社会活动能力等，从而推动学生的全面发展和综合能力的培养，高校通过通识课程将学生培养为身心健全、有责任和担当的社会个体，成为社会发展所需要的国家公民。

（一）设计方案

根据"政策依据""主要原则"结合通识课程的概念和特点，参考大学生不同学年的课程安排总量以及大学生不同学年的生理心理状态设计课程及相应的教学方式。如大一懵懂，应以理论启蒙等方式，教授有关法的历史等方面的课程，学艺先学史，知道这些是怎么来的；大二活跃，以案例教学、模拟教学等方式，让学生在法治的框架内，自觉、主动地参加一些活动，以鲜活的案例以及丰富的模拟实践活动，开展法治教育；大三低调，因为面临人生选择的十字路口，或者一些其他因素，导致学生从活跃转为低调甚至低潮，此时可以设计一些带有一定强制性色彩的课程，将大学生法治教育深入持续地开展下去，同时也是为大四找工作踏入社会，依法维权奠定基础；大四紧张，接受了三年的理论教育之后，将所学付诸应用，因此大四的法治教育课程应倾向于实用、务实，强调遇到问题如何解决。对于刚刚踏入高校大门的大一新生来说，重点还是了解基础的法律知识，要让他们认识法治知识、理解法治理念、增强法治素养，从而为法治信仰的培养奠定坚实的基础。大二开始，学生开始为今后的就业考虑，为了能够使他们更好地进入职场、适应社会，高校将重心放在职业性法律知识的传输和引导，组织多样化的实践活动来培养学生的法治实践素养，从而保证学生具备进入职场最基本的法治信仰。实习期之后的学生，主要是在已有法治素养基础上，树立理性和成熟的法治观念，能够在学校、社会、家庭等不同组织间灵活转变，从而为步入社会做好最充分的准备。

2005 年开始，高校逐渐将思想道德修养和法律基础两部分内容融入《思想道德修养与法律基础》这门课中，这种有效结合标志着道德教育与法治教育在高校教学阶段的统一，"合二为一"的教学内容对指导学生学习和生活具有更加完整和统领性的作用。但就当前高校的课程开设情况来看，法治教育在高校课程中并没有达到预期的效果，其内容较多且缺乏规范性和条理性，不少课程没有将法治教育内容很好地整合进去，虽然在近些年有所增加，但仍然无法满足社会对学生法治素养的要求，为了能够应付上级部门对法治教育课程的考核，教师开始了争分夺秒的课程教学，在短时间内灌输多而杂的法治内容，对教师和学生而言都是一种挑战，教师的"教"停留在理论表层，学生的"学"也仅达到表面的"知而不懂"，难以调动学生的学习积极性和对法治教育的学习动力。

（二）内容设计

法治教育知识不是简单的知识罗列，其具有严密的理论逻辑和知识体系，仅国内相关法治思想的变迁和法律法规的设立，已经是一项庞大的系统工程，因此，法治知识的学习不能急功近利，需要一个持续性、长期性的过程。就当前而言，《思想道德修养与法律基础》作为高校各专业学生都必须要学习的非专业课程，一直受到学校的重视，但具备思想政治课程教学的教师十分有限，为了能够充分利用学校的师资资源，这门课程基本以200人到300人的大班教学为主，学生学习的需求和学习师资的缺乏之间产生矛盾，最终结果就是教学内容流于形式，教学方式单一乏味，教学效果可想而知。总而言之，当前高校对法治教育的重视程度还不够，法治教育课程形式缺乏多样性，学生法治教育考核机制不健全。此外，学校的隐性课程没有得到有效利用，法治教育与其他专业课程的学习脱离，学科之间、教师之间没有做到法治知识的渗透和衔接。在课程设计过程中，应当既削减公共基础类必修课，又精简法律类必修课，与此同时，除了教育部《全国高等学校法学专业核心课程教学基本要求》所建议的 14 门核心课程，还应当将法律技能与写作、模拟法庭等课程作为必修课，从而才能与法学实践性和专业性的特征相一致，同时必须重视学生的法律知识运用和法治实践能力。除此之外，学校还要整合现有的教学资源，为学生开设更多的选修课（任课教师应当长期致力于该领域的研究）任学生自由选择，而非将课程分割为若干相互分离的模块强制性要求学生进行选择。[1]

二、通识选修课体系设计

通识选修课是相对于专业必修课而言的，其主要是指学校为了适应通识教育的需要而设置的选修课，以学校的课程培养目标为导向，根据专业特点和学科发展需要，结合学生的特点和发展方向，为了进一步拓展学生的知识面、提高学科的融合性、优化课程结构而专门设置的供学生自主选择的课程。它与专业必修课相对应，主要目的不是学生的专业理论学习，而是适应社会对复合型人才的需求而设置内容，是对必修课程的补充和完善。[2]法治建设在我国逐渐引起人们的重视，在法治建设的过程中自然对公民的法治素养提出更高要求，就目前而言，法治教育是社会公民法治素养培养最重要的方式，特别是高校学生，法治教育相关的课程开设对学生法治知识掌握和法治素养培养、对社会发展和国家稳定均至关重要。

（一）教学方法以案例为主

案例教学法在发达国家的教育中由来已久，并且受到各学

---

〔1〕 高海："爱尔兰法学本科课程设置及其启示"，载《中国大学教学》2015年第 9 期。

〔2〕 胡绍元、钟纯真："通识选修课教学管理存在的问题与对策"，载《教育探索》2010 年第 12 期。

科、各类型高等院校教师的欢迎，我国在借鉴发达国家教学方法的基础上进行本土化改造，使其更适合中国的教育事业发展和教师教学需要，因而在一定程度上也是一种教学创新。法治教育有其特殊性，理论学习更多是作为基础性的了解，主要还是要能够将法律知识与社会实际问题有机结合，从而达到法治教育的目的。因此，高校非法律专业的法治课程都可以将案例教学法作为更为主要的教学方法。因为对于非法律专业的大学生而言，其对法律理论知之甚少，枯燥的课程教学难以调动学生的学习兴趣，而形式多样的案例教学可以更加直观生动地传达法律问题本质的要点，使其在参与中深入理解问题背后的法律理论和知识。新媒体的快速发展更是对案例教学提出更高的需求，教师摆脱书本的条条框框，跳出知识灌输的圈套，灵活运用案例教学、辩论式教学、模拟法庭、诊所教学、法律咨询等形式开展法治教育，对学生的法律学习兴趣、理论理解深度都至关重要。

（二）通识选修课教师的综合素质应相对更高

非法学专业学生在法律理论方面相对薄弱，对非专业课程的学习兴趣不高，如何调动其学习兴趣对教师而言十分重要，因此，法治课程教师的教学要更具针对性和生动性。传统的法学教学方式要求学生对理论深度理解、对知识有清晰的逻辑思路，非法学专业学生难以与教师产生积极的互动，所以教师要想方设法地将深奥的法律理论深入浅出，不仅要让学生掌握基础的法律知识，还要让学生能够理解知识的实践性和应用性。因此，高校在法治课程授课教师的选拔方面要更加严格，定期开展专项培训，甚至可以从司法、行政等部门聘请法律专业教师，将工作中遇到的实际法律问题展示于高校课堂，这对学生理解和掌握法律知识都将更为有效。

三、第二专业课体系设计

法学辅修旨在推动高校本科教学改革、培养全面发展人才。从宏观目标看，法学辅修要专博相济、凸显特色。法学辅修具有维系正义、性价比高、金牌师资、促进就业、长远发展等诸多优势。从中观定位看，法学辅修要服务学生、全面发展。法学辅修从报读方式、选拔机制、缴费问题、学习时间、学习地点、考试方式、集体联谊等方面提供便利，根据学科发展趋势精心设计核心课程，反对教学"法考化"趋势。从微观设计看，法学辅修要融入法律思维，启迪悟性。具体而言，要培养学生对法学辅修的兴趣，寓教于乐；慢慢融入法律思维，深入体会法律思维的意蕴；掌握法律技能，注重实务提升。法学辅修双学位培养目标，应该是让非法学专业的学生了解到法律教育的重要意义，基本学会法律基本知识，同时提高自身的法律修养，从而更好地为社会主义法治建设提供高质量人才，也为有意愿从事法律工作的学生打下坚实基础。[1]

（一）第二专业辅修的核心课程以专门法为主

双学位是指本科生的双学士学位。辅修双学位主要是指本科生在学有余力的情况下跨专业进行修读另一专业课程，达到另一专业毕业要求学分即授予相应专业门类学位证书。最先准备进行双学位培养模式的是新闻学专业，于20世纪80年代初期提出。20世纪80年代后期，双学位就开始进入迅速推广阶段。20世纪90年代后，随着我国进入市场经济，国家和社会对于法律人才的需求也不断扩大。由此，复合型法律人才培养的观念

---

〔1〕 李响："浅议辅修双学位培养复合型法律人才"，载《当代教育实践与教学研究》2017年第7期。

应运而生。[1]法学辅修的课程大多数是其专业核心课程，例如刑法、法理学、民法、物权法、商法、合同法、公司法、劳动与社会保障法、知识产权法、行政法、诉讼与仲裁法、经济法、金融法等。通过法学辅修课程设计，我们能够看出其体现了全面发展的大学精神。法学辅修课程主要有两方面的作用：一方面是通过学习法理，以理论法学指导部门法学，涉及法学本科专业的多个重要领域（私法、公法、社会法），一定程度上具备法学专业的基本技能（实体性技能和程序性技能）；另一方面需要学生从自身学科出发来理解法学辅修，实现跨学科修习，相互借鉴、相得益彰。例如，金融学专业多了解金融法，国际经济贸易专业多了解海商法，企业管理专业多了解公司法，行政管理专业多了解行政法等。

（二）第二专业课程避免"法考化"

设立法学类第二专业课程的目的主要在于向更多的学生讲授法律基础知识，从而使非法律专业大学生热爱法学，最终实现全面发展。大部分学生在进行报读咨询时都会询问：是否能够通过此课程而通过法律职业资格考试？法学辅修课程是否类似于法考补习班？诚然，司法考试的确是法学专业很重要的内容，但是不能违背客观规律。从教育科学性的角度看，法学教育职业化并不是"法考化"。当今法学专业本科教育如果趋向于"法考化"，那么法学辅修也就逃脱不了这样的命运，沦为法考"补习班"。法考不应该成为辅修的主要目标，这样一来，法律教育的价值就被贬低，并且无法完全实现。另外，法律职业资格考试的改革趋势是对非法学本科的学生加以限制（如学历限制、专业限制、工作年限限制等）。法学辅修说明了你的法学底

---

[1] 李响："浅议辅修双学位培养复合型法律人才"，载《当代教育实践与教学研究》2017年第7期。

蕴，并且存在提升个人法律修养和素质的意愿，但不是为了通过法考而开办的"补习班"。况且，进入法律职业并不是所有人选择报读法学辅修的目的，而是通过辅修课程辅助学生主修专业获得更好的发展，万万不能将法学辅修的初衷错误解读。[1]

（三）第二专业课程同样应加强法理的深入学习

法律教育并不是法学院学生才有的"特权"，它是一种全民教育，需要所有学生都能够学习和了解。修读法学辅修的学生全都来自其他非法学专业，对于专业基础知识有所匮乏，往往很多内行人看来是最简单的专业名词，在他们眼里也如洪水猛兽一般，难以理解。同样，老师也应该放弃原有的教学方式，不再简单进行概念罗列、名词堆砌、条款阅读等，要为非本专业学生多考虑。目前我国本科教育存在的一个基本问题就是根本没有达到该专业教学的基本要求，误读了素质教育应有的内涵，同时忽视了专业基础课程教学的重要性。每门课程中最重要的便是总论，因为其具有高度概括性、总结性以及逻辑性，因此应该在总论教育上多下功夫。分论则是一些具体的制度、案例等内容，学生可以进行自学。进一步来说，可以通过法学研究方法来提升法律思维，如法哲学分析、法经济学分析、比较法分析、法心理学分析、法社会学分析等。学生可以根据自己主修专业去选择上述的法学与其他学科交叉的各种研究方法，深入体会法律思维的意蕴。辅修教育需要资源共享，如学校内部的资源共享、国内区域高校联合办学的资源共享、国际高校联合办学的资源共享。[2]

---

〔1〕　曾晓昀："高校本科法学辅修教学改革论纲"，载《当代教育理论与实践》2016 年第 6 期。

〔2〕　杨宗仁："复合型人才培养模式多元化——辅修及双学位本科教育研究"，载《江苏高教》2011 年第 3 期。

（四）第二专业课程评价以过程性评价为主

各个学校对于法学辅修双学位学生学习的评价是多种多样、各具特点的。学习的"过程性评价是通过多种评价手段和方法，对学生学习过程表现出的兴趣、态度、参与活动程度、学习进展等进行持续性评价，从而更好地把握学习方法，促进学习效果和学习情感提升的一种考核方法"。[1]笔者认为，过程性评价对于辅修专业学习是一种比较适宜的方法。过程性评价把传统的学期末对于学生知识掌握程度的考核方式分散开来，特别注重学习的整个过程，并且把平时的学习态度、学习方法也加入最后的评价中，这样就更加有利于提升学生在学习中的兴趣，教师也可发现自身在教学当中的问题，同时也能提升辅修专业教育的实际效果和质量。当前，学校可以选择通过网上在线教学模式来实施对学生学习的过程性评价。

四、专业选修课

非法学专业学生的授课难度远远大于法学专业学生的授课难度，之所以出现这样的情况是因为非法学专业学生的法律基础知识匮乏，加重了授课教师的负担。教师在给非法学专业学生教授法学课程时应该做到更加深入浅出。这就要求教师必须具备两种素质：一是对于法学知识的融会贯通，二是具有高超的授课水平和讲解技能。而目前高校很少有这样的专门化的教师团队。因此在非法学专业授课过程中，学校要注意优中选优，把法学专业的优秀师资挑选出来进行进一步的培训，同时多多吸引校外兼职教授、客座教授、地方法院法官、司法人员等进入到非法学专业的法学课程讲授当中，从而不断加强非法学专

---

〔1〕 黎四奇、梁爽："对中国法学本科课程设置的检讨与反思"，载《创新与创业教育》2015年第2期。

业法学课程的教学水平。

（一）专业选修课应以"应用型课程"为主

在理论教学的基础上进一步增加应用型课程，面向市场培养适合的法律人才是法学专业的培养目标。许多法学家就法学教育培养职业型人才还是精英型人才争论不休，然而，大部分法学家一致认为法学教育的目标就是培养应用类法律人才，也就是按照法律职业的基本要求培养法律人才。西部地区的法律人才更是如此，必须通过适应西部发展变化的应用型课程体系来培养合适的人才，为西部的法律事业作出巨大贡献。专业选修课在必修课结束之后再行开设，这样才能保证学生先掌握本专业基础知识理论，再更好地理解选修课的意义所在，从而达到知识的正向迁移。所谓正迁移，也就是利用先前所学的专业基础知识来促进此后专业选修课的学习，正迁移的思维模式是对新旧事物之间的联系进行具体的类比、沟通和推理，从而发挥出专业基础知识对于选修课学习的铺垫作用。

（二）专业选修课评价应以形成性评价为主

所谓形成性评价，是指在教学过程中对学生的学习进展情况和教师的教学进行监控与评价，然后把过程中收集到的信息用于改良教师教学的过程和方法，以实现学生的不断进步。形成性评价方式以其反馈的及时性以及全面性而优于一次性的评价。也就是说，在这种评价模式下，学生能够及时了解自己在学习过程当中的具体问题，而不需要等到最后才知道，由此可以及时调整自己的学习方式，纠正自己的错误，更好地投身学习。与此同时，学校的一些年轻授课教师也能通过这一评价形式及时调整自己的教学策略，改变自己的教学模式。[1]

---

〔1〕　邓薇："法学专业选修课教学现状及对策研究"，载《法制博览》2015年第30期。

（三）专业选修课的授课教师应充分依托社会资源

在教授选修课时应该突破本校自有资源的限制，充分调动社会上的各种力量和资源与本校相结合，为学生更好地了解法律实务以及拓展眼界提供有效的帮助。目前我国大部分法律专业的教师都着眼于理论方面的教学和研究，但是基本上都缺乏对法律实务的了解和具体应用能力。然而法学是一门应用性较强的专业，对教师的法律实务操作能力提出了较高要求，因此这一矛盾变得较难克服。这一矛盾的解决有赖于学校充分调动社会资源，因而在开设选修课程时应多引入外界实务性较强的学者、专家和实际工作人员担任其教师。比如管理学、社会学、经济学等领域的学者和专家以及实务部门当中的律师、法官、证券从业人员、保险行业人员等，都可以"客串"或者主讲某一门选修课，通过这种方式不仅能拓展学生的视野，并且能够让学生对法律实务有更现实的理解和感悟。

（四）专业选修课应重视法庭辩论能力的培养

法庭辩论能力在法学教育当中相当重要，因此应该将其培养作为教育中的重要环节。长久以来，我国各高等院校都通过开设法律文书写作等课程来培养学生的书面表达能力，但却很少有开设培养学生思辨能力、口头表达能力的口语训练等方面的选修课程。当下我国大多数法学院系都建立起了模拟法庭，却在实际教学过程中很少使用，这样一来使得这些花费大量资金筹建的实践能力训练的场所成了召开会议的地方，甚至成了其他事务的领地。填鸭式教学加之未被充分利用的实训场所，使得很多法学专业学生无法得到思维训练和口头表达能力的训练，越来越不能适应社会对应用型法律人才的要求。模拟法庭辩论如果成为一门选修抑或是必修课程，就可以选择一名总负责老师和多名指导教师，主要的过程完全由学生自主确定，在辩论过程中教师根据各学生的表现进行成绩的评定。开设了这类辩论课程作为选修课，学生的综合法律职业素养便能够得到有效提升，而且很多存在语言表达障碍的学生也能够通过课程改善自己的情况，提高自己的语言表达能力，这样一来他们就会在将来的职业道路上更加自信。[1]

第二节　实践课程体系设计思路

就当今世界各国的法治教育发展而言，它们都将学生的实践能力培养放在重要位置，但从大陆法系国家和英美法系国家的对比来看，还是存在一些明显的差异，德国是大陆法系国家，其学校实行双轨制，法治教育由大学基础教学学习阶段和见习阶段两部分共同组成；美国是典型英美法系国家，其直接提出法治教育的目的即培养职业律师，这就充分肯定了法治教育的实践性和实用性。为了能够从根源上解决法治教育面临的亟待解决的问题，很多高校开始着眼于法学学生职业技能的培养方面，由此而产生很多扎根于实践的法治教学模式，主要包括法治社会实践、模拟法庭、诊所式教学、法治教育实践基地等。

一、法治社会实践

社会实践是大学生思想政治教育和德育的必要构成部分，是高校实践育人工作的重要载体，是学生接触、了解社会，磨砺自我，践行知行合一的重要途径。基于全人教育课程理念中"整合"与"转换"的思想，法治教育实践环节中离不开对大学生社会实践课程模块的充分整合与转换。首先是整合大学生

[1]　陈晓军："法学专业选修课设置的几点思考"，载《中国大学教学》2011年第 2 期。

社会实践课程模块，开设法治社会实践课程，即以"法治教育"为主题开展大学生寒暑期社会实践活动，将思想政治教育、德育与法治教育有效整合，充分发挥"1"加"1"大于"2"的作用。一方面，以"法治教育"为主题，通过实践活动的"专题化""项目化"等设计，为大学生寒暑期社会实践的开展明确了具有现实意义的实践主题；另一方面，大学生寒暑期社会实践的传统模式与先进经验，也成为法治教育实践课程的有效实施载体与重要依托。通过法治社会实践活动，不仅能让大学生了解全面依法治国背景下的国情、民情、社情，还能重新认识法治中国现代化进程中的自我角色与担当。其次是转换大学生社会实践课程模块，提升实践教育环节的目标定位，将大学生责任心的培育与养成作为法治实践教育环节的重要任务之一。通过法治社会实践活动，培养学生的爱国热情，提高学生服务社会、奉献社会的责任心，坚定学生的理想信念，锤炼他们的意志品质。此外，还能提高大学生的团队合作、人际交往和领导能力。提升传统大学生社会实践育人环节的目标任务，通过活动渠道与方法形式的转换，加强对大学生责任心的培育与养成，从而提升大学生在法治社会实践中的综合能力和法治素养。

二、模拟法庭

事实上，模拟法庭这种教学形式于20世纪20年代就被引入了我国，1921年，东吴大学法学院就曾组织过模拟法庭，学生在模拟法庭中主要充当证人、陪审员和律师的角色，法官则由教师、外请来的法官和律师充任。[1]与传统法学教育方法不同，模拟法庭实践教学可以更为直观生动地展示教学内容，打破了

---

〔1〕 宋立新："论中国法科生教育中的模拟法庭与法律思维"，载《学理论》2010年第15期。

传统的"教师中心"教学形式，学生能够积极地参与到课堂来，实践性更强，与法律诊所、案例教学共同构成法学实践教学方法的框架。模拟法庭的教学形式在教学过程方面也区别于传统的课堂教学，无须教师准备大量理论素材，学生可以直接参与到课程教学，完整的模拟法庭实践教学应包括准备阶段、模拟庭审阶段和总结阶段。在组织阶段，首先要选取案例，所选取的案例难度应适中，案例既可以是真实的也可以是虚拟的。在选好案例的基础上对学生进行分组，由学生根据所担任的角色来分别完成证据收集、代理词与辩护词撰写等相关工作。在此过程中，教师则需分角色对学生进行指导，教师的指导充分与否很大程度上会决定模拟法庭的成功与否。在模拟庭审阶段，要求学生围绕案件本身严格按照实体法与程序法的要求展开模拟，教师在此阶段发挥的作用较小，通常不能打断模拟程序，所有程序由学生独立处理。总结阶段为模拟法庭的最后阶段，其作用不可小觑。在此阶段，可由参与旁听的学生对模拟庭审过程作出评价，然后由外请的律师、法官及检察官等对学生的模拟行为作出评判，最后由教师结合理论知识对庭审过程作出点评与总结。

通过模拟法庭实践教学，能够有效提高学生的多方面能力。其一，加深知识掌握。高校在法治教育方面更为偏重的还是理论教学，特别是本科阶段，学生对法律知识缺乏系统的学习，尚未形成成熟的法律认知，因此，学校要通过更为直观生动的有效方式来加深学生对法律理论的掌握。模拟法庭可以将社会中的实际问题以一种演示的方式呈现给学生，既可以让学生在参与和聆听的过程中学习到法律知识，还能够近距离接触法律执行程序，从而在心理上对法律权威产生信任和依赖，达到理论与实践的有机结合。其二，增强法治实践。理论的学习毕竟还是基础的，更为重要的是要将理论运用到社会实践，学生在学习、工作和生活中都难免会遇到法律问题，模拟法庭恰好可以直观地向学生展示问题的解决程序和方法，对学生今后的法律实践奠定一定的基础。其三，提高问题意识和学习积极性。高校的法治课程以大班制教学为主，教师无法照顾到每位学生的学习程度，并且传统的知识灌输难以调动学生的学习积极性，而模拟法庭以一种近似于表演的形式来直观呈现，学生可以参与其中，教师还可以布置任务让学生自由选题、自主搭档来共同展示，能够充分调动学生的学习动力，学生在准备的过程中会查阅相关资料，这对学生的法律知识理解同样发挥了重要作用。

三、诊所式教学

2000 年，在福特基金会的资助下，诊所式法律教育模式从美国传入中国，北京大学、清华大学、中国人民大学、复旦大学、武汉大学、中南财经政法大学、华东政法大学这 7 所高校的法学院系开设了诊所法律教育课程。从目前统计来看，我国已经有超过 50 所高校开设了法律诊所，诊所式教学模式已经成为我国新时期教育事业改革发展的重要举措。诊所教育把医学院学生临床实习中的诊所式教育模式引入法学教育，让学生处在一个真实或虚拟的"法律诊所"环境中，教师在这一过程中从教学的"主导者"变为"指导者"，学生通过代理真实案件亲自参与诉讼活动的方式更为直接深入地学习和探讨法律，同时还要结合委托人的实际需要提供准确的法律咨询服务，通过知识的整合与运用来"诊断"委托人在法律关系中所遇到的现实问题，从而有针对性地开"处方"，在这一过程中，教学完全由学生主导，为委托人完成各项法律业务。长期实践证明，法学专业学生在校四年，要成为社会需要的高素质法律职业者和学术精英，诊所教学模式是非常有效的方法和实现途径，其超强的实践性特色是诊所教学模式最大的优势，这种优势对于改变目前重理论轻实践的法学教育状况、培养社会急需的法律实务人才，有着重大的现实意义及借鉴价值。诊所法律教育是一种法律实践教学方法，其主要的教学手段有三种：一是案件课堂模拟；二是参与真实案件的诉讼代理；三是成立大学生法律援助中心。

在诊所式教学中，每位学生在不同的教学阶段和教学情境中所扮演的角色和要完成的任务是存在差异的，法律素养不同于专业课程的学习，知识考察非常有限，法治实践在其中所占比例则更为重要。所以，为了能使诊所式教学模式更好地融入本科教学过程中，高校在本科教育阶段的评价要区别于其他专业课程，必须联合法学教师、行政部门等专业人士，制定具有专业性和针对性的课程评价体系，从而对诊所式教学效果进行更为科学客观的评价，这对课程的完善和教学的改进提供了科学依据和思想支撑。在具体的诊所式教学评价指标制定过程中，既要考虑学生的法律知识掌握程度，还要考查学生在法律问题情境中的文字写作、语言表达、理论应用、委托人反馈等各项指标，综合考核学生的法治素养和法律实践。通过建立考核指标体系，诊所式教学效果可以得到公正的反映。

四、法治教育实践基地

法治教育的实践性、经验性特点十分明显，但随着学科分化的日益加深，法治理论与实践活动之间、学科脱离与知识衔接之间的矛盾愈发明显，特别是法治理论与实践活动之间的鸿沟，已经逐渐成为思想政治教育面临的最棘手的难题，而实践基地育人模式很好地解决了这一困境。实践基地育人模式打破传统法治教育的课堂限制，实现了第一课堂和第二课堂的深度融合。

（一）法治教育实践基地功能分析

以重庆邮电大学移通学院为例，2017年，重庆邮电大学移通学院与重庆市合川区人民法院共建了法治教育实践基地，利用参与庭审、协助办理案件、模拟法庭、讲座等多种形式推动大学生法治教育实践。经过近两年的试运行，双方发挥彼此资源优势，达到共赢。合川区人民法院通过指定精英法官担任学校兼职法治指导老师、设立法律咨询站、定期开展法治讲堂及邀请学生旁听庭审等多种形式，协助移通学院开展大学生法治教育。移通学院通过举行"模拟法庭""法律演讲"、举办"法律知识竞赛"、成立移通学院法治宣讲团等举措提升大学生法治教育效果。同时移通学院也依托自身教师科研的优势，参与法院的课题研究和实务研讨，从而帮助法院更科学规范地解决课题难题，这对增强实践的有效性、课题研究的科学性均具有重要意义。

双方共建法治教育实践基地是人才培养模式的一次积极探索，也是充分利用优质社会资源对大学生实施法治教育，提升大学生法治素养的重要举措。实践基地的建设对于高校广泛宣传法律知识，帮助大学生树立正确的世界观、人生观、价值观、权利观，传播法的精神，弘扬正义有很好的推动作用。

通过重庆市合川区人民法院与重庆邮电大学移通学院建立的法治教育基地运行模式可以分析出实践基地可以发挥以下功能：

第一，德育功能。实践基地与学校教育在功能上能够互相补充，学校德育为实践基地提供先进知识和理念，实践基地通过开展丰富的实践活动，为学校德育教育提供新的形式、取得更好的效果。"纸上得来终觉浅，绝知此事要躬行"，学生在课堂所学浅，只有通过实践活动的亲身体验，通过在活动和合作中将所学灵活地"所用"，才能真正感受到劳动的艰辛和伟大，才能对学习、工作和生活有全新感悟，才能在身体上、心理上和精神上均得到有效锻炼；通过在实践活动中与其他社会个体的良性互动，感受人、事、物的真正意义和价值，逐渐形成尊重他人、尊重社会、尊重劳动、尊重知识等良好品德；通过实践活动的参与和反思，感受知识更深层面的内涵，对课程教学内容有深入的理解和感悟，从而培养自身的社会责任感、时代使命感、国家安危感，把美好的愿望与情感转化为高尚的行为。

第二，体验与实践功能。学校教学的主要目标是让学生对社会实践有最基本的认知，从而指导实践，社会实践是学生将所学理论应用到现实问题和情境中，实现学有所用的教学目标，从而保证学生学习的连贯性和实用性。高校与社会是相互衔接的，学生与社会个体同样是角色的顺延，因此，实践基地能够让学生在学习期间更好地接触社会、了解社会、适应社会、融入社会，从而提升自身的知识素养、身体素养、实践素养，在实践中提高知识认知和社会认同，在实践中提高知识理解和理论反思。与此同时，学校与实践基地的有机结合能够让学生体验科学技术在凝结过程中所融入的丰富的文化信息和人文特征。

第三，探究与创新功能。学生在课堂教学中对知识的理解是很表面化的，且知识是服务于社会的，因此，实践基地能让学生更好地将理论知识与社会实践结合起来，更有效地理解和掌握知识。实践活动的丰富性为学生学习提供多样化平台，在实践中检验知识的科学性，同时能够增强学生的问题意识和探究意识，以全新的视角来思考问题的解决路径，培养学生的创造性和创新性，为学生探究知识、创新学习、服务社会等均具有重要作用。

第四，个性发展与特长发挥功能。高校的课堂教学多实行大班制，教师无法关注到学生个体的差异性，因材施教在人才大批量培养的现状下无法满足，而实践基地没有统一的目标要求，学生可以充分发挥自身优势，在与他人合作中展现自身的特长，在增强自信心的同时培养学生的个性化发展，通过形式多样的教学形式提高学生的学习兴趣和动力，寓教于乐，趣味生动的实践活动不仅能达到课堂无法达到的教学效果，还能满足学生的表现欲和个性发展，很好地弥补了课堂教学的不足，从而为学生的全面发展和终身学习目标打下扎实的基础。

（二）实践基地的主要构成

从实践基地应实现的功能出发，高校法治教育实践基地主要由以下主体构成：高校、司法机关（人民法院、人民检察院）、行政机关（市场监督管理局、卫生局等）、社区机构（街道办事处等）、企业（律师事务所、各类企业）、各类仲裁院等。

高校在探索法治教育实践基地建设时可根据教育目标、教育对象、规模设置一元主体、二元主体和多元主体模式。

一元主体模式：如西南大学与重庆市北碚区职业教育中心共同建立的"青少年法治教育实践基地"，这是高校法治教育在形式上的创新、空间上的延伸，为学生的法治信仰培养提供了新的载体。与此同时，教育的社会功能得到有效发挥，通过资源共享达到法治教育宣传的覆盖范围，使法律知识在高校之外的更大空间范围内得以渗透，在一定程度上有效实现了学生学法、用法、守法三位一体的有机统一，实现了学校、社会、家庭相结合，既提高了学生的法治素养，又打通了学校与其他社会组织的沟通，从而充分发挥高校的资源优势，提高法治教育的宣传力度和辐射效应。

二元主体模式：如重庆邮电大学移通学院与重庆市合川区人民法院共建的法治教育实践基地，这也是目前高等院校法治教育基地的主要模式。

多元主体模式：如上海交通大学、中国政法大学等学校在探索法治教育实践基地建设模式时，尝试与司法机关、行政机关、社区机构、企业、各类仲裁院建立实践合作，学生可以多角度、多领域深入实践获取最新的法治教育理念，这种模式对于高校提出了更高标准的要求。

一元主体模式下，高校自己创设具有法治教育功能的实践基地，可以通过开展讲座、授课、法律咨询室、情景模拟、集体活动、舞台剧演出、辩论赛等方式，创设校园法治教育氛围。

二元主体、多元主体模式下，实践基地可以通过开展模拟法庭、企业实践、参观体验、兼职教师授课、讲座，共同举办集体活动、演出，共同完成科研项目等方式达到法治教育的目的。

（三）实践基地的运行机理

为切实保障实践基地的有效运行，学校会与实践基地进行协商，并签署必要的合作协议，在这一过程中，高校必须要充分考虑以下两方面的因素：

1. 实践基地主体之间的关系协调机制

在二元主体，特别是多元主体模式下，高校与实践基地之间、各个主体单位之间的关系应该怎样协调是实践基地运行应解决的首要问题。

高校应成立法治教育实践基地领导小组，全面指导和组织协调实践基地的建设和协调工作。领导小组由校长担任组长，分管教学工作副校长及 4 个校外实务部门负责人担任副组长，教务处、相关学院、学生处、团委、财务处、资产管理处、宣传部、信息化建设办公室、实验教学示范中心负责人为成员。领导小组下设办公室，办公室设在教务处实践教学科，具体负责实践基地建设的日常管理工作。建立学校与实践基地的定期沟通协调机制，协调高校与实践基地之间、各个主体单位的关系，实现双方在法治教育、课题研究等方面的资源共享和优势互补。

高校应主动与实践基地共建单位合作，双方应签署正式合作协议。结合该单位实际和发展情况制定切实可行的实践教育基地建设计划，与实践基地共建单位共同制定实习（实训）计划，组织实施实践教育。

高校与实践基地之间应制定《法治教育实践基地管理制度》，全面考虑在实践基地运行过程中可能会出现的问题，并提出双方均可接受的解决方法，从制度角度确保双方在实践时间、内容、方式上存在分歧时，有解决方案。

建立学校与实践基地的定期互动机制，如定期举办讲座；基地兼职教师定期到高校授课；定期举办相关活动（模拟法庭、辩论赛等）；定期组织参观学习活动（如每年4月、10月，结合基地实际情况确定时间）。如果高校建立多元主体实践基地，应注意在时间、内容上协调，从而保证法治教育的实效性和规范性。

2. 实践基地的保障条件分析

将法治教育实践基地建设经费纳入学校整体实践教学建设项目中，保证实践基地平台建设，改善服务条件，增强服务能力。鼓励吸引社会资金注入，鼓励欢迎热衷公益慈善的企业、社会组织、团体和个人等力量，关注高校法治教育，支持实践基地建设，形成多渠道、全方位投入的格局。考虑到高校法治教育的社会效益，在与实践基地合作时，应建立高校为主、基地为辅的经费保障体系，明确双方各自职责，确保实践基地建设。

建立实践基地的评估和激励机制。为防止实践基地法治教育的形式化，高校要委托第三方评价机构定期对实践基地的实施效果和教学活动进行评估，制定科学规范的评价指标体系，指导实践基地更好地开展教学活动。为了激励实践基地教学的创新性，可以联合其他相关基地的优秀实践项目和教学活动进行综合评选，挖掘优秀的学生实践课程，各基地可以互相学习和借鉴，在交流中共同提高和进步。对关心支持实践基地和其他法治教育基地建设工作，贡献突出的国家机关、企事业单位、社会团体及个人，要以适当方式给予表彰和宣传。

第三节　课程资源开发及教学方式创新思路

国家基础教育课程改革提出了课程资源这一重要概念，课程资源概念有广义与狭义之分。广义的课程资源是指各种课程形成的因素来源，以及各种必要而直接的实施条件，泛指各种有利于课程目标实现的因素；狭义的课程资源仅包括直接形成课程的各类因素来源。[1]吴刚平等基于课程资源与课程本身相互作用的关联性，从课程资源参与课程实施全过程的角度进行概念界定，认为课程资源是在整个课程编制过程，即课程设计、实施和评价等过程中可以利用的资源总和，包括人力、物力、自然资源等。这一界定明晰了概念本身的内涵和外延，扩大了人们对资源的认识范围。可见，大学生法治教育课程资源就是支持大学生法治教育教学活动的各种资源的总和。充分整合大

---

〔1〕　吴刚平："课程资源的理论构想"，载《教育研究》2001 年第 9 期。

学生法治教育课程及其相关要素，深度开发挖掘课程资源，构建集"隐性课程资源、家庭教育资源、社会教育资源、数字化网络课程资源"于一体的精品优质课程资源成为法治教育课程实施效果的重要保障，多样的教学形式有利于大学生法治教育课程的组织与开展，更好地实现对大学生法治意识和素养的真正培养。

一、大学生法治教育隐性课程与网络课程资源开发

大学生法治教育课程资源应具备多样性、生成性和动态性等一般课程资源的通识属性，同时满足新时代全面构建法治中国的时代诉求和大学生法律意识终生养成的现实需求，体现开放性、共享性和一体化等特点。

（一）隐性课程资源建设

这一部分的对象主要包括与大学生学习生活密切相关的高校、家庭和社会三个领域，其中，高校以法治主题校园文化为重，家庭以法治教育氛围为重，社会则以传统法治文化为重。

校园文化是学校所具有的特定的精神环境和文化气氛，推进高校法治文化建设是实现高校文化繁荣、立德树人、健全人格培养的重要手段，是落实"文化育人、环境树人"的生动体现。目前很多高校存在着对"法治教育"整体定位不准、功能定位不清的问题，导致学校从规章制度到具体的校园建设、课堂建设等没有完善的、多样的、有力度的法治教育理念和宣传，校园文化建设较薄弱，管理人员、教师及学生较难有深刻的环境感受。为此，亟须建设完善的以法治为主题的校园文化，坚持以法治素养融入校园文化培养中的正确方向。首先，坚持以社会主义核心价值体系为根本，积极开展宪法教育，帮助大学生树立"法律面前人人平等""社会主义民主法治"等法律信

仰。其次，狠抓校规、校纪教育。对于学校中的违法违纪行为，学校务必按规定严格处理，营造浓厚的校园法治氛围，树立"有法可依，依法办事"的榜样。最后，通过多方式、多途径开展法治教育宣传和实践，营造法治教育氛围。例如，充分利用校园广播、网络媒体、宣传橱窗、校园网、校刊板报等新媒体手段开展宣传、讲座、演讲、辩论、表演等普法实践活动，不断拓展可实现培养大学生法治素养的新途径。大学法治素养培养需要坚持不懈地引导广大师生开阔新视野、树立新理念、学习新知识，落实法治素养培养。

对学生进行专业、系统的法治教育是高校法治教育的义务，而家庭教育则是更多地给孩子传达一种规则意识，侧面培养学生的法治素养，高校、家庭应协同一致，共同进行大学生的法治教育。现实情况是很多家庭并不看重对孩子的"法治教育"，认为离他们很遥远。虽然大学生在校园生活的时间远比在家里更多，但是家庭对大学生法治素养的影响是更加潜移默化的，它不仅是学生的心灵支撑，更是学生行为意志的潜在表达。所以，一方面，家庭需与高校密切配合，形成法治教育的"合力"。法治教育是一个从认知到认同最后落实到行动的过程。其中，"养"重过程，"成"重结果，如果从学校获得的教育脱离了生活实践和家庭以及社会的监管，那么大学生法治教育无疑将变成"无根之水""无本之木"。家长应基本了解国家及高校的法治要求，对大学生的法治现状进行充分了解，学习并能运用法治知识，以自身法治素养来正确引导学生的行为。高校可与家长开设讨论群，探讨大学生法治教育的方法。一是可以使广大家长认识到法治教育的重要性，二是要让家长意识到家庭教育在大学生法治素养培养中起到的重要作用。另一方面，帮助家长营造积极的家庭法治教育氛围。大学生没有真正进入社会，经历社会磨炼，其社会责任感和法律意识都稍显不足，社会不良因素易对其造成影响，家长有权利更有义务帮助孩子规范他们在特定环境下的行为，引导他们做到行为上遵守法律、心中敬畏法律。首先，积极主动地去学法、懂法，努力提高自身的法治意识，加强对违法犯罪行为的辨识能力。其次，以良好的思想品德和修养对孩子进行潜移默化的影响，比如在处理家庭纠纷或者社会矛盾时，注意为孩子树立榜样。最后，监督子女是父母理应承担起的责任，在大学生有可能发生"越轨行为"时，有效的监督能使这些行为得到及时纠正和引导，避免他们越陷越深。良好的家风对大学生法治教育具有不可估量的重要作用，只有父母懂法守法、以身作则，才能引导孩子正确地处理问题，才能进一步加强大学生法律意识的培养。

（二）数字化网络课程资源建设

基于开放网络环境下的数字化网络课程资源，具备"开放""共享"以及"动态生成"等特性。全人教育课程观倡导对课程实现"转变"，认为学生在学习的过程中可以通过主动地与课程发生联结而获得促进个人发展和社会变化的技能，课程即教学内容被视为动态生成的、开放建构的，而不是预设的、指定的、静态的。学生与课程的关系是共生发展，并在相互影响中实现转换。课程在开放构建的过程中会因学生的参与、互动与反馈而动态生成新的教学资源，课程所承载的内容也将随之不断完善与优化。因此，充分整合大学生法治教育相关的内外部资源，构建一体化的法治教育精品课程资源是"互联网+"时代信息技术与法治教育深入融合的产物。一体化的大学生法治教育课程资源建设应以全面促进学生法律意识的终身养成，厘清存在于资源建设中的各种关键问题，贯通基础教育、中等教育、高等教育以及职后发展等阶段，统整高校（U）、地方政府

（G）、司法机构（J）、社区联盟（C）、家庭（F）等各方力量，构建科学高效的资源开发策略。目前，国内高校数字化课程资源建设已进入相对快速的发展阶段，然而专门围绕大学生法治教育课程展开的精品课程资源建设、优化以及整合，还稍显不足：其一，课程资源开发主体在建设理念方面缺乏一体化；其二，课程资源建设内容设计没有整体贯通，针对性和应用性不强；其三，课程资源实施空间缺乏一体化的协同整合，尤其是校内外、校校、校所和校地间的合作共建，学校对校本课程资源建设的优势和特色还有待进一步挖掘。

法治教育课程资源开发的有效途径很重要的一点是更新一体化的课程资源观，遵循科学性、开放性和共享性原则。首先，21世纪美国麻省理工学院 MIT OCW 项目的成功实施在全世界范围内引起巨大反响，随之而来的新兴教育形式还包括可汗学院、翻转课堂、MOOC 等，使基于课程资源建设的大规模在线网络学习成为可能，充分运用网络信息技术帮助学习者实时获取教育资源，进行开放、灵活的网络学习，促进学习方式、学习环境和学习资源的全面开放与共享成为大数据时代以及开放课程资源理念下大学生法治教育课程资源建设所必需遵行和适应的新趋势。其次，"法治教育"是终身学习的过程。大学生法治教育课程资源开发应使教师终生专业发展的需求得到充分满足，开通多元信息接收渠道，丰富课程教学内容，促进课程有效实施，真正实现育人为本的学生中心模式。要使课程资源的实践性、共享性、开放性达到最大化，构建完整的、有逻辑性的资源框架。最后，负责课程资源开发的各方主体，高校（U）、地方政府（G）、司法机构（J）、社区联盟（C）、家庭（F）应该积极组建本土的课程资源开发团队。

二、信息技术支持下大学生法治教育的教学方式创新

在信息技术蓬勃发展的新时代，大学生法治教育与其面对的群体与信息技术密不可分，所以，依托信息技术开展大学生法治教育，将更有利于提升教育水平和教育质量。

（一）大学生法治教育"走班制"教学模式

班级是夸美纽斯、赫尔巴特等教育家提出的班级授课制的产物。夸美纽斯出于经济上的考虑认为："一个砖匠一次可以烧许多砖，一个印刷匠用一套活字可以印出成千上万的书籍，所以一个教师一次也应该能教一大群学生，毫无不便之处。"[1]"走班制"（Optional Class System）是指打破固定的班级编排，学生在学校提供丰富课程的前提下，根据已有知识经验、兴趣、爱好等自主选择课程，流入到相应层次的班级进行学习，并时常变更班级及其人员构成。[2]因此，"走班制"也被称为非固定班级教学。"走班制"教学作为一种教学组织形式，最早见于国外的大学，后被美国引入中学体制。[3]"走班制"教育理念的实质与中国传统文化教育理念的"因材施教"十分契合。[4]

由于目前大学生法治教育课程存在课程体系结构不完善，不能合理有效利用现有资源，课程学习、考核等机制固化，不符合全人培养的教育理念，学生没有很好的空间、时间条件以及兴趣去选择有特色的、适合自己的有效课程等问题，因此，

---

〔1〕 ［捷］夸美纽斯：《大教学论》，傅任敢译，教育科学出版社1999年版，第124页。

〔2〕 鹿星南："走班制：内涵、问题与改进"，载《教育导刊》2015年第11期。

〔3〕 ［英］B. 霍尔姆斯、M. 麦克莱恩：《比较课程论》，张文军译，教育科学出版社2001年版。

〔4〕 薛庆水、李凤英："我国走班制教学文献分析（2000—2017年）：困境与发展"，载《现代远程教育研究》2018年第4期。

笔者建议基于"走班制"理念，构建我们自己的班级教学特色。

"走班制"的主要类型分为"必修课走班制教学""选修课走班制教学"和"全员全科选课走班制教学"三种。[1]"选修课走班制教学"即学校将达到一定入学要求的学生随机分配组成行政班，对于国家规定的必修课程，如语数英等学科，仍在行政班上课；而对于国家要求开设或学校自主设计的选修课程，学生按照所选的课程在相应的时间到指定的课室上课的一种教学组织形式。这种教学模式，适合应用于大学生法治教育课程体系中的通识选修课程、专业选修课程等。鼓励大学生根据自身兴趣爱好、时间安排以及学习进度而自主选择。"必修课走班制教学"指的是在某一科或几科学生必须修习的课程中，将课程分成2个或2个以上的层次，学生根据自己的单科成绩、能力水平、任课教师的建议等，在这些课程中选择适合自己层次的课到固定的课室进行学习。这种教学模式，适合大学生法治教育课程体系中的第二专业课程和社会实践课程等，支持大学生根据自己的法律意识程度、兴趣爱好以及先验知识的情况选择适合自己的分级分类课程。而基于"走班制"教学模式的运行机制，笔者尝试提出一种帮助非法学专业大学生充分整合利用法学专业所开设的法治教育课程资源的有效模式，即在不增设额外的教学班级，不需要配备额外的教学师资的情况下，根据现有法学专业大学生开课情况，开放一定额度的名额供非法学专业大学生进行选修。对于非法学专业大学生而言，所有法学专业所开设的专业课程，可成为供其自主选修的菜单式选修课程。而非法学专业大学生指定人数范围内的选修，并不会影响本来行政班级的教学。这种模式又可被称为"混合式走班教

---

〔1〕 戴季瑜："我国走班制教学的类型与特点"，载《教学与管理》2016年第12期。

学模式"。

"走班制"是教学组织形式积极而有意义的探索，是对传统班级授课制的继承与改进，它的主要目的是更好地因材施教，为学生的个性化发展搭建良好的平台，最终实现学生的全面发展。但是走班制的实施需要一定的条件：一要解放思想，树立新的教育观念；二要有一定的课程设置；三要建设一支高水平的师资队伍；四要加强学校资源的开发与建设；五要构建相应的组织管理制度。[1]同时，全人教育课程观中"转化"的理念，打破了课程与其传统要素之间的角色定位。传统意义上对课程内容、教学资源、教学环境、教室、教师等的界定也随之"转化"，这种转化为大学生法治教育课程的有效实施指出了改革的新思路。因此，本书选择用"走班制"作为大学生法治教育教学模式改革的有效尝试，以推动大学生法治教育课程朝着全人教育课程观深入"转化"。

（二）大学生法治教育"翻转课堂"教学模式

有研究表明，翻转课堂能有效提升学生的自主学习能力，是一种符合当前信息技术发展的教学模式。在翻转课堂背景下实行走班制，既满足了新高考改革的要求，又能有效提升学生的学习兴趣和学习能力。翻转课堂是先进行知识内化再进行知识传授的一种教学组织形式，翻转了教师在课堂上教、学生在课后学习的传统教学模式，是一种学生先在课前学习、教师再在课堂上答疑解惑的新型学习模式。目前，研究发现很多高校在法治教育方面的课程都存在课程模式单一、资源利用不充分等问题，学生无法很好地内化课程内容，真正学习到法治的基本知识，从学习中获得情感体验。选择将翻转课堂教学模式作

---

〔1〕 鹿星南："走班制的价值与实施条件"，载《教学与管理》2016年第4期。

为大学生法治教育课堂教学改革的有效途径之一，是基于对全人教育课程观"超越"理论的深化与落实，这种教学模式尤其适应大学生法治教育课程的目标定位与实践逻辑。那么首先，就要明确在现有培养体系中强化对非法学专业大学生开设各级各类法治教育课程的必要性。其次，大学生法治教育的目标之一是全面提高大学生的法律意识，如何让大学生习得对法律的尊重与信仰，并形成主动运用并实践法律知识的生命自觉则成为法治教育课程的超越性目标。

大学生法治教育翻转课堂教学法的实施步骤与流程。经典的翻转课堂教学模式有相对成熟的实施流程，包括课程资源制作、先行学习、课堂内化、评价反馈与研讨总结等环节。每个环节又可以细化为具体的实施步骤与构成要素，而这取决于不同的学科、不同的课堂类型、不同的教学对象等多种相关因素。选择翻转课堂教学模式开展大学生法治教育，需要在实施过程中注重一些关键环节：其一，课程资源制作。以知识点为单位，构建微课程资源，其中微视频资源应该呈现多样化形式，包括讨论课式、采访式、现场拍摄式、法庭实录式、演讲报告式等各类形式，将互联网、学习社区、隐性课程等学习资源进行充分整合，构建多样化的微视频教学资源。[1]其二，拓展资源制作。大学生法治教育课程内容丰富、教学素材及案例资源具有多样性。而在先行学习的课程资源里，拓展学习资源非常重要。可以根据学习对象的程度和兴趣差异，设置三个级别分层次的拓展学习资源或拓展学习任务供学生自适应选择。同时，提供讨论区域，深度挖掘学生的学习兴趣，并有效整合到课堂内化

---

　　〔1〕　李西顺："翻转课堂的理论局限及功能边界"，载《现代远程教育研究》2018 年第 4 期。

环节中。[1]其三，课堂内化环节。分组实施、个性化指导、参与式体验与案例教学是法治教育翻转课堂内化中的关键环节。分组实施是以给予小组指定的项目任务为驱动提高团队合作和学习参与性的有效方式。教师可以根据个别同学在先行学习中表现出的对某一个专题特别的兴趣或者优秀的学习表现，邀请其在课堂中给予全班展示，使学生在课堂上获得更好的情感体验。其四，个性化教学评价。翻转课堂教学模式给予了法治教育课程更加灵活的教学方式与学习方式，与之相匹配的评价方式也应更加个性化，注重学业过程性评价和评价指标的多样化。[2]同时，要减少的比例是最终考试成绩总分，相应提高课前学习和课堂活动两个关键环节的比例，并建立相应的评分系统及评分规则。[3]

（三）"参与式"大学生法治教育课堂教学改革

提升大学生法治信仰，可通过对大学生进行法治理论的普及与教育等方式进行，但教育内容枯燥以及教育方法单一的现状应当进行改进。进行法治教育的教师应该结合时事热点，吸引大学生的注意力，同时运用多媒体或者用案例分析的形式来提升学生的学习兴趣，帮助大学生在理解的基础上学习法治理论知识。在课堂上融入多媒体教学和案例讨论，能让大学生更好地对法律制度和法规条例进行理解和记忆，实现案例教学法在法治教育中的有效运用。

第一，学生资料查阅环节。资料查阅是进行案例教学的前

---

〔1〕 胡盈："让学习融入生活：'互联网+'场馆教育的翻转课堂"，载《科学教育与博物馆》2018年第3期。

〔2〕 张广兵："翻转课堂的多维度反思"，载《教学与管理》2018年第21期。

〔3〕 卢艳丽："翻转课堂教学模式的优势及对我国课堂教学改革的启示"，载《教育教学论坛》2018年第29期。

提，教师以媒体、网络平台等途径给出教学案例基本案情并进行简要的讲解，然后提供一定的资料搜集方法，让学生们在规定的时间内查询资料。在这个过程中，教师应注重引导学生积极关注案情，并结合法治的基本知识点，给出一些问题来启发学生，引导学生思考。

第二，课堂案例讨论环节。根据学生自己总结出来的法律问题，教师按照问题的相似性对学生进行分组。在分组后教师宣布一定的讨论原则，在学生们讨论期间要巡视各个小组，引导学生进行交流讨论，在规定的课堂时间内给出相应的结果，各个小组选出一个代表，进行案例讨论汇报，并让所有人参与到评价中，发表自己的看法。

第三，模拟法庭审理环节。模拟法庭审理环节对学生学习能力提出了更高的要求。学生须在课下自主学习规范的庭审程序规则，并准备好庭审所需的诉讼文书、辩护词等法律文书，反复进行模拟庭审演练。教师也可以就相关情景假设某一庭审过程，引导学生围绕案例中的法律问题，进行模拟庭审的演练。

第四，教师总结点评环节。这也是案例教学的关键环节。教师要明确指出学生的问题，询问应该怎么去调整和解决，以及学生在整个过程中做得好的地方，多注重一些细节问题。教师应该向学生讲解培养法治信仰的重要性，积极引导学生掌握相关法治教学内容，并培养学生的法律情感意识。

三、当代大学生法治教育课程相关要素间的关系

新时代大学生法治教育是一项复杂的系统战略工程，涉及诸多要素，其中对大学生法治教育课程及其改革具有重要影响的要素包括内容要素、技术要素、媒介要素三个方面。其中，内容是核心，技术是保障，媒介是载体。三个要素的基本关系

是内容要素以符号的形态存在于媒介，并基于媒介通过特定技术实现人与人之间的传播。

（一）内容要素是常识与知识相统一的有机体

常识是指一般人所应具备且能了解的知识，它是人们在现实生活中把握世界的一种最重要最基本的方式。常识直接来源于人们的生活经验，虽然普通，但在人们的生活中却长久地起作用。常识不仅会对普通大众的法治观念产生影响，也会对一些法学专业人士的法治观念产生影响。例如，我国《刑法修正案（八）》规定："审判的时候已满七十五周岁的人，不适用死刑，但以特别残忍手段致人死亡的除外。"这一规定就或多或少受到了杀人偿命的常识的影响。

相比于常识，知识更加系统且相对更具有科学性。在法治教育中，知识教育是法治教育的逻辑起点，从法治概念的来龙去脉、法治的基本内涵、法治思想的历史演进到法律制度的构成及其基本特征，从国外的法治理念与实践到中国的法治意蕴与法治实践，知识的系统梳理必然有助于大学生形成对法治的基本认识。促进法律知识的传播，有助于人们对法律进行感知、理解进而认同，提高公众对事物的认知能力、明辨是非能力，减少社交过程中"滋生事端"的风险。简言之，法治教育中的知识不仅包括法律条文，也包括对行为的判定尺度，还包括对法理依据的探索。在某些场合或者环境下，知识与常识有可能相悖，特别是在法治与德治相互融合的新时代，一些违背道德的行为不一定触犯法律，但是，对这些行为的分析与判定，就需要依据知识，而非常识。同时，在大学生法治教育的活动中，系统化进行的应是知识教育活动，所坚持的重要原则也是以正确的知识作为开展大学生法治教育的重要内容。

在大学生法治教育中，内容要素是一个集合了常识与知识的有机体，是开展大学生法治教育的核心要素，是各种形式要素的内在实体，不同形式的法治教育，其实体均为各种法治相关的实际内容，不仅包括理论也包括案例，既有对知识的学习，也有对常识的理性认识；是各种技术要素服务的对象，不同的技术将内容转化为适合大学生接受的形式，技术的出现旨在更加高效地开展大学生法治教育；是媒介要素反映主题的外在实体，无论是纸质媒介还是影音媒介，抑或广电信号和数码信号，起到法治教育主题作用的只能是具有实在意义的法治教育内容。

（二）技术要素是以网络为平台的多种技术集合体

以网络为平台的信息互动技术、数据存取技术等为主，形成的技术要素集合体是促进大学生法治教育更加贴合时代、切合大学生身心特征的重要保障。特别是在当前移动学习、移动支付等互联网学习生活方式逐渐普及的时代，技术要素不仅为大学生法治教育提供了更为丰富的挖掘内容要素的可能，也为大学生法治教育提供了丰富且具有实践意义的案例素材。

技术要素在大学生法治教育进程中，主要是实现高效法治教育的保障条件——保障内容要素在法治教育活动中的传播与创新，通过与大学生新时代生活学习方式相适应的技术手段，改变内容要素的传播形态，消弭法治与大学生成长之间的界限，促进法治教育内容的有效传播；保障媒介要素以适宜的方式释放法治教育的影响，通过各种技术手段，将媒介要素的优势最大化，进一步扩大法治教育内容对大学生的影响；保障形式要素的充分实现，技术的成熟将不断打破各种形式之间潜在的壁垒，特别是打破不同形式之间的时空界限、学科界限等，进一步推动法治教育的全面深入。

（三）媒介要素是纸媒、影音、广电与数码相结合的综合体

媒介要素主要包括四种：传统的纸媒，比如教材、著作、报

纸、杂志；影音制品，比如各种形式的音频、视频；广电信号，比如各种与法治教育有关的电视节目；数码信号，比如各种与法治教育有关的网络资源。媒介要素是这四种主要表现形式的综合体。

媒介要素是大学生法治教育的物质载体。内容要素只有存在于不同的媒介，才具备进入大学生法治教育系统的可行性，无论是口耳相传还是各种媒介的教育教学活动，只有依托不同的媒介，才能实现法治教育的目的；技术要素只有依托于媒介，才能将法治教育的具体内容。

第四节　大学生法治教育课程与方式设计实施策略

"课程"是人才培养的主阵地，全人教育课程观指导下的大学生法治教育的课程目标最终决定了课程体系、课程内容以及教学方式"三位一体"的协调统一，从而使"人"从身体、知识、技能、道德、智力、精神、灵魂与创造性等多方面均衡发展，顺应使得与"人"密切相关的社会、国家以及其余相关因素融合、协同与共生发展进步，实现人与社会的和谐统一。本书运用"全人教育"理论指导新时代大学生法治教育改革，落脚点为以"全人教育"的课程观和方法论来指导课程改革，其影响具体包括三个层面：首先是课程体系的重新设计，其次是课程内容的丰富完善，最后是教学方式的改革创新。

一、强化高校"法治教育"设计

"新时代"大学生法治教育应上升到主要育人目标之一的层次，即培养一种法治自觉性，重中之重是法治精神，包括其内在精神和外在精神。前者主要包括宪政精神、公民意识、罪刑法定、契约自由、程序正义等；后者主要包括大学生能够有意识地自觉寻求法律的帮助，而非诉诸其他方式，甚至以非法的方式达成自己的目的。基于此，高校应强化"法治教育"的顶层设计，在德智体美劳全面发展的同时，强化"法治教育"体系的独立设计。具体包括以下三个方面。

（一）建立专门的"法治教育"机构体系

高校参照思想政治教育机构体系，建立专门的法治教育机构体系，在高校整体层面，在校领导职务中，设置专门分管法治教育的副校长与副书记，主抓全校的法治教育工作；在高校管理部门中，设置专门的法治教育功能处室，从依法行政的角度，完善法治教育管理机构设置；在院系中，设置专门分管法治教育的副院长与副书记，主管院系的法治教育工作，在团学工作部门中，设立"法治教育辅导员"的岗位，进一步将法治教育工作责任落实到院系。在此基础上，整合全校学生工作的党政部门的法治教育职能，统一从教育行政管理的角度，将这些职能赋予专门的法治教育机构，从而形成学校—院系两级的法治教育机构体系。

（二）制定专门的法治教育规划并落实到院系

高校的教务、德育、院系等相关部门，联合"法治教育机构"制定年度或不同时间期限的法治教育规划，从法治教育目标、课程设置、校本课程开发、校内法治教育资源整合、校外法治教育资源拓展、院系具体职责、学生社团具体功能、考核评价、问责追责等方面对学校某一特定周期内的法治教育工作进行纲领性的规定。法治教育规划，作为现代大学制度建设的一部分，纳入制度建设体系。这一规划，最终由院系负责落实执行。因此，在制定法治教育规划的过程中，应按照大学章程的法定程序进行运作，保证法治教育规划的切实有效。

（三）建立与法治教育相关的评价体系并监督法治教育工作落实

在法治教育规划中，制定专门的评价方案，在评价过程中，由高校法治教育工作者、教育督导工作者、政府部门法治教育工作者、社会法治教育团体组织等方面的代表，委托第三方评估机构，对高校的法治教育工作成效进行评价，并在此过程中，实现高校法治教育的社会监督，促进法治教育工作的落实。

二、统整"五位一体"课程

围绕"法治教育"的顶层设计，高校应建立"五位一体"的法治教育课程体系，依托全人教育理论的指导思想，整合"通识必修课程（思想政治理论课）、通识选修课程、专业选修课程、法学二专课程和社会实践课程"为一体。采用基于全人教育思想的教学方式改革，强调"以人文本"，充分发挥法治教育中"人"的主观能动性。提倡创造自由的学习氛围、重视学生的学习体验、统整科学世界与现实世界。在课程教学方式中坚持法律认知教育与法律情感养成的统一、理论学习与实践能力的统一，全面发展与个性发展的统一，课堂教育主阵地与隐性学习资源开发的统一。法治既有精神观念的支撑，也有制度构建的实际运行，可见对青年大学生法律意识与实践能力养成教育的解读应包括人性基础、文化解析和哲学之维。因此，"五位一体"课程应尊重和关爱每个学生，重视培养学生的综合能力，提倡凸显学生主体地位，重视创设和谐的学习环境。

（一）整体设计方案

其一，创新通识必修课程，"思想道德修养与法律基础"课程代表通识必修课，是大学生接受法治教育的主要来源，应将《宪法》、社会主义核心价值观、新时代中国特色社会主义理论体系、中国特色社会主义法治建设、全民依法治国新常态等融入教学。同时改变教学方式，多采用案例式、参与式、讨论式教学等，扩充有限学时内的丰富教学资源。其二，丰富通识选修课程，推行"小学分（0.5学分或1学分）""模块化"，订制"个性化学习菜单"，鼓励法学专业教师、思想政治理论课教师，聘请实践经历丰富的司法机关工作人员、一线律师等开设丰富多彩的通识必修课程，设置"个性化学习菜单"供学生选择；打通非法学专业学生选修法学专业课的机制，试点"同课异构"选课模式，这里的"构"是指同一门法学专业课程由不同的学生参与，鼓励学有余力的非法学专业大学生积极选修法学专业课程，并与法学专业学生共同听课学习，所得学分转换为通识教育选修课学分。其三，结合学科专业需求增设法治教育专业选修课程，充分整合各高校法学学科独特优势，开发独具特色的专业法治教育"校本教材"，针对性提高课时量，紧贴专业需求补充民法、商法、经济法等，以案例教学提升学生问题意识，提高学生运用法律、实践法律的能力，弥补现有通识必修课程中法律条文内容短板。法治教育与专业教育以开设专业选修课的方式进行深度融合，有利于提高法治教育的应用性与实践性。其四，依托法学专业面向全校开设二专课程，采用"学分制"修读方式，提供"专业化、体系化、个性化"法学专业化教育，为全校学生打造个性化的法治教育专业模式，让非法学专业学生通过体系化专业学习拓展法治教育深度。其五，着力打造社会实践课程，集成"团学工作、社团活动、暑期社会实践、社区体验、实习实践"构建法治教育"实践共同体"，以"主题式、参与式、交互式"活动等方式，将实践育人理念贯穿法律意识养成教育全过程。

（二）核心内容

高校在加强和改进"思想道德修养与法律基础"这一门法

治教育公共必修课程的同时，应该积极配合专业课教学的现实需要，开设相关的一些法治教育选修课。例如，海洋专业可开展深入学习海洋法的课程；国际经济与贸易等经济类专业增设与专业密切相关的经济法、税法、贸易法等法律知识研习；医学专业可以针对与医疗卫生管理有关的法律规范开设选修课，培养锻炼医学院学生的法律思维，以便其今后更好地从事医疗工作。组织教学管理部门通过对高校的法治教育课程进行优化整合，并针对大学生法治教育培养方案的课程目标、课程教材及课程设置等方面进行优化，可以保障高校自身方面针对大学生设计的法治改革方案得以有序化、科学化及合理化推行，促进法治教育的顺利开展。高校具体针对不同年级，从总体上设计课程。现以普通本科高校四年制非法学专业为例，除第二专业（或辅修专业）的课程与法学专业学生的课程基本一致以外，由高校的法学院系、思想政治教育部门等共同开发设计贯穿四年培养全过程的法治教育课程体系，核心内容有三大板块，即通识必修课、通识选修课和专业选修课。

1. 通识必修课

在一年级阶段，对学生开设"宪法""中国法制史"等课程，旨在强化"宪法教育"，并培育学生传承中华优秀传统法治文化的意识与能力；同时，组织学生观摩法律仪式，逐步树立学生对法律的敬畏与神圣崇高的意识。在二年级阶段，开设"行政法与行政诉讼法""民法""商法""经济法""刑法""刑事诉讼法""民事诉讼法"等专门法律的解读课程，旨在使学生了解基本法律的规定；同时，对大学章程进行解读，明确大学生应享有的权利和义务，逐步培养大学生的尚法、守法意识。在三年级阶段，开设"教育法""婚姻法""知识产权法"等专门法律的解读课程，旨在使学生结合具体的学习与生活实践，增强法律意识，例如，通过"知识产权法"教育，使学生逐步自觉树立遵守学术道德规范的意识。在四年级阶段，重点开设"劳动法""合同法"等与就业密切相关的法律法规解读课程。在开设法律解读课程的同时，补充相应的司法解释、部门规章等。依托通识必修课，逐步强化大学生的法律认知、法律评价、法律意志、法律信仰等。通识必修课的考核方式，尽量以法律知识的掌握、运用，结合具体案例的分析为主，可以使用论文加试卷考试的形式。

2. 通识选修课

选修课主要设置国际视野的法治教育相关课程，例如，"国际法""国际私法""国际经济法""国际政治"等。选修课在一年级和二年级阶段设置，并赋予相应的学分，旨在使学生逐步建立国际化的法治视野，在一定程度上，为学生将来谋求出国发展建立一定水平的法律常识和法治能力基础。选修课的考核方式多元化，灵活使用论文和试卷考试的形式对学生的学习情况进行评价。

3. 专业选修课

非法学专业的学生，应结合所学专业，由学院和教务部门开设与专业紧密结合的法律法规课程。以理工农医类专业中的医学类专业为例，必须开设的专业选修课包括"执业医师法""传染病防治法""侵权责任法""献血法"等法律的解读课程；《医疗事故处理条例》《医疗机构管理条例》等相关条例的解读课程；《麻醉药品临床应用指导原则》《处方管理办法》等专业规定的解读课程。务必使学生明确在医疗活动中自身的合法权益，以及肩负的法治责任。由于专业选修课具有较强的针对性，所以，考核方式尽量以试卷测试为主，包括主观题和客观题，并加大主观题的分值，旨在强化学生对法律的运用。

三、建立法治教育课程教师与非法治教育课程教师协同育人机制

其一，定期开展培训，提高专业课教师的法治教学技能。学科的分化使得专业课教师在法治教学能力和认知方面普遍面临困难，因此，学校要针对法治教学的特殊性和重要性定期开展培训，邀请法学专业教师将法学教学理念和方法传授给非法学专业课教师，从而使专业课教师能够熟练掌握法学知识、灵活运用法学教学方式方法、融合法学与专业学科知识，将法治教育深入人心，从而实现法治与专业课知识的有机结合，在学科交融的过程中实现专业课与法学知识共同培育的"双赢"目标。其二，法学专业教师与专业课教师"结成对子"，通过开展多样化的教学交流活动来实现知识的共通与共融，法学专业教师要了解专业课教师在法治教育过程中遇到的疑惑，专业课教师要积极向法学教师咨询法治知识和教学方法，从而达到知识的丰富性和方法的科学性。

四、建立校际优质法治教育课程资源共享机制

一是进行教案资源设计指导。法学类院校在知识整合和法学师资水平方面要明显优于非法学类高校，因此，法学类院校要充分发挥其资源优势，构建教学团队制定科学的法治教学教案，并深入非法学类院校的教学实际，了解当前非法学教师在法治教育过程中所面临的难题，发挥团队专业优势，对非法学专业教师提出的问题提供针对性的解决方案，分享教案资源，指导非法学专业教师的教学实践，从而提高法治教育的科学性、针对性、灵活性。二是分享优质课程资源。首先，发挥优质法治教学资源的区域内共享优势。高校之间应建立良性互动交流平台，通过开展优质法治教育课程公开课等活动，提高资源的

效益最大化，高校根据学校实际组织教师积极参加相关培训或实践活动，提升教师的法治教育教学技能。其次，各高校要建立能够适应教育信息化和教学资源共享的网络教育环境。在职培训是当前高校比较通用的教师法治教学技能提升的重要方式，但这种方式在时间和空间上均对教师提出挑战，随着信息化的深入发展，在线培训逐渐流行，教师的法治培训同样要充分利用网络平台，法学类院校可以将优质教育资源在网络平台上分享，非法学专业教师充分利用时间来主动学习相关知识，通过在校培训和直播课堂来提升法治教学能力。再次，配备专门的管理人员对优质课程资源进行及时的整理、分类和更新。最后，实现高校间的深入合作，推进教师互聘、学生交换、课程共享等深度交流，从而实现优势互补，达到互利共赢的教学效果。三是聘用校外专家，定期开展法治教育学习讲座。

五、探索建立法治教育综合实验室

充分运用人工智能和虚拟现实技术，模拟建立大学生法治教育综合实验室。在初级阶段，以政法类高校为试点，将现有的法治教育资源、案例资源模拟还原为虚拟的现实场景，结合VR技术等，以智慧教室的形式，使大学生在一定程度上脱离书本和视频，置身于设定好的案例场景中，针对每一个重要的法治教育节点（主要是个人行为的选择），结合大数据的存储信息，模拟若干选择的结果，使大学生在参与的过程中，真正地为自己的选择承担责任。在中级阶段，以政法类高校、综合性大学等为平台，整合法治教育资源，建立大型的法治教育模拟仿真综合实验室，以VR技术为主要手段，模拟法治案例场景，根据不同的算法得出事件的结果，从实践的角度，将法治教育从课堂融入大学生的日常生活。在高级阶段，以政法类高校、综合性大学为平台，建立大型的法治教育实践研究中心，在开展模拟仿真教育的同时，将参与者的选择、实施某种具体行为时的生理与心理数据有效汇总，进行深入分析，将分析结果应用于法治教育教材与课程的开发，从而形成法治教育实践创新与课程创新的循环系统。

第八章

当代大学生法治教育
体制创新及实施保障

    大学生法治教育的实施，是以目标为方向，以课程为核心有序推进的系统活动。这一活动离不开具体的体制，即实施大学生法治教育的主体及其构成的关系总和。大学生法治教育不仅仅是高校的责任，同时也是政府、社会、家庭等多方主体和大学生自身的共同责任。这充分体现了全人教育理论在指导课程实施的过程中，强调实现的有效联结，[1]即线性思维与直觉认知的联结、大学生身心之间的联结、知识领域之间的联结、个人与社区之间的联结、自我与本性的联结。这种联结所形成的体制能够进一步打通各方主体和大学生自己在法治教育过程中的资源流通与信息互动，从而有利于法治教育水平的提升。然而，笔者在调研中发现，目前大学生法治教育体制相对固化，也缺乏创新机制，而实施大学生法治教育必须依托于相应的体制机制。这种体制由主体、制度、主体间协作机制等共同构成，破解当前大学生法治教育过程中存在的专业（法学与非法学，

---

〔1〕 Miller, J. P. , *The Holistic Curriculum. Revised and Expanded Edition*, Toronto: OISE Press, 2001, pp. 8~9.

文科与理工农医等专业）、城乡、校际、年级之间的法治教育目标、内容、形式等方面的不平衡、不充分，在应对法治教育目标、课程等问题的过程中，应重点处理好政府（普法宣传、法治教育等部门）、高校、师生等多方主体之间的关系，平衡校际、专业之间、年级之间、城乡之间等法治教育的水平。

第一节　大学生法治教育体制中多元主体间的关系

全人教育理论认为，有效的联结是在课程实施过程中实现各种有效转化。课程并不是知识的简单叠加，而教与学的过程也并非教师对学生的单向传授，而学习时间也不仅仅局限在有限的课程时段，学习的空间也超越了传统教师的局限。这种变革从某种意义上使得课程相关要素的概念界定以及关系界定都进行了"转化"。这种"转化"打破了课程与其传统要素之间的角色定位。传统意义上对课程内容、教学资源、教学环境、教室、教师等的界定也随之"转化"，如教室则应包括校园、家庭、社区、社会、虚拟网络、在线学习空间等；教师则应该包括高校学科专业教师、思想政治理论课教师、教育行政管理人员、法律相关从业人员、家长以及社区相关人员等；教育资源则不仅仅是纸质课本，还包括数字化精品课程资源、开放式网络案例资源、校园文化、法治校园建设、社区文化、家庭教育等可供挖掘与开发的隐性课程资源。学习者与课程之间不是二元对立关系，是共同创造（co-creation）、共同演化的关系（co-evolution），[1]并最终实现整体课程的两大目标：促进个人发展与社会变革。这就涉及大学生法治教育的各类主体。

---

〔1〕　安桂清："整体课程：面向 21 世纪的课程愿景"，载《比较教育研究》2006 年第 6 期。

大学生法治教育的主体主要包括两类（详见图 8-1）：一是高校主体。高校是大学生法治教育的直接实施场所。大学生几乎每天都身处在校园之中，因此，高校是大学生法治教育最重要的主体。具体而言，高校主体内部又可以分为高校管理服务人员、高校教师和高校学生。二是高校以外的主体。高校以外的法治教育主体包括政府、社会和家庭。首先，所有政府教育主管部门人员应当重视对法治素养的培养，积极接受法治教育，始终贯彻法治思想，通过法治氛围的创造来影响大学生的法治教育环境。其次，全社会应加强法治教育，树立法治思想。高校作为社会组织的构成部分，与社会其他组织和个体的发展息息相关，社会人员应在提高自身法治素养的同时，影响高校的学生，自身作则，发挥社会资本的辐射作用。最后，家长是学生的第二教师，家庭应认识到法治教育的重要性，学习法律知识，创设和谐、平等的家庭环境，对晚辈的不良行为认真指正，晚辈也要汲取长辈的教导，虚心接受对自身法治至关重要的意见。

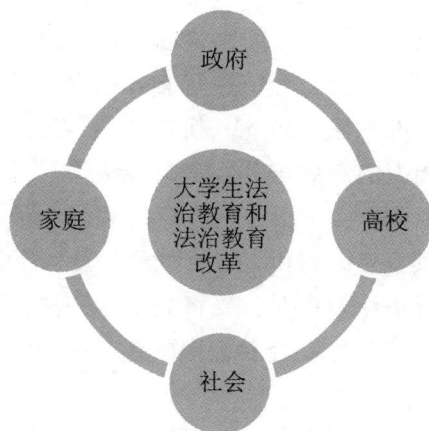

图 8-1　大学生法治教育的多元主体构成

一、高校是大学生法治教育的核心主体

高等院校是大学生法治教育的主阵地，是大学生接受系统法治知识和锻炼法律能力的主要场所。[1]高校之所以是大学生法治教育的核心主体，是因为高校的基本职能与资源优势。首先，高校的基本职能是人才培养，大学生在高校接受高等教育，成为重要的人力资源，在接受高等教育期间，其身心健康与法治意识，对将来建设社会主义事业具有重要的决定性作用。因此，高校的人才培养职能在很大程度上从外部——高校培养人才的外溢性角度，决定了高校是大学生法治教育的核心主体。从高校内部来看，无与伦比的资源优势，是其成为大学生法治教育核心主体的重要因素——高校的师资、科研、教学、硬件、软件甚至校友资源，与其他主体相比，都具有天然的优势，而且，更为重要的是，高校可以集中这些优势资源，在一个相对固定的时空范围内对来自不同区域的大学生实施法治教育。鉴于此，高校在大学生法治教育过程中应该对国家的各项教育法律法规予以坚决的贯彻落实，一方面是全面、系统地给大学生灌输法律知识教育，另一方面则是以法治实践活动的开展为契机，对大学生的法治行为习惯进行有效培育，最终使大学生能够树立起较为良好的法治观念。换句话说，法律知识的系统讲授和法治观念能力的有效培养，是高校法治教育承担的最重要的两个功能，因而，大学生法治教育的关键力量（或者核心主体）是高校，其直接影响和制约着大学生法治教育的发展进程。在对大学生进行法治教育时，要将高校这一法治教育主体放在核心地位，通过资源的整合和合理配置，有效联结校内和校外

---

〔1〕 黄方建："重庆市大学生法制教育现状及策略研究"，重庆交通大学2015年硕士学位论文。

的法治教育资源，充分发挥好法治教育这一职能，高校利用学校所拥有的法治资源，并能够将社会资源有效转化为教育资源。当然，在不同的发展阶段，学校和学生所面对的矛盾是不一致的，高校要以发展的视角来关注社会和学生需要，与时俱进地改善法治教育资源，集资源于主要矛盾的解决，并将矛盾有效转化为高校法治教育发展的内驱力，从而保证高校学生法治教育的持续性和先进性。

二、政府、社会以及家庭是大学生法治教育的重要主体

大学生法治教育发展过程其实也是各个主体相互竞争与通力合作的过程，在不同的发展时期，各主体的利益诉求和作用发挥是存在差异的，但矛盾既有普遍性，也有其特殊性，普遍性即法治教育的重要性和前进性，高校在任何发展阶段都要重视学生的法治教育，有效整合法治教育资源。特殊性则在于大学生法治教育的主体不仅包括高校这一核心主体，还包括政府、社会、家庭等校外主体。其中，政府主要负责大学生法治教育的顶层设计，通过制定法治教育政策方针规划，督导推进高校法治建设，提高高校大学生的法治观念和宪法意识；同时，一府一委两院——政府、国家监察委员会、人民法院和人民检察院为大学生法治教育提供依据、案例和实践的借鉴。社会在大学生法治教育环境中起着引领作用，是高校法治教育资源和氛围创设的重要推动力，高校可以多途径整合社会资源，作为教育资源补充的重要来源，同时发挥社会资本的辐射作用，进一步强化大学生法治教育的实效性。另外，社会法治现象、法治事件与法治问题本身就是影响大学生法治教育成效的重要因素。家庭在大学生法治教育环境中起着基础作用，和谐良好的家庭关系、正确积极的家庭教育、正面深刻的榜样效应，是大学生

法治教育的前提条件；同时，家庭教育是预防大学生违法犯罪的基石，家校合作是当前教育的重要指向，是建立高校外部法治教育体系中的重要一环。

三、大学生法治教育主体间的矛盾分析

大学生法治教育是一个多元主体参与的长效过程，各主体间既存在合作、协同、内推、外合，也存在不同价值主体间的竞争、矛盾等。综合而看，大学生法治教育的主体主要包括管理育人主体、教书育人主体、服务育人主体、自我教育主体等，其中管理育人主体主要指高校中承担学生管理和行政职责等工作的群体；教育育人主体是对学生有最直接影响的教师群体，两者之间存在最直接的"委托—代理"关系，这一主体能够熟练掌握思想政治理论和教学实践；服务育人主体包含两个方面，一是辅导教师教学工作的群体，二是为学生的学习和发展进行指导和评估的工作者；自我教育主体指的是学生自身和对学生发展有指导作用的学生组织。随着社会发展的多元化导向，高校大学生法治教育的目标也在发生改变，高校需要整合现有的法治教育资源，拓展新型法治教育课程，在发挥主体作用的同时，有效联合其他法治教育主体，多元主体共同承担大学生法治教育的重任，明确分工，深化协作，将责任转化为工作的动力。从当前我国高校的法治教育主体发展来看，各主体能够有效协同资源要素，相互联系、相互作用，呈现出良好的融合和发展态势，这对大学生法治教育的实效性创造了条件。但由此也导致主体之间出现一些矛盾，具体包括以下几个方面。

（一）不同教学活动主体之间在教材等方面存在矛盾

法律基础课程内容附属于思想道德修养课程内容。在我国高校 2005 年进行的思想政治教育改革方案中，为了体现法治教

育和道德教育的有机融合，专门把"法律基础"和"思想道德修养"这两门课程整合在了一起，从而形成了《思想道德修养与法律基础》课程，这门课程的内容设计也包含了大学生的法治教育内容。但是，在由教材体系转向教学体系的过程中，无论是在授课进度安排还是授课内容分布方面，法律基础的内容均被一些高校及其教师加以弱化。日常性大学生法治教育附属于阶段性法治宣传专项任务。从原则上来看，应该根据大学生法治素质培养的具体要求以及各个学校的实际规划情况，来安排日常性的大学生法治教育，其主要的开展途径是社团活动、党团活动等。然而，在实际的工作开展过程中，大多是在上级普法教育、法治宣传教育等文件下发之后，学校的相关职能部门才开始着手部署日常性的大学生法治教育工作。可见，这种"为了宣传而宣传"的宣传式教育，形式较为零散且缺乏规划性，带有突击性和临时性的特点，是为了完成特定宣传任务而开展的，因而也难以发挥理想的效果。

（二）不同主体之间在法治教育课程建设方面存在重复

第一课堂与第二课堂教育内容重复。第一课堂由教务处、学院等部门管理，第二课堂由学工部、党委宣传部等部门管理，但两者均承担着大学生法治教育的任务，因此，无论是在教学计划制定、教学内容选择方面，还是在法治教育内容安排方面，都容易出现重复工作的现象。尤其是在第一课堂实践教学中的法治教育内容，极为类似于第二课堂社会实践环节的相关内容。比如，让大学生完成特定主题的调研报告或者小论文，通常是法治教育第一课堂实践教学的考核要求；与此同时，在法治教育第二课堂的社会实践环节，也对相关法治主题的论文撰写、论文征集以及社会实践报告等有所要求。在这样的双重考核下，为了应付两个课堂的任务，一些学生选择上交同一篇调研报告或者小论文，这样难以收获理想的教育效果。

（三）不同主体之间在法律知识教育中存在"法学知识专业化"的冲突

大学生法治教育内容的法学知识专业化指的是，在对大学生进行法治教育的过程中，过度注重法学相关知识的传授，这样就影响了法治教育的育人功能。具体而言，大学生法治教育内容法学知识专业化体现在两个方面：一是法学知识罗列现象在课程教授过程中十分突出。以《思想道德修养与法律基础》课程为例，目前的法治教育内容主要浓缩于该课程之中，从该教材的内容体系来看，不仅涵盖了法的一般理论、我国现行法律制度以及法律条文，也包括了中国特色社会主义法治理念、社会主义法律体系等最新理论成果。然而，对于如此浓缩化处理之后的教材内容，在极为有限的课时内，教师是难以将相关的问题讲透彻、讲明白的。最终的结果不仅使课堂教学成为罗列和归纳法治相关概念、精神、原则、理念等知识的场所，同时教学内容也呈现出空洞抽象和过于知识化的特点，更加难以提升大学生的学习兴趣以及培养他们的法律意识。二是法学专业化倾向在教学内容呈现中较为明显。法学专业教育注重专业培养，因为其目的是培养法律职业的专门人才。区别于法学教育的是，大学生法治教育的目的在于增强大学生的法治观念以及提升大学生的法治素质。从大学生法治教育的涵盖内容来看，不仅包括法律的概念及其发展历史、人民民主专政以及宪法的基本原则等，还包括中国特色社会主义法治理念以及社会主义法律体系等。但是，在实际的教学过程中，部分高校的法治教学内容过于专业化，对法治理论的广度和深度把握不到位，超出了非法学专业大学生的认知能力，从而影响了最终的法治教学效果。

（四）线上法治教育主体与线下主体之间衔接脱节

大学生法治教育网下教育与网上教育脱节现象普遍存在，二者未能形成有效的衔接，甚至在一定程度上出现了脱节。其一，大学生法治教育逐渐拥有多样化的虚拟实践体验方式，比如，组织大学生参与法治主题相关的网络答题竞赛活动、网络专题论坛活动或者网络问卷调查活动等。然而，网络技术和网络信息资源没有得到部分高校的及时、有效运用，不仅其官方主页未能及时更新法治教育信息，同时法治教育专题设置滞后等，从而造成网下法治教育与虚拟实践体验两种方式之间的分离，最终也难以发挥虚拟实践体验的优势。[1] 其二，网下教育管理与网络咨询辅导之间衔接不佳。所谓网络咨询辅导方式，指的是依据一定社会政治、经济以及文化发展的要求，以及受众素质水平的现实状况，教育者在网络虚拟空间范围内，在思想、心理以及行为等问题方面，针对受众所采取的一种指导、服务以及商讨等方式的总和。长期以来，大学生法治教育的网络咨询辅导这一方式由于缺乏对应的整体规划、机制设计以及制度保障，一直就比较薄弱，其主要是通过班主任、辅导员以及思想政治理论课教师来开展，途径包括微信、QQ 以及微博，内容主要是维权投诉、法律咨询等。这种带有个人主观色彩的网络咨询辅导行为，缺乏一定的权威性，其法治教育效果同样不甚理想。

（五）不同主体之间的职能分工存在矛盾

大学生法治教育在由最初单一部门牵头到后来多个机构齐抓共管的过程中，一直存在着主渠道教育与主阵地教育分属不同机构管理的状况。大致情况为：大学生法治教育的教学实施

---

〔1〕　董翼："大学生法治教育存在的主要问题及对策思考"，载《思想理论教育》2016 年第 3 期。

单位，为思想政治理论教研部或马克思主义学院下设的教研室，其主要负责大学生法治教育的教学以及科研工作；日常大学生法治教育工作主要由校学工部或院系学生工作机构来负责；全校大学生法治教育的组织协调工作由校团委、校宣传部等职能部门来负责；教务部门从课程安排、场地保障等方面协助开展大学生法治教育工作。由此可以看出，与大学生法治教育密切相关的组织机构众多，然而大多数的机构之间缺乏统一协调；与此同时，大学生法治教育的师资队伍呈现出"专兼职相结合"的特征，主要包括思想政治理论课教师、辅导员或班主任、其他相关课程教师、学校党政领导干部以及共青团干部等。法治教育参差不齐的师资队伍素质，也难以保障大学生法治教育的顺利开展。

第二节　大学生法治教育的体制创新思路

大学生法治教育是一个持续性的发展过程，涉及多元主体的参与，既包括高校内部的行政管理人员、教师和大学生，也包括高校外部的政府、社会以及家庭等。与此同时，近些年大学生违法犯罪率呈不断上升的趋势，归根到底，这与法治教育主体缺乏完善的法治教育理论素养和实践能力等有重要关联，传统的法治教育体制由专门部门承担，其他相关主体缺乏对大学生法治教育的认知和重视，因此，当务之急是要加强各法治教育主体的制度化建设。一套完整有效的大学生法治教育制度，可以促使法治教育主体在实践工作中更加关注制度的作用，重视制度功能的发挥，增强制度意识，从而保证法治教育活动的畅通高效，最终提高大学生法治教育的育人实效。传统的大学生法治教育更倾向于条块分割，以实施法治教育活动的机构为核心。例如，学校—院系—学生，机构—社区—居民等，学生作为受众，主要是接受法治教育的角色，没有更多地、全面地、全过程地参与法治教育。因此，大学生法治教育体制创新，应以目标为导向，坚持人本价值，秉承全人教育理念，围绕全人教育和法治教育，构建新型体制。

一、大学生法治教育体制创新的设计思路

大学生法治教育体制创新主要包括以下四个方面的内容：目标体系、规则体系、组织体系和保障体系（详见图 8-2）。

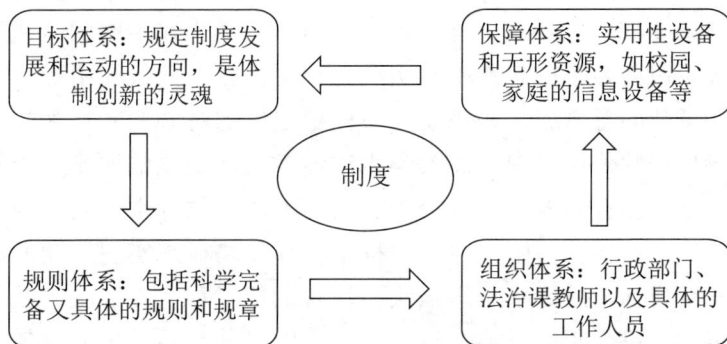

图 8-2 制度化体系

法治教育体制创新是一个系统的长期的与时俱进的过程。其目标是以岗位为责任分担的依据，通过建立有效的工作责任制度来实现工作的程序化和规范化。只有建立明确的、科学的规章制度，各主体和岗位部门才能实现工作的有序性和标准化，才能以严格统一的考核机制来对各部门的工作进行评估和督导，法治教育制度建设才能更加高效，大学生法治素养的提升才会更有实效。所谓大学生法治教育制度化，简而言之，即要把大学生的法治教育作为基础性构成纳入学生发展和考核的正式文

件，在高校中形成科学化的制度体系，从而实现大学生法治教育的常态化、规范化、明确化的系统过程。大学生法治教育体制的主体既是认识主体，也是价值主体，更是实践主体。大学生法治教育制度化通过对法治教育的方式方法和内容导向进行严格的设置，引导大学生树立正确的法治意识和价值信仰，在这一过程中不断规范其行为，从而使广大大学生自觉地成长为中国法治社会的合格建设者和可靠接班人。

二、大学生法治教育体制创新的主要原则

所谓原则，通常是指人们在观察问题、处理问题时所依据的评判准则。[1]原则的产生不是一蹴而就的，在不同的时期和发展阶段需要经得起考验和实践的积累，在人们认知中形成认可和遵从的意愿后，其变成为一种稳定性的对人们的行为具有指导作用的价值导向。而大学生法治教育制度化的原则，指的是在法治教育制度化的过程中，以某种法治教育主体共同遵守的准则为指导，利用一种更加科学合理的路径来实现预期的法治教育目标，最终不断增强法治教育的质量和实效。法治教育制度化建设之所以重要，是因为其可以指导利益主体的价值观念和实践活动，约束各主体不符合法治教育开设目标要求的行为，从而更有效地提升大学生法治教育素养，改善当前高校法治教育过程中不如人意的问题。因此，大学生法治教育务必根据其特殊性，协调制度目标与个体目标的一致性，以以下原则为遵循。

（一）坚持公正性和合法性相结合的原则

法治教育有其固有的价值导向和内在要旨，公正性和合法

---

〔1〕 王天林："原则抑或目的——刑事诉讼'双重目的论'之逻辑悖反及其伪成"，载《华东政法大学学报》2010年第3期。

性是大学法治教育最基本的制度化要求，这也是对法治教育主体和个人进行制度考核务必遵守的标准。这一原则的内在价值在于高校应根据法治教育的特点和学生价值观塑造的方向性，构建大学生法治教育的规范和制度体系，这一原则应当符合国家对公民社会行为的法律约束和高校学生行为的行为准则，符合大学生实现全面发展目标的基本评价标准和价值追求，符合学校日常管理和课程体制构建的基本要求，符合大学生对知识的追求和实际需要，这一原则既要严格遵守国家和高校最基本的标准化要求，同时也要考虑法治教育各主体开放性和自由化的价值诉求，从而才能获得法治教育各利益相关主体发自内心的认可和服从，得到社会的广泛认同和支持。否则，缺乏公正性和公平性的制度建设无法满足社会对组织和个人最基本的行为制约。此外，严格的硬性制度难以调动各主体的责任感和工作积极性，大学生作为思想开放的群体，无法将法治教育制度内化为自身发展的言行。因此，平等、公正、合法和正义的制度要求是必不可少的，这是高校法治教育的底线，是大学生法治素养提升的内在要求。换言之，法治教育的制度都要求制度安排最大限度地实现平等。因此，不管是法治教育的内在价值，还是高校法治建设的实际需要，或者大学生法治素养的价值诉求，公正性和合法性无疑是法治教育制度化建设最根本和基础的原则。

（二）坚持人性化和生活化相统一的原则

制度原则不仅是最根本的价值导向和行为约束，同时要根据目标群体的实际需要灵活协调。大学生法治教育不仅要从政治上和法律上要求公正性和合法性，同时要坚持人性化和生活化相统一的原则。人性化原则是指在尊重人的基础上发展人，学生的全面发展需要尊重学生的个性，尊重学生个体化的价值诉求，同时利用现有资源和条件来发展学生的本性，整合资源和创造条件来培养学生，学生的法治教育必须在制度规范的基础上充分发挥学生的创造力和个性化，最终通过以情服人来提高管理效率。但社会发展的实际需要并不会因制度的高悬而改变，因此，制度来源于生活实践，最终还要回归到生活、服务实践。大学生法治教育制度同样不能脱离生活实际，应充分考虑高校的发展现状和大学生的价值追求，将高高在上的制度属性转化为大学生的现实生活，内化为学生的日常行为规范和行为习惯。此外，大学生在情感态度、知识认知等方面均存在着较为明显的差异，这就需要制度能够满足绝大多数大学生的目标追求，对待不同的大学生个体要有所区别。

（三）坚持稳定性和灵活性相协调的原则

所谓稳定的制度，指的是制度能够维持一种相对静止的状态，制度需求与制度供给之间相对均衡，从而使制度达到一种均衡状态。[1]从制度的基本属性来看，它决定了必须要坚持稳定性原则，制度一旦形成，它就应拥有相对稳定性，如若不然，就不能够形成大学生法治教育的基本秩序，大学生法治教育活动亦将不知所以。尽管制度有稳定性，这亦是相对而言的，其主要的原因有：首先是大学生法治教育所面对的是为数众多的具有主观性的大学生群体，教育的对象是复杂的；其次是大学生法治教育内容的不同层次需要，也对制度提出了相对的灵活性要求；最后是从哲学角度来看，万事没有绝对性，所以制度的稳定性也不是绝对的，只有运动和变化才是绝对存在于世界之中的。以上三个因素就要求大学生法治教育制度也必须具备相对灵活性，正是由于相对灵活性的存在，才使得其生动体现

---

〔1〕 张旭昆："论制度的均衡与演化"，载《经济研究》1993 年第 9 期。

了该制度的生命力以及合理性。由此，其必须遵循稳定性与灵活性相结合的基本准则。

（四）坚持实践性和可行性相一致的原则

坚持实践性和可行性相一致的原则，指的是要重视大学生法治教育制度化在实践方面的优先性。无论哪一种制度，都具有两种存在形式，分别是制度的实践动态形式和制度的文本静态形式。制度的以上两种不同存在形式中，从制度对于整个现实生活的意义上来看，相比于静态的文本形式，其动态的实践形式更为重要。因此，大学生法治教育制度化在实践方面的优先性也得以确定。大学生法治教育制度化是现实取向的，而并非完全学术取向的：不是仅重视大学生法治教育制度化的理想性，而是要更加重视大学生法治教育制度化的实践性和可行性。从制度存在形态的角度出发，大学生法治教育制度化可以分为两个步骤：一是要找到大学生法律教育实践中存在的问题，制定法律教育制度来解决一些特定的大学生法律教育的具体问题，也就是制度的可行性；二是将法律教育体制放入实践当中，使之不断地与大学生法治教育相结合，对大学生的法治教育实践进行规范和引导，以形成制度化的大学生法治教育的实践形式，也就是制度应有的实践性。

三、大学生法治教育体制创新的主要内容

大学生法治教育制度，是一个关于大学生法治教育的制度体系，由此也可以看出，大学生法治教育制度化是一项极为复杂的系统工程。关于大学生法治教育制度化体系的构成，按照上文的概念界定，笔者认为可将其体系构成细分成目标体系、规则体系、组织体系和保障体系四个组成部分（详见图8-3）。接下来，笔者将对大学生法治教育制度化体系的主要内容进行

深入探讨。

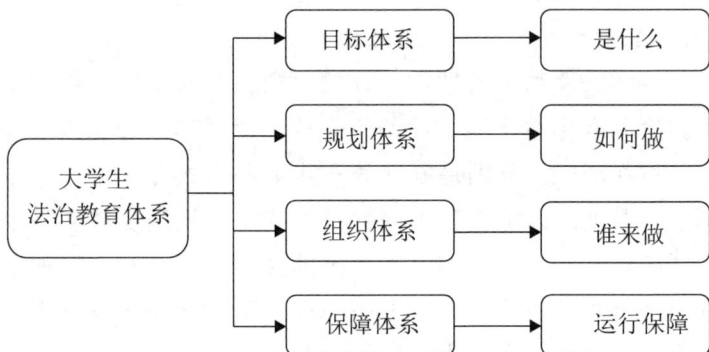

图 8-3 大学生法治教育体制创新的主要内容

（一）大学生法治教育体制创新目标体系的完善

一是国家和社会发展对大学生的要求。大学生作为社会主义伟大事业建设的生力军，在国家和社会的发展中发挥了重要的作用。大学生法治教育的有效性直接关系到我国依法治国的成败，也关系到我国法治社会的建设。如此一来，从国家和社会发展的需求为起点、以全方位提升大学生的法治素养为主要原则在明确大学生法治教育目标时成为必须遵守的法则。二是大学生身处的内部自身条件以及外部环境。外部环境主要是指社会环境与国家有关的制度决策。伴着不断加速的社会化进程，大学生与社会也更加趋向于一体，大学生法治教育目标更加直接地受到国民素质、社会法治化进程、经济发展水平以及其他大的环境因素的影响。鉴于社会情况的复杂多变，教育者也要客观地看待不断变化的社会条件。此外，大学生法治教育的目标设定，也必须严格依照国家现有制度、方针政策与基本路线，切不可与国家的相关规定和政策背道而驰。在考虑外部环境的同时，还必须遵循大学生法治教育所依存的内部条件，以促进大学生法治教育目标体系的建立。其中，内部条件囊括：大学生个体所有的法治修养层次、教育者的教育能力以及各大高校拥有的物质基础、校园文化等因素。对于建立一个目标系统，以上内部条件的情况，特别是校园文化和大学的相关文件的规定，都会产生直接的影响。

　　正确合理的目标定位，是开展大学生法治教育活动的前提和基础。首先是以法律意识的培育为目标。法律意识是社会中的法治现象在人脑中的反映，同时也是形成于一个民主国家的公民头脑中的先进意识形态。以强调程序与规则、法律面前人人平等、权利与义务、社会主义法律至上等法治基本意识的方式，来启发当代大学生提升法治素养、敬畏法治权威，不断引领他们在意识上、行动中对当今所提倡的"依法治国"方略产生由内而外的认同感，而且可以很好地使自己的行为习惯、价值诉求契合当前法治教育的目标。其次是把培育法治综合素养当作目标。法治综合素养是对人们所拥有的法治理念、法治知识以及法治实践能力的概括。法治综合素养即大学生在对于法治基础知识有所把握的基础上所建立起来的社会主义法律意识和法治观念，可以对以下几种关系有清晰认识：程序与规则、公平与自由、民主与法治，能自觉行使权利、履行义务，通过运用法律武器维护自己的正当权益，还能勇于同所有违法犯罪行为作斗争。最后是把树立法治信仰当作目标。法治信仰指的是人们能够认同法律中所蕴含的法治素养、遵守法律所界定的行为规范、尊重法律所展露的人文价值。现阶段大学生法治教育应把培育大学生的法律信仰当作中心目标，在基础知识的研习之上使之建立起对法治的推崇和信赖，并且能够坚定信仰法治。同时也需要转换此前的传统教育模式，在法治教育的不同环节都要渗透大学生对于法治信仰的实践。综上，不能够割裂大学生法治教育，以传授知识为出发点，以培育信仰、意识为核心，以培养法治实践能力为最终落脚点，最终全面培养大学生的综合法治素质，实现大学生法治教育的终极目标。

具体活动目标制度化需要从目标出发，最终再回归目标，以确定目标、实现目标为依据，开展一系列的规范化、具体化的活动。大学生法治教育具体活动目标制度化本身是制度化目标体系的重要组成部分。大学生法治教育制度化具体目标实施过程，事实上是由大学生、教育者、大学或学院、政府主管机构互相交流沟通之后，最终才确立出根本目标。具体目标的形成是依据具体对象的主客观条件，以确立的根本目标为基础，对根本目标进行逐层分解。完成此项工作后，再细化有关活动的主客体的相应职责，为实现具体目标铺设好"道路"。再具体一点就是，大学生法治教育制度化具体目标的实施可以分为三个阶段（详见图8-4）：其一，计划阶段。在计划阶段，法治教育者需要划分各系统的职责和功能，或者说厘清各个协作机构、组织以及相关人员的责任，并对目标进行体系化管理。其二，执行阶段。大学生法治教育的执行阶段指的是对具体目标的展开与实施。在这个阶段，指引大学生进行自我管理更加受到教育者的高度重视，以推动教育对象不断从"他教"转向"自教"。其三，检查阶段。这一阶段的核心任务就是客观评价大学生法治教育，通过总结、考评以及奖罚等方式，构建健康可持续的激励机制。大学生法治教育就是通过这一动态机制，不断在具体的实践活动中变得更加强而有力，达到增强其实效的目标。

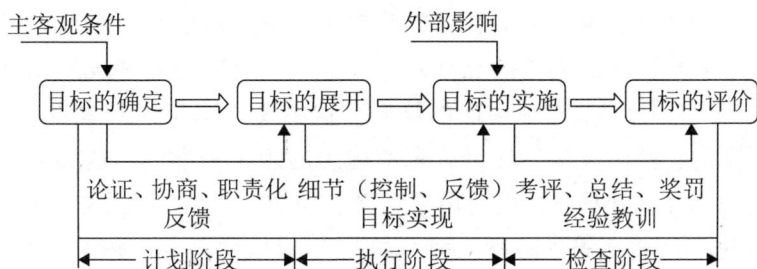

图8-4　大学生法治教育制度化目标实施流程示意图

（二）大学生法治教育体制创新规则体系的建立

大学生法治教育制度化规则，是对大学生法治教育制度化目标现实而直观的反映。拟定规则体系要以目标体系为依据，不能产生冲突。因为二者在本质上都具有一定的同质性，都旨在引导有序高效地开展大学生法治教育活动，并建立一种实践性较强的法治教育目标体系，这也是法治教育规则体系的价值所在。与此同时，制度化规则体系的制定还需要反映主客观的现实条件。随着社会化进程的不断加快，大学生与社会之间的联系越发紧密，不仅是大学生法治教育目标会受到社会环境的直接影响，社会环境也会间接影响大学生法治教育的规则形成。因此，在复杂多变的现实社会情况下，教育者必须要客观看待社会条件的动态变化。随着大学生的不断成长，家庭环境的影响尽管有所减弱，但在大学生法治教育规则的形成中，仍然起着非常关键的作用。首先，家庭是大学生成长的最主要环境，家庭的影响无法被其他任何外部环境所取代；其次，家庭环境长期影响着大学生。当然，建立高校大学生法治教育规则体系，还需要考虑法治教育依存的内部条件，包括教育对象当前的法治素养状况，学校的校园文化和学校的物力、人力以及管理水平等。尤其是校领导的形象力与学校的校园文化这样的内部条件的状况，都直接影响到规则体系的拟定。

　　针对大学生的法治教育实施原则。按照目前我国高校的设置、划分现状，笔者把现有的与大学生有关的规定和规则划分为三个层级：①宏观层面的规则。这主要指国家（相关部委）制定的、针对大学生法治教育实施等的规定和准则。这类的规则和指导方针具有全面的指导意义。如2017年2月，教育部修订的《普通高等学校学生管理规定》对依法行政、依法治校，加强高校学生管理的法治化建设等提出了明确要求，提出要推动养成学生的法治观念，增强形成学生法治信仰的教育、管理、引导与服务，实现学生对于相关规章制度的认同、执行和遵守。②中观层面的规则。这主要指省、自治区和直辖市等高校法治教育主管单位和机构，依据党中央和国家相关部委制定的与大学生法治教育相关的规则、准则，同时结合本地区实际情况而明晰化的内容。此类规则衔接了宏观层面与微观层面的规则，它既是细化和具体化的宏观层面的规则，同时又指导着微观层面规则的拟定。比如，河南省教育厅、司法厅等联合发布的《关于在全省高校开展大学生法治宣传教育系列活动的通知》（教社〔2014〕977号）在推进河南省各高校的法治教育工作中发挥了重要作用。③微观层面的规则。这类规则主要是高校依据自身具体情况，同时为了落实国家和省市的法治教育目标，以此制定并实施的规则。微观层面的规则较之前两个部分的规则更加生动具体，由此，其操作性实际上更强，也更能规范特定的教育对象，例如各校自己出台的行为准则就带有总则性质。比如，西南石油大学为贯彻落实《四川省教育系统开展法治宣传教育的第七个五年规划（2016—2020年）》，全面推进依法治教、依法治校，进一步提升广大师生、员工的法治观念和法律素养，制定了《西南石油大学开展法治宣传教育的第七个五年规划（2016—2020年）》。这一类规范比较庞杂，在此不逐一列举。

（三）大学生法治教育体制创新组织体系的优化

法治教育作为一门实践与理论紧密结合的科学，需要将制度化的目标体系和规则体系运用于具体的法治教育活动中。这就需要建立起明确有序的组织体系，从而将制度化的目标体系和规则体系现实化。而法治教育制度化组织体系的关键在于其领导体制的确立。目前，我国高等学校实行党委领导下的校长负责制。对于高校来说，教学质量的提高，管理水平的高低，党和国家教育方针政策的落实情况，大学生法治教育的落实都和学校领导有密切的关系。大学生法治教育一方面需要引起学校党政领导的关注，将其提上日程，不断增加投入、加大支持力度；另一方面，学校党政领导的依法治校意识也尤为重要，这两方面的结合是对学校法治教育环境起作用的主要因素。依法治校要求科学治校、民主治校，学校党政领导应能管控、行使好自己的权力，依法治理学校，维护学校合法权益，尊重和保障教职员工和学生的权利，从而促进学校和谐发展。假设一所高校有着很好的依法治校水平，大学生就能确切地感受到民主、法治就在自己身边，这样也会收到事半功倍的效果。由此，各高校或政府机构需要经常开展高校党政领导依法治校的培训班或者研讨会，帮助他们树立法治观念，提高依法治校能力，增强依法治校意识。

就大学生法治教育的组织管理模式来说，要努力开创教学与活动密切配合、各组织机构（单位）协调共管、多元介入配合的新型组合式管理模式，最终形成多方协调、各负其责的管理格局。法治教育活动涉及主体众多，不仅需要高校内部党政机关、教学部门等行政机关的助力，还需要社会各界团体、各自家庭，尤其是新型传媒等的协作支持。然而从目前法治教育工作的管理形式来看，仍然存在着协助合作不足、工作结构单一的问题，因此，随着大学生法治教育工作或活动的不断开展，也暴露了其作用面和作用力的相对有限性。除此以外，时常发生一些管理相对混乱的情况，例如管理空白档、管理交叉重合等，这些权责不清的管理模式导致了管理工作中的无效与低效，同时也丢失了应有的"责任"。因此，在法治教育管理的工作中，权责分明是实现法治教育管理的首要原则。从宏观上说，要按照机构自身的性质明晰相关权责，做好法治管理的分工界定；从微观上看，在各个机构、组织内部也要进行合理界定，健全机构内部运行的制度结构。其次要减少主观随意性，规范法治教育管理工作行为，最终对组织机构进行有效管理。最后，法治教育管理系统化的核心是职能分工明确，其中心是目标和任务，必须坚持党的核心领导，使得法治教育各组织、人员能够相互配合、协调以及互动。同期，为了加强管理实效性、实现科学化管理，必须通过强调变革管理中的制度化方案来供给制度上的支持。

（四）大学生法治教育体制创新的保障条件

所谓大学生法治教育制度化保障体系，是指在大学生法治教育开展和实施的过程中，对所有有助于大学生法治教育顺利进行的内外部条件和因素，进行准确界定的制度总和。制度化的大学生法治教育保障体系的作用主要在于：一是可以应对互联网的冲击。随着互联网的普及，传统的高校内部法治教育的主导地位遭受猛烈冲击，大学生法治教育者在信息方面的权威地位也受到巨大挑战。为此，大学生法治教育要走出校园，与政府、社会合作协同发力，建立全方位、多层次的法治教育监察体系和指导体系，最小化网络的负面效应并且有效地发挥其积极影响效应。二是可以适应高等教育改革发展的需要。目前，高等教育正在从重知识传承转向重知识创新，从重共性要求转向重个性，从重专业教育转向重素质教育。这在给大学生法治教育提供难得机遇的同时，也提出了严峻的挑战，由此需要一系列完整的保障体系，来确保大学生法治教育稳定开展。三是可以适应中国特色社会主义建设以及人才成长基本规律的需要。现阶段，国家和学校应该通过增进法治教育、指导大学生树立科学的法律意识和法治观念，以此培养中国特色社会主义建设事业的合格建设者和接班人，全面提升大学生的法治素质，尽早为社会主义现代化建设作出应有的贡献。

要想建设大学生法治教育制度化体系，最重要的还是制定和健全大学生法治教育制度化的保障体系。一是政策保障。政策作为法治教育的重要内容，也同样是法治教育实施的重要保证。政策直接体现了统治阶级的意志，因此也直接指明了法治教育的发展方向，以此角度来看，政策也被直接赋予了法治教育的地位。二是思想保障。大学生法治教育制度化的思想保障，指的是在大学生法治教育的实施过程中，务必坚持正确的思想指引，以及坚持正确的政治方向。目前，在我国坚持正确的政治方向，也即必须坚持中国共产党的领导地位、坚定中国特色社会主义的政治方向不动摇。三是知识保障。大学生法治教育实效的提高，不仅需要法治教育这一门学科的发展，同时也需要其他学科如教育学、管理学、心理学以及青年学等学科理论知识的支撑。四是物质保障。最大限度地为大学生法治教育正常运作提供物质和经费保障，直接而生动地体现了对于大学生法治教育的真正重视。五是制度保障。制度化从根本上来说就是"建立健全、完善的制度体系"。站在这个角度上，我国始终推行的"依法治国"方略，以及十九大报告中指出的"健全人民当家作主制度体系，发展社会主义民主政治"，根本上都是在强调制度建设的重要战略性价值。综上所述，目前法治教育的制度化建设最需要的就是建立健全并不断修订、完善国家和社会的有关制度。

第三节 大学生法治教育体制创新与实施保障策略

大学生法治教育是一个由多元主体共同参与的系统工程，因而大学生法治教育体制创新与实施保障，离不开多元主体的共同参与。

一、建立高校法治教育中心及相关制度体系

对大学生法治教育的认识不够导致许多高校缺乏专门的法治教育机构，也使得这些高校难以正常、有序地开展相应的法治教育工作。因此，各高校应注重法治教育、教学专门机构的设立，例如可将其命名为"法治教育教研中心"，挂名在马克思主义学院（系、教研部）或者法学院（系），由学校党委、党委宣传部和学工部直接对其负责。并且需明确该机构除了承担常规的《思想品德修养与法律基础》课程教学中的法治教学任务，还需开展课堂以外的法治教育活动。这样做可以在实现优秀教师资源共享的同时，汇集各方力量，明确各自的任务与责任，确保法治教育工作的顺利进行。当然，教研中心除了要加强与学校宣传部门、学工处、保卫处等部门的联系，还需建立联动机制，各部门相互配合、密切联系，形成合力，从而对大学生进行全方位的法治教育。在此基础上，参考具有行政、教学、科研职能的综合性大学"教师教育学院"等单位的运行模式，探索成立在高校内部与二级学院和机构部门平行的"法治教育中心"，将"法治教育活动""法治教育研究"等功能整合为一体，并且直属于学校管理。

在大学生法治教育体制中，制度建设是重要基础，创新体制更是制度创新的过程。具体而言，主要包括四个方面：一是制定并坚决执行师生行为守则。以相关法律、法规的规定为标准，联系学校实际，制定新的或修订已有的教师行为规范、学生行为守则等，加强规范制度的执行力度，建立健全有效的约束机制，严格按规范要求对违反规定的师生进行惩处。在学生的培养过程中，对其提出严格的纪律要求能够促进制度自我完善，挖掘学生潜能以及纠正其思想偏差。二是构建并完善"以人为本"的学生管理制度。在学生管理方面，高校的学生管理制度一方面强调要依法强化、规范对学生的管理，另一方面更要注重转变学生管理理念，变管理为服务、教育，尊重学生的人格及主体性，保障其合法权益，满足学生全面发展的需要，促进其多样化成才。在制定学生管理制度时，要合乎教育目的与教育规律，符合学生身心发展规律及特征，体现公正合理的法治素养。三是建立健全校务公开制度并完善民主参与制度。尊重并提高高校广大教职工群体和学生群体在依法治校中享有的主体地位，建立健全党代会、学术委员会、校务委员会、学代会、教代会、团代会等组织建设，保证民主渠道畅通，保障师生、员工的民主权利，让师生、员工积极主动地参与到学校发展的重大决策中来。四是在大学生的培养方案中，加入单独的"法治教育"模块，并按照必修课、公共课等标准，给予相应的学分，使大学生，尤其是非法学专业的大学生能够充分接受法治教育，并真正重视法治教育。

校园文化氛围对大学生有着潜移默化的影响。校园文化氛围极大地影响着大学生的法治信仰，因此，必须加大校园法治文化的建设力度。一是可以开展丰富多彩的校园法治文化活动，营造浓厚的校园法治文化氛围。同时可通过课堂教学、主题班级活动、社会实践等形式加强大学生的法治观念。如可以普法为主要目的，进行"人人都是普法宣传员"的校园宣传与调研活动和举办"法庭进校园"的讲座活动；或可以"3.15 消费者权益保护日""12.4 国家宪法日"等各种宣传日为契机，开展免费法律咨询活动。上述多种形式的法治活动的开展，能在很大程度上增强大学生的法治社会参与者的意识，奠定校园法治文化建设的基础。二是可通过校园传媒，加大法治宣传力度，打造良好的校园法治文化环境。将校园广播、校刊、校园网等传统媒体和互联网如微信、微博、客户端、移动设备等新兴媒体相结合，积极寻求创新，发挥合力共同开展大学生法治教育。借助"法治在线""今日说法""中国法治报道"等电视节目提供的材料，利用各种媒体平台，引导学生对其感兴趣的法治热点或案例进行探讨。与此同时，教师可通过多种形式的网络沟通平台参与学生的讨论，引导学生关注有主流价值的信息，及时解答学生的疑问，实现法治教育中积极的师生互动。总之，要利用好宣传媒体的舆论导向功能，为提升学生的法治素养提供丰富、健康的精神食粮。

二、探索"法治教育"专业学位研究生教育体系

加强"法治教育"相关学科建设，在法律法规与政策范围内，参考"思想政治教育"专业学位研究生教育体系，探索设立由"法治教育"硕士、"法治教育"博士等构成的"法治教育"专业学位研究生教育体系。具体的培养方案包括：硕士研究生培养年限以 3 年为主，博士研究生以 4 年为主，主要包括理论学习（一年级）、实践（二年级）、学位论文撰写（三年级）等内容，如不符合毕业要求可适当延长学习年限。研究生导师可由职业律师或司法工作专家与校内导师共同构成，进行

联合培养。第一年由校内导师进行理论基础知识的传授以及与专业相关的研究方法的训练学习；第二年由校外导师带领，在一线法治工作环境中进一步加强知识与技能的训练；第三年进行毕业论文的撰写。在本科专业中，设立"法治教育"相关专业，培养法治教育人才。在学术型研究生专业中，于法学、教育学等一级学科下设置"法治教育"研究生专业或方向，培养高层次法治教育应用型人才。同时，在高校设立专门的法治教育教师——参考辅导员的体系，设立专职的法治教育教师，并为其深造建立专业体系。

三、建立区域性高校联合培养机制

目前，我国优质的教育资源无法充分实现共享，究其原因，在于无论从数量还是质量方面，我国各大高校之间都缺乏广泛深入的交流与合作，尤其是不同学科之间的交流与互动，更是少之又少，这就极大地影响了高等教育培养人才的效果。众所周知，每个院校都有其各自的优势，这些优势集中体现在强大的师资力量、先进的教育理念、教育方法、良好的校园文化氛围、软硬件设施齐全和学生学习主动性高等方面。建立校际法治教育协作机制，能够更好地优化配置各高校之间的优质法治教育资源，解决当前存在的高校之间教育资源封闭、分散的问题。尤其是近年来，全国各地区不断进行大学城的建设与发展，同一城市中的高校不断呈现出靠拢、聚集的趋势。而在地理上不断靠近的各高校，更方便了校际法治教育协作机制的建立及良好地运作（如图8-5）。

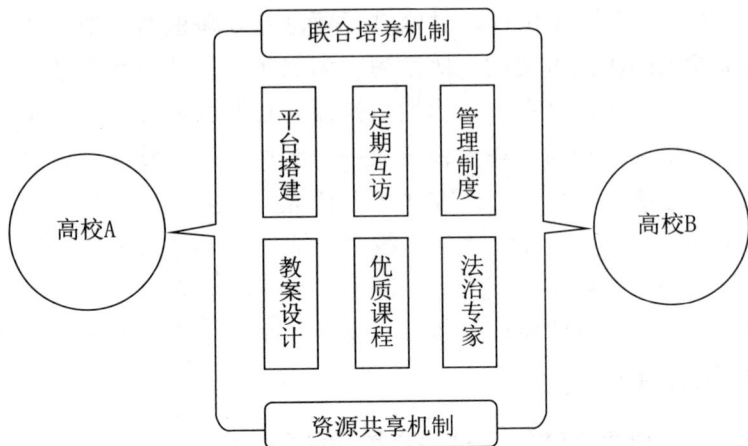

图 8-5 大学生法治教育校际协作模型示意图

一是建立起高效的法治教育联合培养平台。如地区高校可以召集本省市各学校当中优秀的法治教育方向的专家学者或学科带头人，共同制定培养目标、教育教学形式、课程体系等。这些法治教育方向的专家或学科带头人，都具有较高水平的法治理论基础以及丰富的教学实践经验，经过他们探讨、制定出的培养目标及培养方式，具有非常高的的科学性和可行性。二是要建立和完善长效的定期互访机制。高校间的互访主要表现为教师和学生间的校际交流与互动。各高校在每学年都会不定期开展校际互访活动，一方面，各高校广大法治教育方向的教师可以通过到班级旁听、参与讨论教案设计、参加教研会议等多种形式，不断丰富自己的教学经验，提高教学水平；另一方面，学生也可以参与其他学校的课内外活动，亲身体会该校同学认真的学习态度和优秀的品行，总结自身的不足之处，使自己达到更高的水平。此外，可由各学校联合或政府主导设立法治教育专项经费，用于推动校内和校际法治教育人员之间事实性的合作。三是要建立健全高校管理机制。一方面，可设立专门的组织机构，配以一定数量的管理人员，专事负责监管学生的学习状况并对其进行勉励和督促；另一方面，要建立高效的反馈制度，便于管理人员及时反馈学生的学习情况，专家学者们也就能及时发现这种联合培养过程当中存在的问题，及时做出调整。

四、建立大学生法治教育校外协作体

法治教育是高等教育中的重要组成部分，也是一项体系复杂的系统工程。对大学生进行法治教育，一方面是各高校的分内工作，同时也是一项社会性的工作，需要在党的统一领导下，动员全社会各行各业共同来做。我们知道，一切会对教育对象产生影响的外在因素，都会对法治教育的效果具有或多或少的促进或是阻碍作用。不可否认，高校外部有着海量的法治教育资源，因此，除了高校内部要承担相应的教学任务外，高校外部也要承担起一部分的法治教育责任。单靠校内和校际协同来形成法治教育协同育人机制，无法取得理想的预期效果，还需要进一步加强高校外部，例如社会、家庭等各育人主体之间的相互联系、相互配合，建立健全大学生法治教育协同育人校外协作机制，以更好地提高大学生法治教育的主动性、实效性和针对性。例如，家庭、社会等校外育人主体，对大学生法治教育工作的开展，有着不容忽视的重要作用。以协同理论为指导，法治教育校外的各个参与主体必须协同起来。在这种理念的指导之下，进一步建构起高校、家庭与社会一体化的法治教育体系。但需要注意的是，学校、家庭以及社会的一体化法治教育体系的建构，并不是简单地将学校教育、家庭教育与社会教育相加，而是要使得三者之间能够和谐互动。具体如图 8-6 所示。

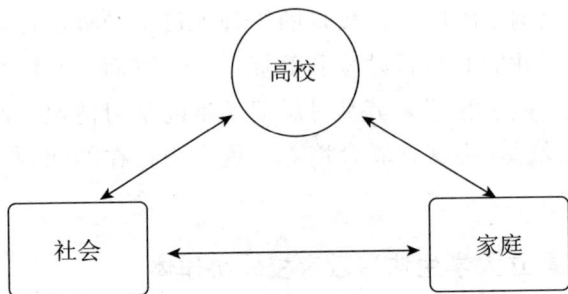

图8-6　大学生法治教育的校外协作模型

　　大学生法治教育实施的政策环境，是影响大学生法治教育的一切政策因素的综合。目前我国有关大学生法治教育的政策，主要是各层面的普法规划，包括国家层面的普法规划、各部委制定的行业系统普法规划、各地制定的地方性普法规划、各高校制定的本单位普法规划等。纵向来看，既有国家层面的宏观政策，也有起承上启下作用的中间层面的政策，还有基层的具体政策。但是，具体深入到该框架体系之下，不难发现当中存在着一些制约大学生法治教育发展的根本性问题。一是法治教育政策在设计和实施方面存在滞后性。在五年一个周期的普法规划周期内，普法规划无法和不断变化的社会法治进程和法治状况相适应，从而同步做出调整。二是法治教育政策本身约束力不够。由于法治教育政策没有强制性，因此高校开展法治教育主要取决于校领导对法治教育的重视程度，而接受法治教育主要取决于学生个人对法治教育重要性的认识程度，导致一些地方法治教育重形式、走过场，只求总结报告写得好看，不求教育质量和效果。三是法治教育政策缺乏针对性。一些地区性或单位的普法规划没有考虑本地区的实际情况，大多简单照搬国家普法规划或行业性普法规划，针对性不足的同时，也造成了法治教育的实效性、感染力不足。大学生法治教育政策也没

　　有针对大学生法治教育的目标提出更切实可行的规定。以上存在的各种问题，是大学生法治教育发展的重要制约因素。因此，需进一步加强大学生法治教育的政策环境建设，对现有的大学生法治教育有关政策进行调整、完善，同时制定详细的配套文件，如此才能更好地发挥政策环境的推动和保障作用。

　　这里所说的法治环境，是指狭义上的法治环境，即由立法、执法和司法所构成的法治运行体系。一是完善独立行使审判权和检查权制度，保证司法独立。必须加强司法制度建设，完善司法人员独立行使职责的保护机制，可尝试探索、建立检察机关依法提起公益诉讼制度。在这样的制度背景下，一方面，大学生能切身感受到诉讼是"求助有门，求助有道"的；另一方面，也能不断增强大学生对法律的认同感，因为法律可以真正成为人民维护自身权益的有效渠道。二是完善人民陪审员和人民监督员制度，不断建立健全司法监督体制。持续加强对民事、刑事、行政诉讼的监督，杜绝法外开恩，坚决反对特权思想、衙门作风；确保广大人民群众在各类司法活动中的参与权，确保人民的知情权、表达权得到充分保障。此外，还需加大各类监督制度（如政协监督、舆论监督等）的实施力度，对各类媒体的案件报道进行规范，实现司法独立与对司法权监督的统一。这些既是营造良好法治环境的基本要件，也是顺利开展大学生法治教育的必然要求。三是健全培训考核机制，提升法官素质。当前，我国推行的"独立行使审判权"以及"办案质量终身制"制度，使法官素质面临新的挑战。由此可见，应该对法律职业准入制度进行严格把控，不断健全检察官与法官的逐级遴选制度，建立规范的法治工作人员管理制度，对法官的法律修养进行全面考察。从提升司法工作者综合素质角度，引导大学生树立法律权威意识。

舆论是公众的意见和态度，具有强大的组织力量。舆论既可以是"人心所向""众望所归"的动力，也可能变成"千夫所指""人心向背"的压力。大众传媒在舆论形成、传播和引导的过程中发挥着重要作用。在法治建设当中，大众传播主要具有以下作用：对国家公共权力的运行进行监督，对违背社会规范的行为进行揭露和批判，以促进法治社会的良性发展。同时，大众传媒可将社会法治的整体形象展现在大众面前，帮助人们认识和解释社会生活当中存在的法治现象，帮助人们对社会法治状况进行判断。大众传播还是把法律规范和法治素养传递给人们，并进行法治宣传的重要媒介，能够通过引导强大的舆论压力，来约束人们的守法行为。但值得注意的是，大众传播是一把双刃剑，过度的传播会带来负面作用，比如过度强调法治建设中的负面新闻，会使公众对于社会法治的不信任感不断加重；对违法犯罪行为细节进行过度报道，容易使得潜在犯罪者从事模仿犯罪等。要发挥大众传播在舆论的形成和引导中的积极作用，减弱其消极影响，营造出良好的社会舆论环境。这需要多个方面的共同努力：不仅要通过政府部门以立法的形式加强对大众传媒的监管力度，同时也需要依靠大众传媒的职业自律，更需要社会公众的监督。只有在多方的共同努力下，才能始终保证主旋律为大众传播所高扬、传颂，从而助力法治社会的建设。要注意，这并非对新闻自由和言论自由的限制，而是对自由必要的制约。

营造法治教育的家庭环境，也是提高大学生法治教育效果的重要途径之一。其一，进一步加强全民普法教育，提高父母的法律素质。在全社会范围内持续深入地传播法律知识以及弘扬法治素养，通过提供多样化的渠道来强化全民普法教育，有助于广大人民群众接受普法教育以及提高自身法律素质。父母作为大学生的行为导师，为了在法治教育方面正确地引导大学生，也应当主动加强自学意识，并不断通过阅读法治方面的书籍报刊、观看法治相关的节目等途径学习法律知识，不断充实和提升自我的法治素质。其二，家长要转变教育理念，关注孩子的全面发展。在顺应法治国家建设的背景下，大学生的家长应该积极主动地转变教育理念，在对大学生的学习环境和心理特点有充分了解的基础上，努力营造温馨和谐的家庭氛围以促进孩子健康成长，并注重培养孩子的权利意识、责任意识、自律意识以及规则意识，使其逐渐养成依法办事的思维模式以及行为习惯。[1]其三，家长应发挥榜样示范作用，自觉遵法、守法和用法。为了从小培养孩子的守法意识，父母自身应该懂法、守法以及用法，从而为孩子遵纪守法树立榜样。在很多的日常生活小事中，父母都可以发挥自觉守法的榜样作用，比如开车、过马路时严格遵守交通规则等。此外，父母在生活中不做超越法律底线的事情，并遵守自己工作领域的相关法律法规，为孩子树立懂法、守法的良好榜样。

---

〔1〕　孟鹏涛："中国高校法治教育问题研究"，吉林大学 2017 年博士学位论文。

REFERENCE

参考文献

一、著作类

［1］［德］H. 哈肯：《高等协同学》，郭治安译，科学出版社 1989 年版。

［2］［德］鲁道夫·奥依肯：《生活的意义与价值》，万以译，上海译文出版社 1997 年版。

［3］［德］弗里德里希·卡尔·冯·萨维尼：《论立法与法学的当代使命》，许章润译，中国法制出版社 2001 年版。

［4］［德］赫尔曼·哈肯：《协同学——大自然构成的奥秘》，凌复华译，上海世纪出版集团、上海译文出版社 2001 年版。

［5］［法］孟德斯鸠：《论法的精神》，张雁深译，商务印书馆 2005 年版。

［6］［古罗马］西塞罗：《论共和国 论法律》，王焕生译，中国政法大学出版社 1997 年版。

［7］［古希腊］亚里士多德：《政治学》，吴寿彭译，商务印书馆 1965 年版。

［8］［美］艾伦·C. 奥恩斯坦、费朗西斯·P. 汉金斯：《课程：基础、原理和问题》，柯森主译，江苏教育出版社 2002 年版。

［9］［美］伯尔曼：《法律与宗教》，梁治平译，生活·读书·新知三联书店 1991 年版。

［10］［日］川岛武宜：《现代化与法》，申政武等译，中国政法大学出版社 1994 年版。

［11］ ［英］霍布斯：《利维坦》，黎思复、黎廷弼译，商务印书馆 1985 年版。

［12］［英］B. 霍尔姆斯、M. 麦克莱恩：《比较课程论》，张文军译，教育科学出版社 2001 年版。

［13］ ［捷］夸美纽斯：《大教学论》，傅任敢译，教育科学出版社 1999 年版。

［14］中国大百科全书总编辑委员会《法学》编辑委员会、中国大百科全书出版社编辑部编：《中国大百科全书（法学）》，中国大百科全书出版社 1984 年版。

［15］本书编写组：《思想道德修养与法律基础》（2013 年修订版），高等教育出版社 2013 年版。

［16］车玉玲：《总体性与人的存在》，黑龙江人民出版社 2002 年版。

［17］陈绍兴、张志勤主编：《国家与法的理论》，法律出版社 1992 年版。

［18］陈星波、字如祥编著：《对大学生加强民族观、宗教观与法治观教育研究》，云南民族出版社 2007 年版。

［19］褚宏启：《教育现代化的路径》，教育科学出版社 2000 年版。

［20］公丕祥、龚廷泰总主编：《马克思主义法律思想通史》，南京师范大学出版社 2014 年版。

［21］中共中央文献研究室编：《建国以来重要文献选编》（第 9 册），中央文献出版社 1994 年版。

［22］江必新：《法治国家的制度逻辑与理性构建》，中国法制出版社 2014 年版。

［23］教育部社会科学司组编：《普通高校思想政治理论课文献选编（1949—2006）》，中国人民大学出版社 2007 年版。

［24］靳诺主编：《德治法治与高校思想政治教育》，光明日报出版社 2004 年版。

［25］柯卫：《当代中国法治的主体基础——公民法治意识研究》，法律出版社 2007 年版。

［26］《马克思恩格斯全集》，人民出版社 1961 年版。

［27］李丁：《英国青少年公民教育研究》，人民出版社 2012 年版。

［28］李光灿、吕世伦主编：《马克思、恩格斯法律思想史》（修订版），法律出版社 2001 年版。

［29］李龙主编：《良法论》，武汉大学出版社 2001 年版。

［30］刘旺洪：《法律意识论》，法律出版社 2001 年版。

［31］《马克思恩格斯文集》（第 1 卷），人民出版社 2009 年版。

［32］《马克思恩格斯全集》（第 1 卷），人民出版社 1956 年版。

［33］孙国华主编：《社会主义法治论》，法律出版社 2002 年版。

［34］舒国滢主编：《中国特色马克思主义法学理论研究》，中国政法大学出版社 2016 年版。

［35］孙国华主编：《中国特色社会主义民主法治研究》，中国人民大学出版社 2015 年版。

［36］孙育玮等：《都市法治文化与市民法律素质研究》，法律出版社 2007 年版。

［37］檀传宝等：《公民教育引论》，人民出版社 2011 年版。

［38］汪太贤、艾明：《法治的理念与方略》，中国检察出版社 2001 年版。

［39］王斌主编：《法律基础》，江西高校出版社 2003 年版。

［40］王潇：《走向司法公正的制度选择》，中国法制出版社 2005 年版。

［41］吴式颖、任钟印主编：《外国教育思想通史》（第 10 卷），湖南教育出版社 2002 年版。

［42］《习近平谈治国理政》，外文出版社 2014 年版。

［43］谢安邦、张东海编著：《全人教育的理论与实践》，华东师范大学出版社 2011 年版。

［44］邢国忠：《社会主义法治理念教育研究》，中国社会科学出版社 2011 年版。

［45］徐辉、祝怀新：《国际环境教育的理论与实践》，人民教育出版社 1996 年版。

［46］姚建龙主编：《大学生法治教育论》，中国政法大学出版社 2016 年版。

［47］俞学明主编：《法治的哲学之维》（第 2 辑），当代中国出版社 2012 年版。

［48］张文显：《法哲学范畴研究》（修订版），中国政法大学出版社 2001

年版。

［49］张耀灿等：《现代思想政治教育学》，人民出版社 2006 年版。

二、期刊论文

［1］［美］多尔：“寻求精神：对西方课程思想的反思”，柯蓉、罗丽新译，载《全球教育展望》2004 年第 1 期。

［2］安桂清：“整体课程：面向 21 世纪的课程愿景”，载《比较教育研究》2006 年第 6 期。

［3］白海燕：“依托‘思想道德修养与法律基础’课程教学的法制教育探新”，载《法制与社会》2010 年第 33 期。

［4］包心鉴：“开启社会主义民主和法治新时代——法治中国建设的当代政治价值”，载《党政研究》2015 年第 3 期。

［5］曾宪义：“新中国法治 50 年论略”，载《中国人民大学学报》1999 年第 6 期。

［6］曾晓昀：“高校本科法学辅修教学改革论纲”，载《当代教育理论与实践》2016 年第 6 期。

［7］陈金钊：“法治能力及其方法论塑造”，载《上海师范大学学报（哲学社会科学版）》2017 年第 2 期。

［8］陈金钊：“论法律信仰——法治社会的精神要素”，载《法制与社会发展》1997 年第 3 期。

［9］陈晓军：“法学专业选修课设置的几点思考”，载《中国大学教学》2011 年第 2 期。

［10］戴季瑜：“我国走班制教学的类型与特点”，载《教学与管理》2016 年第 12 期。

［11］邓薇：“法学专业选修课教学现状及对策研究”，载《法制博览》2015 年第 30 期。

［12］邓佑文、李长江：“法学专业立体实践教学模式的理性思考”，载《中国大学教学》2007 年第 11 期。

［13］王定功：“英国青少年生命教育探析及启示”，载《中国教育学刊》2013 年第 9 期。

［14］ 董翼：“大学生法治教育存在的主要问题及对策思考”，载《思想理论教育》2016 年第 3 期。

［15］ 杜朝举：“理想信念、道德情操、知识渊博与仁爱之心——当代好教师的四个维度”，载《教师教育论坛》2015 年第 4 期。

［16］ 范益民：“新媒体时代大学生网络伦理道德失范教育的法治化思考”，载《学术探索》2016 年第 1 期。

［17］ 付泽宇：“‘人类命运共同体’的科学内涵与时代品格——以马克思的真正的共同体思想为视角”，载《湖北行政学院学报》2017 年第 1 期。

［18］ 高海：“爱尔兰法学本科课程设置及其启示”，载《中国大学教学》2015 年第 9 期。

［19］ 葛缨、冯维：“我国家庭法制教育现状与展望”，载《西南政法大学学报》2005 年第 6 期。

［20］ 龚廷泰：“论中国特色社会主义法治理论发展的法治实践动力系统”，载《法制与社会发展》2015 年第 5 期。

［21］ 苟吉芝：“中国法制现代化与青少年法治教育刍议”，载《中国科技信息》2005 年第 10B 期。

［22］ 顾冰洋：“论习近平的法治文化观”，载《贵州师范大学学报（社会科学版）》2016 年第 3 期。

［23］ 郝翔：“以法治文化助推高校治理能力现代化”，载《光明日报》2015 年 10 月 9 日。

［24］ 贵静：“诊所式教学模式在本科法学教育教学改革中的研究”，载《铜仁学院学报》2014 年第 1 期。

［25］ 郭金虎：“本科院校法学公共选修课分学段教学策略探究”，载《重庆第二师范学院学报》2014 年第 1 期。

［26］ 韩俊英、沈慧：“模拟法庭实践教学存在的问题及其完善建议”，载《高教论坛》2018 年第 1 期。

［27］ 韩民：“新时代教育的新使命新挑战”，载《终身教育研究》2017 年第 6 期。

［28］ 韩喜平、金光旭：“准确把握新时代社会主要矛盾的科学内涵”，载

《马克思主义理论学科研究》2018 年第 2 期。

[29] 郝海望："试论高校非法学专业法学课程教学目标定位及实效提高"，载《景德镇高专学报》2008 年第 1 期。

[30] 何玉芳、张艳红："'基础'课思想道德与法制教育内容的'融合'探析"，载《思想理论教育导刊》2011 年第 3 期。

[31] 何中华："超越'唯物——唯心'之争的纲领——再读马克思《关于费尔巴哈的提纲》第 1 条"，载《山东社会科学》2015 年第 4 期。

[32] 贺来："马克思哲学的'类'概念与'人类命运共同体'"，载《哲学研究》2016 年第 8 期。

[33] 胡朝阳、傅剑平："法社会学视野下的青少年高科技犯罪"，载《青少年犯罪问题》2007 年第 1 期。

[34] 胡绍元、钟纯真："通识选修课教学管理存在的问题与对策"，载《教育探索》2010 年第 12 期。

[35] 胡盈："让学习融入生活：'互联网+'场馆教育的翻转课堂"，载《科学教育与博物馆》2018 年第 3 期。

[36] 黄加清："马克思实践概念及其当代价值研究"，载《内蒙古师范大学学报（哲学社会科学版）》2018 年第 2 期。

[37] 黄进："培养德法兼修的高素质法治人才　引领中国法学教育进入新时代"，载《中国高等教育》2018 年第 9 期。

[38] 交通银行金融研究中心课题组等："新时代中国经济发展趋势展望"，载《科学发展》2018 年第 1 期。

[39] 金碚："全球化新时代的中国区域经济发展新趋势"，载《区域经济评论》2017 年第 1 期。

[40] 金飞鹰："落实立德树人目标 加强政治认同教育"，载《教育与教学研究》2017 年第 12 期。

[41] 靳诺："以改革引领新时代高等教育强国建设"，载《国家教育行政学院学报》2018 年第 1 期。

[42] 靳玉乐、张铭凯："努力探索新时代中国特色社会主义教育思想体系"，载《西南大学学报（社会科学版）》2018 年第 1 期。

[43] 黎四奇、梁爽："对中国法学本科课程设置的检讨与反思"，载《创

新与创业教育》2015 年第 2 期。

[44] 李爱敏："'人类命运共同体'理论本质、基本内涵与中国特色"，载《中共福建省委党校学报》2016 年第 2 期。

[45] 李步云、刘士平："论法与法律意识"，载《法学研究》2003 年第 4 期。

[46] 李成慧："推动全社会树立法律意识，促进全民守法"，载《长春市委党校学报》2015 年第 3 期。

[47] 李国娟："新加坡中小学开展'共同价值观'教育的特色及启示"，载《外国中小学教育》2011 年第 12 期。

[48] 李九丽："论校园文化熏陶下的大学生法治精神培养"，载《学校党建与思想教育》2015 年第 1 期。

[49] 李林："开启新时代中国特色社会主义法治新征程"，载《环球法律评论》2017 年第 6 期。

[50] 李墨："习近平法治中国思想的三个维度"，载《山西师大学报（社会科学版）》2017 年第 5 期。

[51] 李娜："关于班级的多维逻辑分析及其对走班制改革的启示"，载《中国教育学刊》2017 年第 11 期。

[52] 李文英："近代日本借鉴欧美教育的过程和特点"，载《日本问题研究》2004 年第 4 期。

[53] 李西顺："翻转课堂的理论局限及功能边界"，载《现代远程教育研究》2018 年第 4 期。

[54] 李先军、张晓琪："美国中小学法治教育的历史演进、特点及启示"，载《外国中小学教育》2015 年第 5 期。

[55] 李响："浅议辅修双学位培养复合型法律人才"，载《当代教育实践与教学研究》2017 年第 7 期。

[56] 李洋："浅析中国传统文化对于建设社会主义法治文化的积极作用"，载《中国司法》2012 年第 8 期。

[57] 刘宝存："全人教育思潮的兴起与教育目标的转变"，载《比较教育研究》2004 年第 9 期。

[58] 瞿张婷："浅论 60 年代美国反主流文化运动"，载《中共福建省委党

校学报》2003 年第 5 期。

[59] 化得福：“论罗杰斯的人本主义教育思想”，载《兰州大学学报（社会科学版）》2014 年第 4 期。

[60] 谢安邦、张东海：“全人教育的缘起与思想理路”，载《全球教育展望》2007 年第 11 期。

[61] 赵玉生：“十余年来我国全人教育研究述要”，载《太原师范学院学报（社会科学版）》2012 年第 4 期。

[62] 文辅相：“文化素质教育应确立全人教育理念”，载《高等教育研究》2002 年第 1 期。

[63] 刘斌：“评波普尔对马克思整体主义方法的责难”，载《哲学研究》1996 年第 1 期。

[64] 刘海涛、张月梅：“英国公民教育及其意义”，载《继续教育研究》2017 年第 1 期。

[65] 喻军、张泽强：“中国和新加坡高校法制教育的比较与启示”，载《邵阳学院学报（社会科学版）》2012 年第 5 期。

[66] 侯健：“新加坡的法治模式及其价值基础”，载《东南亚研究》2004 年第 4 期。

[67] 胡俊生、李期：“现代化进程中的价值选择——新加坡的‘公民与道德教育’及其对我们的启示”，载《延安大学学报（社会科学版）》2003 年第 1 期。

[68] 白帆：“浅论新加坡规则精神教育”，载《赤峰学院学报（汉文哲学社会科学版）》2008 年第 9 期。

[69] 刘宁：“国内外高校法制教育比较研究”，载《当代教育科学》2014 年第 21 期。

[70] 帅颖：“美国法制教育的历史演进及其启示”，载《武汉大学学报（哲学社会科学版）》2014 年第 3 期。

[71] 张雅光：“略论美国大学生法治观念和契约精神培养机制”，载《继续教育研究》2018 年第 2 期。

[72] 赖雪梅、肖平：“美国高校本科生法治教育路径分析”，载《比较教育研究》2018 年第 8 期。

［73］刘建江："马克思实践哲学研究的三个前提性问题"，载《湖北社会科学》2018年第2期。

［74］刘旺洪："法律意识之结构分析"，载《江苏社会科学》2001年第6期。

［75］刘武俊："深化依法治国实践　全面推进依法治国——党的十九大报告吹响深化依法治国实践的新时代号角"，载《学习月刊》2017年第11期。

［76］刘自成："坚持把习近平新时代中国特色社会主义思想落实到教育综合改革全过程"，载《人民教育》2017年第22期。

［77］卢丽君："立德树人是高等教育坚持人民主体地位的最高体现"，载《中国高等教育》2017年第Z1期。

［78］卢艳丽："翻转课堂教学模式的优势及对我国课堂教学改革的启示"，载《教育教学论坛》2018年第29期。

［79］鲁克俭："超越传统主客二分———对马克思实践概念的一种解读"，载《中国社会科学》2015年第3期。

［80］鹿星南："走班制：内涵、问题与改进"，载《教育导刊》2015年第11期。

［81］鹿星南："走班制的价值与实施条件"，载《教学与管理》2016年第4期。

［82］吕艺高："论教育使命'立德树人'"，载《通化师范学院学报》2017年第7期。

［83］马朱炎："新时期社会主义法制建设的指针——学习《邓小平文选》的体会"，载《西北政法学院学报》1983年第1期。

［84］孟莉："当代大学生法律意识培育微探"，载《学校党建与思想教育》2016年第8期。

［85］"培养高素质法治人才　全面推进依法治国"，载《中国高校社会科学》2017年第4期。

［86］人民论坛编辑部："十八大以来全面依法治国重大成就"，载《人民论坛》2017年第26期。

［87］史永隽、李海凤："新加坡的公民道德教育及启示"，载《南京航空

航天大学学报（社会科学版）》2006 年第 4 期。

[88] 宋立新："论中国法科生教育中的模拟法庭与法律思维"，载《学理论》2010 年第 15 期。

[89] 苏芮、苏功国："我国中小学法治教育现状分析及实施策略探讨"，载《基础教育研究》2018 年第 9 期。

[90] 孙国华、方林："董必武民主法制思想是毛泽东思想的重要组成部分"，载《法学杂志》2011 年第 10 期。

[91] 孙建："关于法治教育纳入国民教育体系的思考"，载《中国司法》2015 年第 9 期。

[92] 孙霄兵："法育应当是中国教育的基本维度"，载《辽宁教育》2016 年第 6X 期。

[93] 唐克军："美国高校公民教育课程的教学模式"，载《思想理论教育》2007 年第 7 期。

[94] 汪蓓："日本青少年法治教育改革经验及其启示"，载《学校党建与思想教育》2015 年第 10 期。

[95] 汪霞："新加坡青少年公民道德教育研究及启示"，载《东南亚纵横》2013 年第 5 期。

[96] 王春英："融会德法兼修理念的价值及路向——'思想道德修养与法律基础'课教学思考"，载《中国大学教学》2017 年第 9 期。

[97] 王东红："基于'思想道德修养与法律基础'课的大学生宪法意识教育"，载《思想教育研究》2017 年第 11 期。

[98] 王晗璐："浅谈新形势下高职院校学生法治教育活动的实施"，载《法制博览》2016 年第 8 期。

[99] 王乐泉："坚持和发展中国特色社会主义法治理论"，载《中国法学》2015 年第 5 期。

[100] 王明忠、李健："法学诊所式教学的实践研究"，载《淮海工学院学报（人文社会科学版）》2018 年第 3 期。

[101] 王双群、余仰涛："法治教育与德治教育的内涵及意义"，载《理论月刊》2006 年第 7 期。

[102] 王天林："原则抑或目的——刑事诉讼'双重目的论'之逻辑悖反

及其伪成"，载《华东政法大学学报》2010年第3期。

[103] 王印华、张晓明："日本学习指导要领中法律教育内容的修改及其价值取向"，载《现代中小学教育》2014年第3期。

[104] 王月胜、胡艳红："试析'二战'前后期日本学校道德教育的变化"，载《外国教育研究》1995年第5期。

[105] 闻凌晨："中小学法治教育的学科课程编制与实施：美国的经验"，载《全球教育展望》2016年第2期。

[106] 吴刚平："课程资源的理论构想"，载《教育研究》2001年第9期。

[107] 吴海荣："教育分权下英国学校公民教育的课程差异与困境"，载《外国教育研究》2014年第7期。

[108] 吴文侃："教育目的论比较"，载《外国教育研究》1997年第3期。

[109] 伍华军："公民意识：对公民政治参与的促进与形塑"，载《法学评论》2014年第4期。

[110] 肖金明："中国法治的曲折进程与完整内涵——阅读《中国的法治建设》白皮书"，载《当代法学》2008年第6期。

[111] 徐蓉："法治教育的价值导向与大学生法治信仰的培育"，载《思想理论教育》2015年第2期。

[112] 许晓童："从法制教育到法治教育的历史意蕴及实践策略——基于《青少年法治教育大纲》视角"，载《教育评论》2017年第4期。

[113] 许永强："法学教育职业化背景下诊所式教学模式探究"，载《甘肃高师学报》2017年第1期。

[114] 薛庆水、李凤英："我国走班制教学文献分析（2000-2017年）：困境与发展"，载《现代远程教育研究》2018年第4期。

[115] 荀渊："基于马克思人的需要理论对当前教育研究与实践的反思"，载《江苏高教》2013年第6期。

[116] 闫立超："高校法律基础教育的沿革、困境与突围"，载《当代教育论坛》2014年第4期。

[117] 杨建军："法治思维形成的基础"，载《法学论坛》2013年第5期。

[118] 杨健燕："大学生法治教育中存在的问题及其解决对策"，载《学校党建与思想教育》2006年第8期。

[119] 杨燕："依法治国方略背景下法律意识的功能论析"，载《学校党建与思想教育》2017 年第 9 期。

[120] 杨宗仁："复合型人才培养模式多元化——辅修及双学位本科教育研究"，载《江苏高教》2011 年第 3 期。

[121] 姚建宗："信仰：法治的精神意蕴"，载《吉林大学社会科学学报》1997 年第 2 期。

[122] 叶苑松："制度、体制与机制"，载《中学政治教学参考》2012 年第 16 期。

[123] 殷啸虎："法治思维内涵的四个维度"，载《毛泽东邓小平理论研究》2014 年第 1 期。

[124] 游敏惠、朱方彬："美国高校学生事务法治化管理探析"，载《西南大学学报（社会科学版）》2009 年第 1 期。

[125] 张宝成："影响大学生法律意识培养的因素"，载《内蒙古师范大学学报（哲学社会科学版）》2006 年第 2 期。

[126] 张广兵："翻转课堂的多维度反思"，载《教学与管理》2018 年第 21 期。

[127] 张俊友："法治理念下的公立义务教育学校教师惩戒研究"，载《教育科学研究》2018 年第 6 期。

[128] 张冉："践行法治：美国中小学法治教育及对我国的启示"，载《全球教育展望》2015 年第 9 期。

[129] 张素蓉："西方公民教育的发展探析"，载《教育评论》2009 年第 6 期。

[130] 张文显："法治与国家治理现代化"，载《中国法学》2014 年第 4 期。

[131] 张晓敏、杨秀莲："深化高校法治教育的路径研究"，载《黑龙江高教研究》2016 年第 2 期。

[132] 张旭昆："论制度的均衡与演化"，载《经济研究》1993 年第 9 期。

[133] 赵华："基于人本原则的学校教学管理模式研究"，载《教学与管理》2008 年第 21 期。

[134] 赵义良："古希腊德性教育思想的哲学基础与理论内涵"，载《北京

航空航天大学学报（社会科学版）》2011 年第 1 期。

[135] 郑成良："论法治理念与法律思维"，载《吉林大学社会科学学报》
2000 年第 4 期。

[136] 郅庭瑾："新时代中国特色社会主义教育自信的内涵与理路"，载
《国家教育行政学院学报》2018 年第 2 期。

[137] 朱文玉、于惠冰："社区法治教育新路径——社区法律诊所"，载
《成人教育》2017 年第 8 期。

[138] 朱子桐、张宝轩、司文超："全面依法治国视域下大学生法治教育的
思考"，载《学校党建与思想教育》2016 年第 22 期。

三、学位论文

[1] 安桂清："整体课程研究"，华东师范大学 2004 年博士学位论文。

[2] 蔡卫忠："公民意识养成视阈下的大学生法律教育问题研究"，山东大
学 2014 年博士学位论文。

[3] 陈洁："我国大学生法治教育研究"，复旦大学 2012 年博士学位论文。

[4] 胡滨："多自主体网络的协同行为及优化研究"，华中科技大学 2015 年
博士学位论文。

[5] 刘旺洪："法律意识论"，中国人民大学 2000 年博士学位论文。

[6] 孟鹏涛："中国高校法治教育问题研究"，吉林大学 2017 年博士学位
论文。

[7] 任丽涛："国家治理现代化视域下的思想政治教育发展研究"，东北师
范大学 2016 年博士论文。

[8] 张东海："全人教育思潮与高等教育实践研究"，华东师范大学 2007 年
博士学位论文。

[9] 王巍："新加坡青少年道德教育研究及其借鉴意义"，河南大学 2013 年
硕士学位论文。

[10] 李林："新加坡公民教育研究与启示"，太原科技大学 2010 年硕士学
位论文。

四、外文文献

[1] John P. Miller, J. R. Bruce Cassie, Susan M. Drake, *Holistic Learning*: A

Teacher's Guide to Integrated Studies, Toronto: OISE Press, 1990.

[2] John P. Miller, *Holistic Teacher*, Toronto: OISE Press, 1993.

[3] Antonio Garciá – Olivares, "Self – organization and Intermittency in Social Systems: Towards a Science of Complexity", *Kybernetes*, 1993, 22 (3).

[4] Carlos Gershenson, David A. Rosenblueth, "Adaptive self–organization vs static optimization: A qualitative comparison in traffic light coordination", *Kybernetes*, 2012, 41 (3).

[5] Eugenia M. W. Ng, "Integrating self–regulation principles with flipped classroom pedagogy for first year university students", *Computers & Education*, 2018.

[6] Leming R S, "Essentials of Law–Related Education. ERIC Digest", *Citizenship Education*, 1995.

[7] Miller, J. P, *The Holistic Curriculum. Revised and Expanded Edition*, Toronto: OISE Press, 2001.

[8] Edward T. Clark, Jr. , *Designing & Implementing an Integrated Curriculum: A Student–Centered Approach. Brandon*, VT: Holistic Education Press, 2002.

[9] Emil W, *Pływaczewski, Izabela Kraśnicka. Legal Education in Transition: Is the Bologna Process Responding to Europe's Place in the World ?* Springer, Cham, 2016.

[10] Gary F. Bell, *Global Lawyers for a Global City: Legal Education in Singapore*, Springer International Publishing Switzerland, 2016.

[11] Matthew J, *Wilson. Legal Clinical Education in Japan: A Work in Progress*, Palgrave Macmillan, New York, 2015.

[12] Rathna N. Koman, Helena, *Whalen – Bridge Clinical Legal Education in Singapore*, Palgrave Macmillan, New York, 2015.

[13] Ralf Becker, Alvin Birdi, "Flipping the classroom: Old ideas, new technologies", *International Review of Economics Education*, 2018.

[14] Turner P, "Education for Citizenship and the Teaching of Democracy in Schools", *Teaching Public Administration*, 1999, 19 (2).

[15] Wolfgang Tschacher, Hermann Haken, "Intentionality in non–equilibrium

systems?", *The functional aspects of self - organized pattern formation*, 2007, 25 (1).

[16] I Starr, "The Law Studies Movement: A Memoir", *Peabody Journal of Education*, 1977, 55 (1).

[17] Thomas D, "Lawyers and Teachers: A New Partnership", *Educational Leadership*, 1976 (6).

[18] Hanson R L, "The Case for Law-Related Education", *Educational Leadership*, 2002.

[19] Farrugia A, Seear K, Fraser S, "Authentic advice for authentic problems? Legal information in Australian classroom drug education", *Addiction Research & Theory*, 2017.

[20] Edward T. Clark, Jr. , *Designing & Implementing an Integrated Curriculum: A Student-Centered Approach. Brandon*, VT: Holistic Education Press, 2002.

[21] Engel, D, "How does law matter in the constitution of legal consciousness", *Issues in Law and Society*, 1998.

[22] Miyazawa, S, "Taking Kawashima seriously: A review of Japanese research on Japanese legal consciousness and disputing behavior", *Law and Society Review*, 1987.

POSTSCRIPT

后 记

　　将"法治教育"作为研究方向，源自将从事的大学生思想政治教育工作与法学、教育学专业背景相结合，在导师张新民教授的指导下选定，并以此作为自己未来长时间持续关注的研究领域。本书尝试以教育学科研究视域为主，不拘泥于"法治教育"的思想政治教育学科归属，结合心理学等交叉学科，围绕问题剖析、理论研究和实践探索三个方面开展。研究以"新时代"背景为参照，编制 2 份问卷开展实证研究，剖析大学生法治教育存在的问题。同时将《大学生法律意识调查问卷》进行信效度检验后作为"法律意识工具量表"，与心理学结合开展法治心理学领域研究，探索法律意识的认知神经基础，剖析法律意识的大脑机制以及心理因素相关性探究等，以期为法治教育开展提供心理学的研究支撑。在问题剖析的基础上，研究以马克思主义法治观和全人教育分别作为理论与实践指导，凝练出新时代"立德树人、德法兼修、全民守法"的法治教育价值追求，同时以目标体系、课程内容、体制机制以及实施保障等方面探讨新时代大学生法治教育问题的应对策略。本书的理论挖掘尚存诸多不足，研究领域也有待进一步深入与拓展，实践探索与检验工作也未完待续，仅此希望抛砖引玉，能够引起学界对大学生法治教育的更多关注。